BIBLIOTHÈQUE

RELIGIEUSE, MORALE, LITTÉRAIRE,

POUR L'ENFANCE ET LA JEUNESSE,

PUBLIÉE AVEC APPROBATION

DE S. E. LE CARDINAL-ARCHEVÊQUE DE BORDEAUX.

———

1ʳᵉ SERIE gᵈ in-8°.

Y²

LES

FORÊTS VIERGES

PAR

MAYNE REID

TRADUCTION DE RAOUL BOURDIER

ÉDITION SOIGNEUSEMENT REVUE.

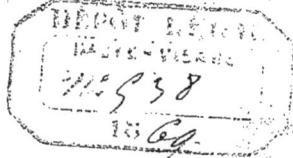

LIMOGES,

Eugène ARDANT et C. THIBAUT,

Imprimeurs-Libraires-Editeurs.

1869

À MESSIEURS LES ÉDITEURS.

J'ai lu avec attention *les Foréts vierges*, du capitaine Mayne Reid, tel que vous vous proposez de l'éditer. Dans cet Ouvrage, je n'ai rien trouvé de contraire à la foi ou à la morale catholique. On peut le mettre en toute confiance entre les mains de la jeunesse.

P. JOUHANNEAUD,

Ch, honor., Direct. de l'Œuvre des Bons Livres de Limoges.

MAYNE REID.

LES
FORÊTS VIERGES.

I. — LA MAISON DU CHASSEUR NATURALISTE.

Debout! et en avant! nous allons gagner ensemble les rives du Mississipi. C'est le plus grand fleuve du monde connu. Pris en ligne droite, son cours n'est pas moins long que le rayon de la sphère terrestre ; c'est vous dire qu'il a 2,500 kilomètres.

Mon intention n'est pas de vous mener jusqu'à la source de ce fleuve ; nous n'irons que jusqu'à Pointe-Coupée, à trois cents milles environ de son embouchure. Là nous nous arrêterons quelques instants, bien peu cependant, car il nous reste un long voyage à faire. C'est de ce point que nous partirons pour aller bien loin dans l'ouest, à travers les grandes prairies et les forêts vierges du Texas, que j'ai l'intention de vous faire visiter.

A Pointe-Coupée, nous rencontrons un village gracieux et coquet. Les maisons y sont de bois et construites à la mode de France ; c'est que le village de Pointe-Coupée est en effet d'origine française. La France et l'Espagne sont les premiers pays qui aient envoyé leurs colons dans l'Amérique occidentale. Aussi les habitants de cette partie du continent portent-ils en général des noms français ou espagnols. La même particularité se retrouve dans la vallée du Mississipi et dans tous les pays qui s'étendent à l'ouest.

Mais nous n'avons point à nous occuper ici de tous ces détails scientifiques ; et ce qu'il vous est indispensable de connaître sur

Pointe-Coupée se borne à peu près à ce que je viens de vous en dire.

Le but principal du temps d'arrêt que j'ai l'intention de faire avec vous en ce lieu est une maison d'assez étrange apparence, qui se dressait il y a quelques années encore sur la rive occidentale du fleuve, à environ un mille au-dessous du village.

Je viens de vous dire que cette maison se voyait encore dans ces lieux il y a quelques années; mais j'ai toutes raisons de croire que nous la trouverons encore debout; car c'était, autant qu'il m'en souvient, un bâtiment construit avec soin, à l'aide de fortes solives réunies ensemble par des mortaises, et dont les interstices avaient été remplis d'un bon mortier de chaux et de sable. Le toit de l'édifice était formé de planches de cèdre, dont les extrémités avançaient en saillie de manière à servir d'écoulement à la pluie et à préserver les murailles contre l'action de l'humidité. Cette construction était ce qu'on appelle dans le pays une *maison double*, c'est-à-dire qu'elle était traversée par une espèce de large passage semblable à une arche de pont, et assez spacieux et élevé pour qu'un chariot chargé de foin pût y entrer facilement. Ce passage était construit en bois et couvert en planches comme le reste de l'édifice; il était en outre pavé avec de gros madriers dont les extrémités se prolongeaient au-dehors à quelques pieds de la maison, et formaient ainsi une espèce d'estrade qu'on avait entourée d'une balustrade et surmontée d'un appentis, de manière à former une sorte de galerie ou verandah. Autour des piliers ou poteaux qui supportaient le toit de cette galerie s'enroulaient des tiges de vignes, des lianes, des convulvulus, et plusieurs autres plantes, qui, à une certaine époque de l'année, se couvraient de verdure et de fleurs, et donnaient à cette entrée de la maison un aspect aussi riant que pittoresque.

La maison regardait le fleuve, et était située, comme nous l'avons déjà dit, sur sa rive occidentale, du même côté que le village de la Pointe-Coupée. Devant la façade principale s'étendait une pelouse de quelques centaines de mètres de superficie, qui allait en s'abaissant du côté du fleuve et se terminait au petit escarpement qui en formait la rive. Cette pelouse était entourée de tous côtés par une claire-voie, et ornée sur plusieurs points d'arbres, de plantes et d'arbustes. La plupart de ces végétaux étaient originaires du pays même; mais il y en avait aussi un grand nombre d'exotiques. Nous citerons parmi les arbres qui se faisaient remarquer dans ces massifs, le magnolia à grandes fleurs (*magnolia grandiflora*), le mûrier rouge (*morus rubra*), le catalpa à feuilles vert pâle, le grand tulipier (*liriodendron*), et l'oranger aux feuilles porcelainées.

Des cèdres à la forme conique et des ifs élancés comme des clochers tranchaient, par la sombreur de leur teinte, sur la couleur brillante des arbres que nous venons de nommer. Il y avait aussi des dattiers, et sur le bord même du fleuve on voyait de grands saules étendre leurs branches, qui retombaient en pleurant jusque dans l'eau. Nous n'avons nommé qu'un bien petit nombre de végétaux qui croissaient dans cette riche enclôture ; bien d'autres plantes y poussaient encore, telles que le grand aloès du Mexique (*agave americana*), le *yucca* aux feuilles droites et tranchantes comme des baïonnettes, et le palmier à éventail. Sur les branches de tous ces arbres se jouaient en voltigeant de joyeux oiseaux dont le chant réjouissait l'oreille, et dont le brillant plumage égayait les yeux.

Le passage voûté dont nous avons parlé plus haut présentait à l'intérieur un aspect assez singulier. On voyait appendus le long de ses murailles divers ustensiles de chasse, tels que fusils et carabines, sacs à plomb, poires à poudre, couteaux et pistolets, diverses sortes de filets et plusieurs espèces d'engins préparés pour la destruction des sauvages habitants de l'air, de la terre et de l'eau. De distance en distance on avait cloué des trophées de cornes de cerf ou d'élan, qui servaient tant à l'ornement qu'à suspendre des brides de crin et de grandes selles piquées à la mode mexicaine ou espagnole. On avait aussi disposé sur ces murailles des piédestaux où se tenaient dans tout l'éclat de leur parure de jolis oiseaux empaillés avec tant d'art qu'on les eût crus vivants et prêts à s'envoler. Entre ces piédestaux on remarquait encore plusieurs cadres remplis de coléoptères, de papillons et d'autres insectes empalés à l'aide de grandes épingles, et rangés avec ordre et symétrie ; en un mot, ce passage était un véritable musée.

Si quittant cette galerie nous pénétrons dans l'intérieur de la maison, nous y trouvons trois ou quatre grandes chambres meublées avec confortable, et également remplies d'instruments de chasse et d'échantillons d'histoire naturelle. Dans la pièce principale on voit un baromètre et un thermomètre suspendus au mur, une vieille pendule posée sur le manteau de la cheminée, un sabre, une paire de pistolets, et une bibliothèque contenant quelques bons livres.

Derrière la maison se trouve une petite cuisine bâtie en bois comme le reste, et munie des ustensiles nécessaires. Plus loin, une basse-cour avec un magasin et une écurie ; dans cette écurie sont attachés quatre chevaux. A quelques pas de là, dans un parc, plusieurs mules mangent leur pâture, tandis qu'un chien brun à longues oreilles dort tranquillement au soleil : c'est un chien de chasse, un braque courant.

Somme toute, et pour nous résumer en quelques mots, cette maison, au premier aspect, peut bien passer pour la demeure d'un riche planteur, mais une ou deux minutes d'attention suffisent pour en donner une opinion tout autre, car on n'y rencontre ni les cabanons des nègres, ni les grands moulins à sucre, ni les magasins à tabac, accessoires indispensables du domicile d'un planteur. On ne voit point non plus dans le voisinage de champs cultivés et couverts de récoltes; au contraire, les noirs cyprès de la forêt sont contigus à la clôture, et projettent leur ombre jusque sur les murailles de la maison. Évidemment ce n'est point un planteur qui habite ces lieux. Mais quel est donc, me direz-vous, l'hôte mystérieux qui a établi ses pénates dans cette maison? Je m'empresse de vous répondre : nous sommes dans la demeure d'un *chasseur naturaliste*.

II. — LE CHASSEUR NATURALISTE ET SA FAMILLE.

Vous savez que ce fut en 1815 que fut livrée la fameuse bataille de *Waterloo*, et qu'à la suite de cet événement Napoléon Bonaparte fut exilé sur le rocher de Sainte-Hélène, où il devait trouver la mort après plusieurs années d'agonie. Parmi les officiers français qui s'étaient attachés à la fortune de ce grand capitaine, beaucoup quittèrent la France, qui n'avait plus besoin de leur épée, pour se retirer en Amérique. La similitude de goûts et de langage les amena tout naturellement sur les bords du Mississipi, dans les établissements fondés antérieurement par leurs compatriotes; ils espéraient y retrouver une patrie. Parmi ces émigrants figurait un ancien colonel de chasseurs du nom de Landi. Ce colonel, Corse de naissance, était lié d'enfance avec la famille Bonaparte. C'était même par suite de ses relations avec Napoléon qu'il s'était déterminé à abandonner, pour suivre la carrière des armes, sa première vocation, qui le portait vers l'étude des sciences.

Pendant la campagne d'Espagne, Landi s'était marié à une dame basque dont il avait eu trois enfants, trois garçons. Il avait perdu cette excellente femme quelque temps avant la bataille de Waterloo; et de la sorte, quand le colonel émigra en Amérique, sa famille ne se composait plus que de ses trois fils.

Le colonel demeura d'abord pendant quelque temps à Saint-Louis; mais son séjour dans cette ville fut de courte durée, et bientôt après il descendit le fleuve jusqu'à la Pointe-Coupée, en Louisiane, acheta la maison dont nous avons parlé, et s'y établit.

Le colonel Landi était au-dessus du besoin. Avant de quitter l'Europe pour l'Amérique, il avait vendu ses biens patrimoniaux de Corse, et en avait retiré de quoi vivre partout sans rien faire. C'était donc plus qu'il n'en fallait pour être à l'aise dans un pays où l'on ne connaît ni les taxes ni les impôts. Aussi le colonel n'exerçait-il dans sa patrie d'adoption aucune espèce de profession. Mais il ne restait pas pour cela sans rien faire.

— Comment alors employait-il son temps?

— C'est ce qui me reste à vous dire.

Le colonel était un homme fort instruit. Avant d'embrasser la carrière des armes, il avait beaucoup étudié les sciences physiques : c'était un naturaliste. Or, un naturaliste a toujours moyen d'employer son temps, quelque soit le lieu qu'il habite, et il sait trouver plaisir et instruction où les autres hommes ne rencontrent qu'ennui et consomption. Pour le naturaliste, a dit un savant, « les pierres ont une voix et les plantes sont des livres. » D'ailleurs Landi n'était pas un naturaliste de cabinet. Comme le célèbre Audubon, il aimait à courir le monde et à étudier dans le grand livre de la nature ; ce qui lui permettait de concilier ses études avec sa passion pour la chasse.

La vallée du Mississipi, sous ce double rapport, offrait d'immenses ressources au colonel. Les objets d'histoire naturelle y abondent, le gibier y foisonne, et pour ma part je crois qu'il lui eût été impossible de mieux choisir le lieu de sa retraite.

Landi chassait, pêchait, empaillait des oiseaux, préparait les peaux des quadrupèdes d'espèces rares qu'il avait tués dans ses excursions, plantait et taillait ses arbres, dressait ses chiens et ses chevaux. Vous voyez qu'il ne manquait pas d'occupations. Joignez à cela qu'il dirigeait en outre l'éducation de ses enfants, qui, de leur côté, l'assistaient dans ses divers travaux, chacun, bien entendu, en proportion de ses forces.

Mais Landi ne comptait que médiocrement sur la collaboration de ses fils, et son principal aide, ou pour mieux dire, son bras droit, c'était Hugot.

— Qu'était-ce qu'Hugot?

— Je vais avoir l'honneur de vous tracer le portrait de cet important personnage.

Hugot était un Français, et de plus un Français de petite taille, car il n'avait guère plus de cinq pieds ; mais en revanche il était vif comme la poudre et adroit comme un singe. Malgré l'exiguïté de sa taille, il était porteur d'un nez démesurément aquilin, et possédait une paire de moustaches si formidables qu'elles lui couvraient entièrement la bouche et retombaient jusqu'au bas de son menton. Cet ornement exagéré donnait à son air quelque chose de rude, qui, joint à la régularité presque mécanique de ses mouvements, suffisait pour indiquer à première vue la profession d'Hugot. Il sentait son soldat d'une lieue. En effet, Hugot avait été militaire ; c'était un ci-devant brigadier de chasseurs. Landi avait été son colonel : le reste se devine facilement. Le vieux soldat avait suivi son chef en Amérique et était devenu son homme de confiance, un véritable maître Jacques. Il ne le quittait pas d'une semelle et l'accompagnait en tous lieux ; à tel point que sitôt qu'on apercevait le colonel Landi, on était sûr d'entrevoir à la hauteur de son coude la pointe des moustaches

d'Hugot. Le brave brigadier se serait fait hacher en morceaux plutôt
que de consentir à se séparer pendant un seul jour de son ancien
colonel.

Hugot était de toutes les expéditions de chasse de son maître.
Quant aux fils de ce dernier, ils partageaient la passion de leur père
à cet égard, et dès qu'ils furent à même de se tenir à cheval, ils se
donnèrent bien de garde de manquer une seule partie de chasse.

Quand on partait pour une expédition, on fermait la maison et on
emportait la clef; car, à l'exception d'Hugot, le colonel n'avait ni
concierge ni domestique. Ces expéditions duraient ordinairement
plusieurs jours, quelquefois même des semaines entières ; car on
battait toutes les forêts environnantes, et l'on ne rentrait au logis
que courbés sous le poids du gibier, et le sac plein d'échantillons,
tant du règne végétal que du règne minéral. De retour à la maison,
on s'occupait à ranger, classer et étiqueter les richesses nouvellement acquises ; et puis, quand tout était mis en ordre, on repartait
encore pour une nouvelle expédition.

Telle était la manière dont on passait le temps dans la famille
Landi.

Hugot y cumulait les fonctions de cuisinier, de valet de chambre,
de groom, de sommelier et de valet de pied. Je crois avoir déjà dit
qu'il n'y avait pas dans la maison d'autre domestique; aussi aux im-
portantes fonctions que nous venons de nommer, Hugot joignait-il
encore celles de femme de chambre. Tout multipliés qu'ils étaient,
les divers emplois d'Hugot n'étaient pas aussi difficiles à remplir
qu'on pourrait être porté à le croire. Le colonel était très modeste
dans ses habitudes, il avait longtemps vécu comme un soldat, et
avait élevé ses enfants dans les mêmes goûts et les mêmes principes
de simplicité ; il mangeait sobrement, ne buvait que de l'eau, et
dormait sur un lit de camp avec un cuir de buffle et une couverture.
Une blanchisseuse de la Pointe-Coupée était chargée de l'entretien
du linge, et Hugot n'avait pas, en définitive, plus de travail qu'il
n'en pouvait faire. Une de ses occupations principales consistait à
aller chaque jour au village faire le marché et prendre les lettres ;
car le colonel avait une correspondance assez suivie, et recevait entre autres régulièrement des lettres sur le large cachet desquelles on
reconnaissait les armoiries d'un prince. Le bateau à vapeur lui apportait aussi de temps à autre des livres de science et des instruments de mathématique ou de physique qu'Hugot transportait à la
maison.

N'allez pas croire au moins qu'il y eût quelque chose de mystérieux dans la vie retirée du colonel et de sa famille. Landi n'était
point un misanthrope. Au contraire, il faisait de fréquentes visites au
village, et prenait plaisir à s'entretenir avec les vieux chasseurs et
les autres habitants. Tous les villageois le connaissaient, l'appelaient

familièrement *leur vieux colonel*, le respectaient et l'aimaient ; ce qui ne les empêchait pas pourtant de s'étonner de ses goûts de naturaliste, qu'ils trouvaient étranges et singuliers. Une chose qui ne les intriguait pas moins, c'était de savoir comment le colonel pouvait tenir sa maison sans servante ni femme de charge. Landi s'inquiétait peu, au surplus, de leurs conjectures, et répondait en riant à leurs indiscrètes questions à cet égard. En somme, on était les meilleurs amis du monde.

Les jeunes Landi étaient les favoris de tout le village. C'est qu'il faut dire aussi qu'il n'y avait pas à vingt milles à la ronde un garçon de leur âge capable de tirer aussi bien qu'eux un coup de fusil ; personne non plus ne pouvait rivaliser avec eux quand il s'agissait de nager, de conduire un canot, de jeter un lasso ou un filet de pêche : des hommes faits n'eussent pas été plus adroits à ces divers exercices ; aussi les bons villageois, dans leur simplicité naïve, avaient-ils pour ces jeunes gens la condescendance qu'on accorde toujours à la supériorité d'intelligence et d'éducation. Il faut rendre cette justice aux fils du colonel qu'ils ne tiraient point vanité de leurs avantages, et qu'ils étaient à l'égard des paysans pleins de franchise et de cordialité.

Les voisins du colonel ne lui rendaient point visite, excepté dans les grandes occasions et pour des affaires d'intérêt. Du reste, la maison de Landi n'était jamais encombrée de visiteurs d'aucune espèce. L'on n'y recevait que deux ou trois vieux militaires, anciens compagnons d'armes du maître, qui venaient une fois l'année goûter sa venaison et causer avec lui de leurs souvenirs de guerre.

Dans ces réunions, comme on le pense bien, *Napoléon le Grand* était le sujet favori de la conversation. Comme tous les vieux soldats de cette époque, Landi adorait l'Empereur. Mais il y avait un membre de la famille impériale pour lequel il avait sinon plus d'admiration, du moins plus de véritable amitié : c'était Charles-Lucien, prince de Musignano.

Pendant que son frère se taillait avec son épée un empire plus étendu que durable, Lucien s'était occupé de conquêtes moins brillantes mais non pas moins utiles, et avait étendu par ses recherches studieuses le domaine des sciences naturelles. Ainsi les deux frères allaient à la gloire par deux chemins différents, l'un par une route triomphale semée de cadavres sanglants, l'autre par la voie des études paisibles.

La conformité de leurs goûts n'avait pas peu contribué à resserrer les liens de l'amitié entre le prince et le colonel. Le prince affectionnait vivement Landi, et, de son côté, le chasseur naturaliste ne connaissait pas de héros comparable à Lucien.

Le colonel menait depuis quelques années l'existence dont nous venons d'esquisser les traits principaux, quand il lui arriva un accident qui devait avoir les suites les plus funestes. Il avait été grièvement blessé à la jambe pendant les guerres de la Péninsule. Une chute de cheval rouvrit sa blessure et rendit l'amputation nécessaire. Cette opération lui sauva la vie ; mais la chasse lui fut désormais interdite, et il lui fallut se borner à des travaux moins fatigants. Sa jambe de bois ne lui permettait plus de s'écarter qu'à une petite distance de la maison ; tout ce qu'il pouvait faire, c'était de parcourir sa pelouse, de tailler ses arbres et de s'occuper de la conservation et de la préparation des différents animaux que ses fils rapportaient des chasses qu'ils continuaient à faire dans toutes les forêts avoisinantes.

A l'époque ou je fis la connaissance de cette intéressante famille, le colonel avait déjà perdu sa jambe, et ses trois enfants demeuraient seuls chargés d'entretenir les collections de son musée.

C'est de ces *jeunes chasseurs* dont je prétends vous conter les exploits.

Mais auparavant, permettez-moi, chers lecteurs, de vous présenter mes trois jeunes héros ; j'espère qu'ils auront le talent de vous plaire, et que vous pourrez passer dans leur compagnie quelques heures agréables.

III. — LA LETTRE DU PRINCE.

Nous sommes au printemps : la matinée est belle ; approchons-nous de la maison du naturaliste, et entrons dans l'enclôture par cette petite porte de côté. Il est inutile de pénétrer jusque dans l'intérieur de la maison, car nous n'y trouverions personne. Par un beau temps comme celui-ci, tout le monde doit être dehors. En effet, voici toute la famille réunie sous la verandah.

Chacun de nos hôtes est diversement occupé ; le colonel donne à manger aux oiseaux de sa volière, Hugot le suit et porte dans un panier la nourriture de ces gourmets emplumés.

Comme vous pouvez en juger par vous-même, le colonel est un homme de bonne mine ; ses cheveux, qu'il a conservés, sont aussi blancs que la neige ; son visage, bronzé par le soleil et rasé avec soin, dénote une complexion sanguine ; sa physionomie annonce la douceur mêlée à la fermeté. Il est plus maigre aujourd'hui qu'il n'était à une époque antérieure. L'amputation de sa jambe est la cause de cette maigreur. Les accidents de cette nature produisent généralement cet effet. Son costume est des plus simples : une jaquette de nankin jaune, une chemise de coton rayée et un pantalon de toile, voilà pour le corps. Sa tête est couverte d'un chapeau de

Panama, dont les larges bords protégent ses yeux contre l'ardeur des rayons du soleil. Comme il fait très chaud, sa chemise est ouverte et laisse entrevoir sa poitrine. Hugot est mis à peu de chose près comme son colonel ; seulement sa chemise, sa jaquette et son pantalon sont d'étoffes plus grossières. Son chapeau est tout simplement en palmier commun.

Passons aux enfants.

Pour procéder par ordre, je vous présente d'abord Basile, l'aîné des trois ; il est occupé à attacher quelques courroies à une selle de chasse que vous voyez posée par terre devant lui. Basile vient d'avoir dix-sept ans. Quoique l'on ne puisse pas dire que ce soit un joli garçon, ce n'en est pas moins un jeune homme d'un physique agréable. Son visage est empreint de courage et de décision, sa taille et ses membres indiquent la force, ses cheveux sont droits et noirs comme le jais. Plus qu'aucun de ses frères, il a le type italien ; on reconnaît en lui au premier aspect le fils de son père : c'est un vrai Corse. Basile est un déterminé Nemrod ; la chasse est sa passion favorite, il l'aime par-dessus tout. Dans cet exercice tout lui plaît, jusqu'au danger et aux fatigues. Il a passé l'âge de poursuivre les écureuils et d'attraper les oiseaux, et pour satisfaire son ambition de chasseur il ne lui faut maintenant rien moins que la panthère, l'ours ou le bison.

Lucien, qui vient après lui, ne lui ressemble en rien. Il a quinze ans ; c'est un jeune homme aux formes élancées, blanc de teint et blond de cheveux. Lucien est le vrai portrait de sa mère, qui, comme la plupart des femmes de son pays, était pâle avec de magnifiques cheveux blonds. Les goûts de Lucien le portent vers les livres et l'étude, qu'il aime avec passion ; il s'occupe d'histoire naturelle en général, mais la botanique et la géologie sont ses sciences de prédilection : aussi a-t-il fait dans l'une et l'autre des progrès surprenants. Il est de toutes les expéditions de chasse de Basile ; mais, quelque lancé qu'il puisse être à la poursuite d'un gibier, il ne manque jamais d'arrêter son cheval et de mettre pied à terre toutes les fois qu'il découvre sur sa route soit une plante nouvelle, soit une fleur rare, soit encore quelque pierre inconnue ou curieuse. Lucien est d'ordinaire très réservé, et parle beaucoup moins que la plupart des jeunes gens de son âge. Cela tient à l'habitude qu'il a de réfléchir beaucoup ; aussi est-il doué d'un bon sens remarquable, et quand il ouvre un avis, il est rare qu'il ne soit pas bien accueilli par tout le monde ; car, ne l'oubliez jamais, mes amis, l'intelligence et l'éducation exercent toujours et partout une secrète et magique influence.

Il ne nous reste plus qu'à parler de François. C'est un jeune garçon aux longs cheveux bouclés, un peu évaporé, mais plein de grâce et d'enjouement, faisant tout avec légèreté, mais déployant partout de l'adresse et du talent : en un mot François montre en toutes choses le caractère de la nation à laquelle il appartient : c'est un Français pur sang. Il fait ordinairement une guerre à mort à tous les oiseaux du voisinage, et vous voyez que dans ce moment même il est occupé à réparer ses filets; un petit fusil à deux coups, qu'il vient de nettoyer, est auprès de lui. Quoique bien jeune encore, il sait déjà s'en servir très habilement.

François est le favori de son père et de ses frères, mais c'est pour le pauvre Hugot un véritable fléau : il n'est pas de niches qu'il n'invente pour jouer pièce au vieux brigadier.

Pendant que le colonel et sa famille sont absorbés dans les occupations que nous venons d'indiquer, on entend tout-à-coup un bruit sourd qui se manifeste à quelque distance, et qui semble provenir du bas de la rivière. Ce bruit ressemble assez à une décharge d'artillerie dont les coups se répéteraient régulièrement, bien que les sons qu'on entend soient moins ronflants que ceux du canon.

— Ah! voilà un bateau à vapeur! s'écrie François, qui le premier a reconnu la nature de ce bruit.

— Oui, répond Basile; c'est, je suppose, le bateau de la Nouvelle-Orléans qui se rend à Saint-Louis.

— Non, mon frère, dit à son tour Lucien en levant les yeux de dessus son livre, c'est un bateau de l'Ohio.

— Qui te porte à dire cela, Lucien? demanda François.

— Mais la nature du bruit que j'entends. Je reconnais parfaitement ce bateau : ce ne peut être que l'*OEil-de-Bouc*, la malle de Cincinnati.

Quelques instants après, un nuage de fumée blanchâtre apparut au-dessus des arbres, puis l'on aperçut un grand bateau à vapeur qui côtoyait la rive en fendant l'eau, dont l'écume blanchissante s'attachait aux parois de sa proue doublée de cuivre. Le steamer ne tarda pas à être assez près de l'enclôture pour qu'on pût vérifier que Lucien ne s'était pas trompé dans ses conjectures. C'était, en effet, le bateau-poste l'*OEil-de-Bouc*. Ce petit triomphe ne rendit Lucien ni plus arrogant ni plus fier, et il porta au contraire son triomphe avec beaucoup de modestie.

Le bateau était à peine passé depuis quelques minutes, que du côté de Pointe-Coupée on entendit ce sifflement particulier à la vapeur qu'on laisse échapper. Le bateau venait de faire escale.

— Hugot, s'écria le colonel, il y a peut-être quelque chose pour nous; vas-y voir.

Sans en demander davantage, Hugot se leva et partit. Le brigadier avait le pied leste; en un clin d'œil il fut de retour, il tenait une lettre à la main. Cette missive de grande dimension portait un énorme cachet de cire rouge.

— C'est du prince Lucien! s'écria François, qui en toute circonstance avait l'habitude de prendre le premier la parole. Oui, mon père, je vous assure, c'est une lettre du prince, je reconnais le cachet.

— C'est bon, c'est bon, François, dit le colonel en imposant silence à son plus jeune fils; et en même temps il gagna la verandah pour y prendre ses lunettes.

— Hugot! appela le colonel après avoir fini sa lecture.

Hugot, sans répondre un seul mot, vint se planter en face de son supérieur, et salua militairement en portant la main droite à la hauteur de l'œil.

— Hugot, tu vas faire ta valise et aller à Saint-Louis.

— Bien, mon colonel.

— Tu partiras par le premier bateau.

— Très bien, mon colonel.

— Et tu te procureras pour mon compte une peau de buffalo blanc.

— Ça ne sera pas bien difficile, mon colonel.

— Plus difficile que tu ne le crois; je le crains du moins.

— Ah! avec de l'argent! mon colonel.

— Te voilà bien, Hugot, avec de l'argent! avec de l'argent! Mais sache donc que ce n'est pas un cuir, une robe de buffalo que je te demande, c'est une peau de buffalo blanc complètement intacte, avec la tête et les pieds, et à laquelle il ne faut pas qu'il manque un seul poil; enfin, une peau susceptible d'être empaillée plus tard.

— Diable! mon colonel, c'est bien différent.

— Ah! tu commences à le croire, c'est heureux! J'ai bien peur, continua le colonel en se parlant à lui-même, qu'on ne puisse pas se procurer cette maudite peau. Mais enfin, avec de l'argent, comme dit Hugot, on y parviendra peut-être. Je la veux, il me la faut coûte que coûte. Entends-tu, Hugot, coûte que coûte, il me la faut.

— On fera son possible, mon colonel.

— Tu visiteras à Saint-Louis tous les magasins de fourrure, et tu prendras des informations auprès de tous les chasseurs et de tous les trappeurs. Si ces moyens sont insuffisants, tu feras insérer dans les journaux un avis en français et en anglais. Vois surtout M. Choteau; frappe à toutes les portes, ne ménage ni ton temps ni mon argent, mais rapporte-moi la peau.

— Soyez tranquille, mon colonel, tout ce qu'il sera humainement possible de faire, on le fera.

— Bien, mon brave, prépare-toi donc à partir; le bateau à vapeur passera avant la nuit; mais n'entends-je point du bruit? Si vraiment, c'est peut-être le bateau de Saint-Louis.

Chacun se tut pour écouter. Au bout de quelques instants, Lucien, prenant la parole, dit :

— C'est bien, en effet, un bateau de Saint-Louis : c'est *la Belle-de-l'Ouest*.

Lucien avait pour les observations de ce genre un tact particulier, et reconnaissait au seul bruit de la cheminée à vapeur les divers bateaux qui avaient l'habitude de passer devant la maison en descendant ou en remontant le Mississipi. Une demi-heure après l'entretien que nous venons de rapporter, un vapeur était en vue. C'était bien, ainsi que l'avait annoncé Lucien, un bateau pour Saint-Louis : c'était *la Belle-de-l'Ouest*.

Hugot n'avait pas de longs préparatifs à faire, et bien avant que le bateau se présentât par le travers de la maison, il avait rassemblé quelques hardes, reçu du colonel des instructions et une bourse bien garnie, et était parti pour la Pointe-Coupée, afin d'y joindre le bateau à l'embarcadère, et d'y prendre passage pour Saint-Louis.

IV. — DÉPART POUR LA CHASSE.

Trois semaines se passèrent avant le retour d'Hugot. Ce furent trois longues semaines pour le vieux colonel. Il tremblait que son mandataire n'eût point réussi dans ses négociations. Il avait répondu à la lettre du prince Bonaparte, et s'était engagé à lui procurer, si toutefois la chose était possible, une peau de buffalo blanc ; car c'était le prince lui-même qui, dans sa dernière lettre, avait demandé cette curiosité naturelle, et pour la moitié de sa fortune le colonel n'eût pas voulu tromper les espérances de son vieil ami. On ne s'étonnera plus après cette explication de l'impatience que causait à Landi la longue absence de son homme de confiance.

Enfin Hugot revint un beau soir, il était déjà nuit. Le colonel, qui reconnut son pas, ne lui laissa pas le temps d'entrer dans la maison et courut au-devant de lui une lumière à la main. Hélas ! il n'était pas besoin d'adresser aucune question au brave Hugot ; la figure du brigadier répondait d'avance à tout ce que l'on pouvait lui demander ; un seul regard jeté sur le visage de son domestique suffit pour indiquer au colonel que son émissaire revenait sans la peau demandée. En effet, le pauvre Hugot portait l'oreille basse, et ses grandes moustaches tombaient sur les coins de sa bouche d'un air plus désolé que jamais ; elles paraissaient même avoir blanchi.

— Eh bien ! tu ne l'as pas ? dit le colonel d'une voix triste.

— Non, mon colonel, murmura Hugot.

— As-tu bien fait tout ce qu'il fallait ?

— Tout, absolument tout, mon colonel.

— As-tu fait mettre des avis dans les journaux?

— Oui, mon colonel, dans tous les journaux.

— As-tu offert un bon prix ?

— Oui, mon colonel, je n'ai rien oublié, mais inutilement. J'aurais offert dix fois plus, ça aurait été la même chose. Vous donneriez mille dollars d'une peau de buffalo blanc, que vous ne l'auriez pas, mon colonel.

— J'en aurais donné cinq mille.

— Vous ne l'auriez pas davantage. Il n'y en a pas une seule dans tout Saint-Louis.

— Qu'a dit M. Choteau?

— Il a dit, mon colonel, que vous couriez gros risque de ne pas trouver ce dont vous avez besoin. Il a même ajouté qu'on pourrait traverser toute la prairie sans rencontrer un seul buffalo blanc. Il paraît que les Indiens estiment beaucoup la fourrure de ces animaux, et qu'ils font en sorte que pas un ne leur échappe. J'ai bien trouvé deux ou trois de ces peaux chez les marchands de fourrures, mais elles avaient été tannées, et par conséquent elles ne pouvaient pas vous convenir. Malgré cela on m'en a demandé des prix fous.

— Tu as bien fait de ne pas les prendre, elles ne nous auraient servi de rien. Celle dont j'ai besoin ne doit pas être tannée, destinée qu'elle est à figurer dans un grand musée. Mais je crains bien qu'il ne faille en faire son deuil, car, s'il n'y en a pas à Saint-Louis, où en trouver ?

— Où en trouver, mon père? interrompit François, qui écoutait avec ses frères la conversation du colonel et d'Hugot; où en trouver? mais dans les *Prairies* vraiment.

— Dans les prairies? répéta machinalement le père.

— Eh oui, sans doute, mon père; envoyez-moi là-bas avec Basile et Lucien, et je vous réponds que nous y trouverons un buffalo blanc.

— Bravo, bravo, François! s'écria Basile, voilà qui est parlé, j'allais faire la même proposition à notre père.

— Non, non, mes enfants, c'est inutile, vous avez bien entendu ce qu'a dit M. Choteau. Allons, il n'y faut plus penser; c'est terrible pourtant; moi qui avais si bien promis au prince de lui en envoyer une !

Le colonel prononça ces mots à demi-voix, d'un air qui dénotait le désappointement le plus complet.

Lucien, qui avait observé tout sans rien dire, vit la contrariété du colonel.

— Mon père, dit-il à son tour, je n'ignore pas que M. Choteau est très expert dans le commerce des fourrures, mais cela n'empêche pas que les faits ne sont pas entièrement comme il le prétend. En effet, continua Lucien, qui, comme tout bon logicien, procédait toujours dans ses raisonnements avec ordre et méthode, Hugot a vu

2

dans les magasins de Saint-Louis deux ou trois cuirs de buffalo blanc ; cela prouve d'abord que ces animaux existent et qu'on en rencontre parfois. De plus, M. Choteau assure, et avec raison, je crois, que les chefs indiens estiment beaucoup cette fourrure, qu'ils s'en font des tuniques, et qu'on leur voit souvent des vêtements de cette nature ; ce qui prouve encore qu'il existe dans la prairie des buffalos blancs, et s'il en existe, pourquoi, je vous le demande, ne parviendrions-nous pas à en prendre tout aussi bien que d'autres. Aussi je conclus comme François et Basile, et j'opine pour aller à la recherche de cette précieuse peau.

— Bien, mes enfants, répondit le père évidemment séduit par la proposition de ses fils ; mais rentrons à la maison, et mettons-nous à table. Nous discuterons ce projet pendant le souper.

En parlant ainsi, le vieux colonel se dirigea vers sa demeure suivi de ses trois fils ; Hugot fermait la marche. Le pauvre homme était excédé de fatigue et de faim.

Pendant le souper et longtemps encore après, la proposition de François fut examinée dans toutes ses faces. Le père penchait assez du côté de l'affirmative, mais les jeunes gens, et surtout François et Basile, montraient un enthousiasme au-dessus de toute description. Le résultat de la délibération fut tel que vous l'avez sans doute déjà deviné, le colonel donna son consentement. L'expédition fut résolue.

Le désir d'envoyer à son ami le prince l'objet qu'il lui avait demandé ne fut pas le seul motif qui détermina le naturaliste à consentir à cette expédition, il était encore enchanté et fier de trouver l'occasion de mettre en relief le caractère hardi et entreprenant de ses enfants ; et loin de jeter de l'eau sur le feu de leur ardeur juvénile, il s'estimait au contraire heureux de pouvoir mettre à l'épreuve leur adresse et leur courage. Il avait toujours eu la prétention de faire de ses fils des hommes de résolution. C'était dans ce but qu'il leur avait appris de bonne heure à monter à cheval, à tirer le gibier à la course et au vol, à manier l'arc et le fusil, à conduire un bateau et à traverser à la nage les courants les plus impétueux. Pour les aguerrir il les avait accoutumés à coucher en plein air, au milieu des forêts, sur la terre toute blanche de neige, sans autre lit qu'une peau de buffle, sans autre abri qu'une simple couverture. Il leur avait appris aussi à vivre sobrement, et même à jeûner au besoin. Il avait aussi enseigné à chacun d'eux, et principalement à Lucien, la connaissance de toutes les plantes, arbres et fruits susceptibles de leur servir dans la prairie pour étancher leur soif et apaiser leur faim. Grâce à ses instructions ils savaient faire du feu sans caillou, sans amadou et sans poudre, et pouvaient trouver leur route sans le secours de la boussole, à l'aide des seules observations que leur fournissaient les rochers, les arbres et les astres ; enfin, comme complément d'instruction, ils savaient à fond la géographie du désert, et connaissaient pour ainsi dire pied par pied l'immense territoire qui s'étendait depuis la maison qu'ils habitaient jusqu'aux rivages lointains de l'océan Pacifique.

Faut-il le dire aussi, un peu d'orgueil se mêlait aux sentiments du colonel ; il avait parlé si souvent à ses voisins de ses chers enfants, qu'il se plaisait à appeler « ses petits hommes ; » il avait vanté si souvent leur courage, leur habileté et leur instruction, qu'il était bien aise de prouver hautement qu'ils étaient dignes de tous ces éloges. D'ailleurs le colonel savait que ses trois fils ne couraient aucun danger dans la prairie, et ce fut, je le répète, avec un sentiment qui tenait bien moins de la crainte que d'un légitime orgueil, qu'il consentit à l'expédition proposée.

Sa vanité de naturaliste était d'ailleurs aussi flattée que son amour-propre paternel, et ce n'était pas sans une sorte de frémissement intérieur qu'il pensait à la gloire de pouvoir envoyer à quelques grands musées d'Europe un objet aussi précieux et aussi rare que la peau d'un grand buffalo blanc. Ceux qui seraient tentés de blâmer ce dernier sentiment ou même d'en rire ne sont ni naturalistes ni dignes de l'être ; car s'ils avaient en eux la moindre étincelle du feu sacré, ils feraient plus qu'excuser le colonel, ils le comprendraient et partageraient son émotion.

Landi parla d'abord de faire accompagner ses fils par Hugot, mais les jeunes gens s'y opposèrent d'une commune voix. Hugot, dirent-ils, devait rester à la maison, où il était indispensable au colonel. Quant à eux, ils n'en avaient nul besoin et feraient tout aussi bien leurs affaires sans lui.

La vérité est que ces jeunes chasseurs ambitieux craignaient de laisser partager par autrui la gloire qu'ils espéraient retirer de leur expédition ; ce qui n'eût pas manqué d'arriver si Hugot se fût trouvé de la partie ; non pas pourtant qu'Hugot fût un guerrier redoutable ni un chasseur bien habile : vraiment non, car en dépit de son titre de brigadier et de ses grandes moustaches, Hugot avait l'humeur la plus pacifique du monde, et ne pouvait être aux trois frères que d'une assez minime utilité. Le colonel, qui le savait, n'insista pas sur cette circonstance, et il fut décidé que les trois jeunes gens partiraient sans le brigadier.

Si Hugot n'était pas un chasseur habile, en revanche il possédait d'autres talents non moins appréciables : c'était un parfait cuisinier, qui eût rendu des points à Carême lui-même dans l'art de faire une omelette, d'assaisonner une fricassée de poulet et d'accommoder un canard aux olives. Il avait toujours préféré de beaucoup le feu de sa cuisine à celui de son fusil, et bien qu'il eût suivi maintes fois son colonel et ses jeunes maîtres dans leurs expéditions, il ne se sentait aucune inclination pour la chasse et continuait à avoir une peur

horrible des ours et des panthères, et quant aux Indiens... ah! les
Indiens !...

La frayeur que les Indiens causaient à l'ancien brigadier vous sera
suffisamment expliquée quand vous saurez qu'une cinquantaine de
tribus de cette nation guerrière habitaient la prairie et la parcouraient constamment dans tous les sens. La plupart d'entre elles
étaient ennemies déclarées de la race blanche, et tout individu de
cette espèce dont ces sauvages parvenaient à s'emparer était impi-
toyablement mis à mort comme si c'eût été une bête féroce ou un
serpent venimeux.

Mais, me direz-vous, chers lecteurs, comment le colonel Landi
était-il assez imprévoyant pour envoyer ses enfants dans les lieux
infestés par ces cruels sauvages ?. Vous allez le traiter de père dénaturé ; il ne l'était pas cependant, et s'il eût cru exposer ses enfants à
quelques dangers, il se fût bien donné de garde de se séparer d'eux.
Mais sur quoi donc était basée sa sécurité ? Espérait-il qu'on aurait
pitié de leur âge ? Non ; il connaissait trop bien les sauvages pour
ignorer que si ses enfants avaient le malheur de tomber entre les
mains de quelque tribu ennemie des blancs, ils ne pouvaient échapper au scalp qu'à la condition d'être emmenés en captivité et privés à
jamais de leur liberté. Peut-être que le colonel pensait que ses enfants ne pousseraient pas leurs excursions au-delà des contrées oc-
cupées par les tribus amies ; non, le colonel n'avait point cette idée,
il connaissait la chasse, et savait que le chasseur ne va point où il
veut et que c'est toujours le gibier qui le mène : d'ailleurs il savait
aussi que pour avoir chance de trouver des buffalos blancs il fallait
pousser jusque dans les parties de la prairie connues sous le nom de
Territoire de guerre, précisément parce qu'elles sont sans cesse par-
courues par des tribus hostiles aux blancs et constamment en guerre
entre elles. Cette circonstance est au surplus la cause principale
qui fait qu'on trouve encore des buffalos blancs dans ces contrées ;
car la crainte des tribus ennemies empêche les chasseurs d'y pénétrer et de détruire ce précieux gibier, ainsi qu'ils l'ont fait dans la
majeure partie de la prairie : aussi est-il parfaitement connu des
chasseurs que ce pays riche en buffalos est aussi riche en dangers,
quoiqu'il s'en faille de beaucoup que la réciproque soit toujours
vraie. Sur ces territoires neutres, ou plutôt ces territoires de guerre,
on peut rencontrer aujourd'hui une tribu amie, et demain, l'heure
d'après peut-être, tomber entre les mains d'une troupe de sauvages
qui vous scalpent un blanc à première vue.

Le colonel connaissait tout cela aussi bien que personne.

Mais alors pourquoi laissait-il ses fils se précipiter au milieu du
danger ? pourquoi, pourquoi ?... Vous êtes bien curieux, mes jeunes
amis ; et si c'était un mystère que je ne pusse vous expliquer que
plus tard..... Tout ce que j'ai à vous dire maintenant, c'est que lors-

que les trois jeunes gens furent à cheval et sur le point de partir, le colonel s'approcha d'eux, tira de sa poche un petit étui orné de broderies en plumes et le présenta à Basile.

— Prends cela, mon cher enfant, lui dit-il, et aies-en grand soin. Tu sais comment il faut s'en servir dans l'occasion. Ne t'en sépare jamais, et n'oublie pas que votre existence à tous trois peut en dépendre. Adieu, mes braves enfants, que le Seigneur vous soit en aide, adieu!

Basile prit l'objet que lui présentait son père, passa le cordon autour de son cou et cacha le sachet sous sa chemise de chasse, qu'il boutonna par-dessus; puis le jeune homme, après avoir pressé une dernière fois la main du colonel, donna de l'éperon dans le ventre de son cheval et partit au galop. Lucien envoya un baiser à son père en passant devant lui, tendit cordialement la main à Hugot et suivit son aîné. François, qui était demeuré en arrière, s'approcha d'Hugot et saisit l'extrémité de sa moustache, qu'il tira de manière à faire faire une horrible grimace à l'ex-chasseur, puis, tout enchanté de son exploit, il fit pirouetter son poney et partit au galop à la suite de ses frères.

Le colonel et Hugot demeurèrent quelques instants immobiles, les yeux fixés sur les jeunes gens qui s'éloignaient. Quand les trois chasseurs furent à la lisière de la forêt ils s'arrêtèrent, firent volte-face, et poussèrent un dernier cri d'adieu en agitant leurs chapeaux en l'air.

Hugot et le colonel firent écho. Quand le tumulte fut un peu apaisé on distingua la voix de François, qui criait de tous ses poumons :

— Soyez tranquille, mon père, nous vous rapporterons le *grand buffalo blanc*.

V. — LE CAMP DES JEUNES CHASSEURS.

Nos jeunes aventuriers se dirigeaient du côté du soleil couchant, et disparurent bientôt sous l'ombrage épais des grands arbres de la forêt. A l'époque où nous reportent ces récits, les blancs possédaient encore très peu d'établissements à l'ouest du Mississipi, et c'est à peine si on trouvait çà et là, éparpillées sur les bords du fleuve, une éclaircie pratiquée par un settler (homme qui s'établit sur un terrain pour le défricher) ou une hutte bâtie par un squatter (classe de chasseurs de la prairie); mais après un seul jour de marche le voyageur qui s'avançait vers le couchant perdait de vue ces derniers jalons de la civilisation, et se trouvait lancé au milieu d'un labyrinthe de forêts et de marécages qui s'étendaient de tous côtés à plusieurs cen-

taines de milles ; si parfois il lui arrivait encore de rencontrer quelques établissements posés plus loin à l'ouest sur le bord de quelque
lac, c'étaient comme autant d'oasis imperceptibles perdues dans l'im-
mensité d'un monde inculte et sauvage.

Il n'entre pas dans mon plan de vous raconter heure par heure tous
les petits incidents qui signalèrent la marche de nos jeunes héros.
Ces détails seraient pour vous d'un médiocre intérêt et nous prendraient d'ailleurs trop d'espace et de temps. Je vais donc vous conduire de prime saut au campement où nos jeunes gens s'arrêtèrent
pour passer leur première nuit.

Le lieu qu'ils choisirent à cet effet était une petite clairière comme
on en rencontre souvent dans les forêts à l'ouest du Mississipi. Libre
de tout arbre, cette clairière avait à peu près un arpent de superficie, un épais gazon en couvrait le sol et elle se trouvait entourée de
tous côtés par des arbres de haute futaie. Parmi les fleurs dont la
pelouse était émaillée on remarquait surtout l'hélianthe et le lupin
bleu. Parmi les arbres, aussi différents par le feuillage que par le
port, les uns avaient le tronc poli comme une glace, les autres au
contraire montraient une écorce rugueuse, toute crevassée et sou-
levée en larges écailles. Le grand tulipier ou liriodendron était surtout reconnaissable à son tronc poli comme une colonne ; c'est de cet
arbre qu'on tire ces grandes planches de *peuplier blanc* que vous avez
vues sans doute, car c'est sous ce dernier nom qu'il est ordinairement
désigné dans le commerce. Le nom de *tulipier* lui vient de ses fleurs,
qui ressemblent aux tulipes par la forme et la dimension, et sont
d'une couleur jaune verdâtre nuancée de teintes orangées. Moins
multipliés autour de la clairière que les tulipiers, les *magnolia grandiflora* se distinguaient à leurs feuilles polies comme de la porcelaine
et à leurs grandes et superbes fleurs. On y voyait encore l'érable à
sucre (*acer saccharinum*), plus bas l'*œil de bouc* au feuillage touffu
(*œsculus flava*) avec ses jolies fleurs orangées, et l'hickory à l'écorce
rugueuse, désigné par les habitants sous le nom de *juglans alba*.
D'énormes plantes grimpantes s'élançaient d'arbre en arbre, ou entouraient les troncs de leurs replis tortueux. D'un côté de la clairière
s'élevait un massif de roseaux-cannes (*arundo gigantea*); du côté opposé la forêt était plus ouverte que partout ailleurs, par suite sans
doute de quelque incendie qui avait dévoré les broussailles. Les
feuilles d'éventail des palmettes et les feuilles rigides et pointues des
yuccas donnaient à ce campement un aspect tout tropical.

Les jeunes chasseurs avaient fait halte environ deux heures avant
le coucher du soleil pour avoir le temps de préparer leur campement
avant la nuit.

Voici le tableau que présentait la clairière une demi-heure après
leur arrivée.

Près de la lisière s'élevait un cône ou plutôt une pyramide blanche. C'était une petite tente de toile dont la portière était relevée, car la soirée était magnifique, et d'ailleurs il n'y avait personne dans l'intérieur. Non loin de la tente trois selles étaient posées sur le gazon. C'étaient des selles à la mexicaine, avec un dossier et un pommeau très élevés. A l'avant une espèce de corne ou fourche surmontée d'un crampon de fer et d'un anneau solidement fixés dans le bois. Plusieurs courroies de cuir pendaient à d'autres anneaux attachés à la dossière. Elles avaient, au lieu de ces grossiers blocs de bois qui défigurent les selles mexicaines, d'élégants étriers en acier poli. A quelques pas des selles on voyait un objet de forme singulière, assez semblable à un grand livre à moitié ouvert et posé sur la tranche. C'était un bât à la mode mexicaine comme les selles. Il était muni d'une large sangle en cuir et d'une croupière destinée à le maintenir en place sur le dos de l'animal qui le portait. Un peu plus loin se montraient sur le gazon plusieurs couvertures, les unes rouges, les autres vertes, une peau d'ours et deux robes de buffalo. Aux branches d'un arbre étaient suspendus des fouets, des brides et des éperons. Trois armes à feu étaient appuyées contre le tronc d'un tulipier qui dominait la tente. Deux de ces armes étaient des carabines d'inégale dimension et de l'espèce de celles que les chasseurs américains désignent sous le nom de *rifle*. La troisième était un fusil à deux coups. Au-dessus de ces armes pendaient aux branches du tulipier des sacs à plomb et des poires à poudre.

En face et sous le vent de la tente flambe en pétillant un feu tout nouvellement allumé. A la lueur brillante qui s'élance du brasier on reconnaît facilement la flamme de l'hickory, le meilleur bois à brûler de ces contrées. De chaque côté du foyer on avait fiché en terre une branche terminée par une fourche, et posé sur ces fourches en guise de traverse une jeune tige fraîchement coupée. Une marmite de camp en fer y est accrochée au-dessus du feu. Les deux gallons d'eau qu'elle contient commencent à entrer en ébullition. D'autres ustensiles sont disposés autour : ce sont une poêle à frire, quelques vases d'étain et plusieurs sacs contenant de la farine, de la viande salée et une provision de café, une grande cafetière en étain, une petite bêche et une hache légère avec un manche recourbé en bois d'hickory.

Tels sont les accessoires inanimés du tableau.

Passons maintenant aux êtres animés.

Et d'abord parlons de nos héros, des trois jeunes chasseurs. Basile est près de la tente, dont il enfonce les derniers pieux. Lucien surveille le feu qu'il vient d'allumer, et François plume une paire de pigeons sauvages abattus par lui chemin faisant.

Vers le milieu de la clairière se trouvent trois chevaux attachés par la longe à des pieux assez espacés pour qu'ils puissent paître sans se gêner les uns les autres.

Un peu à l'écart des chevaux, on voit un autre quadrupède de couleur ardoise, avec des marques blanches sur le dos et sur les épaules. C'est un individu femelle de l'espèce du mulet du Mexique, qui ne manque jamais en toute circonstance de se montrer aussi rétif et vicieux que pas un de sa race. On l'appelle Jeannette. On a eu soin d'attacher ladite Jeannette à une honnête distance des chevaux, car il existe entre elle et le mustang une antipathie des plus prononcées. Le bât dont nous avons parlé plus haut est sa propriété particulière, car c'est à Jeannette qu'appartient de droit le soin de transporter la tente, les provisions, la batterie de cuisine, en un mot tout le bagage.

La clairière renferme encore un être vivant : le chien Marengo.

A sa haute taille et à sa couleur fauve on le prendrait volontiers pour une panthère ou un couguar. Mais un coup d'œil jeté sur son long museau noir et sur ses grandes oreilles suffit pour reconnaître en lui le chien courant. C'est, en effet, un robuste et courageux animal, aussi sûr pour la garde qu'ardent à la chasse. Pour le moment il est tranquillement couché aux pieds de François, et suit de l'œil avec un intérêt marqué la préparation des deux pigeons dont il attend les abats.

J'arrête ici ma description, car j'espère en avoir dit assez, mes jeunes amis, pour vous donner une idée exacte du campement de nos trois chasseurs.

VI. — UN ÉCUREUIL DANS UNE POSITION DIFFICILE.

François, après avoir fini de préparer ses pigeons, les plongea dans l'eau bouillante, puis il y ajouta un morceau de viande séchée avec du sel et du poivre, le tout tiré du sac de voyage. L'intention du jeune cuisinier étant de faire une soupe aux pigeons, il crut devoir délayer ensuite un peu de farine dans de l'eau, afin de donner à son potage un peu plus de consistance.

— Qu'il est malheureux, dit-il alors, que nous ne puissions avoir de légumes !

— Attends, dit Lucien, qui l'entendit. J'ai aperçu dans le voisinage toute sorte d'herbes et de racines, je vais voir s'il n'y en aurait pas quelques-unes qui soient bonnes à manger.

Après avoir prononcé ces paroles, Lucien se mit à parcourir la clairière, les yeux fixés sur la terre ; mais n'y trouvant point ce qu'il cherchait il pénétra sous les arbres, et se dirigea vers le bord d'un petit ruisseau qui coulait à quelques pas de là. Il ne fut pas longtemps absent, et moins de cinq minutes après François le vit revenir les mains pleines de légumes, qu'il jeta à ses pieds. Il y en avait de deux sortes, l'une ressemblait à un petit navet ; c'était en effet le navet indien désigné par les naturalistes sous le nom de *psoralea esculenta ;* l'autre était l'ognon sauvage, plante fort répandue dans la plus grande partie de l'Amérique.

— Ah ! quelle chance ! s'écria François à la vue de ces légumes, qu'il reconnut aussitôt, avec ces *pommes blanches* et ces ognons, je me charge de vous faire une très bonne soupe.

Et aussitôt le jeune chef se mit en devoir d'éplucher les légumes, qu'il jetait au fur et à mesure dans la marmite placée sur le feu.

La viande et les pigeons ne tardèrent pas à être cuits à point ; la soupe était prête : la marmite fut alors enlevée de dessus le feu, et les trois jeunes gens, s'asseyant sur l'herbe, remplirent leurs tasses d'étain et se mirent à manger. Ils avaient eu soin d'apporter pour les premiers jours une provision de pain. Cette provision épuisée, ils avaient un sac de farine destinée à la remplacer ; si l'expédition se prolongeait et que le sac de fariné vînt à s'épuiser, la perspective de se passer de pain ne les effrayait pas, car cela leur était arrivé plus d'une fois dans leurs précédentes excursions.

Pendant qu'ils faisaient fête à leur soupe aux pigeons, et qu'ils rongeaient la viande jusqu'à l'os, leur attention fut tout-à-coup attirée par un mouvement inattendu qui se manifesta de l'autre côté de la clairière ; c'était quelque chose qui s'élevait de terre avec rapidité, et montait en ligne droite comme un trait de lumière jaune qui serait parti du sol.

Tous trois devinèrent aussitôt que ce devait être le passage rapide d'un écureuil le long de quelque tronc d'arbre. Ils levèrent les yeux, et virent en effet l'animal lui-même étendu à plat contre l'écorce et sur laquelle il s'était arrêté un instant pour prendre un nouvel élan.

— Oh ! s'écria Lucien à demi-voix, c'est un écureuil-renard. Le bel animal ! voyez donc, il est moucheté comme une panthère. Je suis sûr que notre père donnerait au moins vingt dollars de sa peau.

— Eh bien ! il l'aura pour bien moins, reprit aussitôt François en se dirigeant vers son fusil.

— Arrête, François, lui dit Lucien, et laisse à Basile le soin de le tuer avec sa carabine. Il est plus sûr de son coup que toi.

— Soit ! mais s'il le manque, je serai là tout prêt à réparer sa faute.

Basile, qui s'était levé pendant ce petit dialogue, s'était dirigé silencieusement vers les fusils. Il prit sa longue carabine et se retourna du côté de l'écureuil ; en même temps François arma les deux coups de son fusil.

Le tronc sur lequel avait grimpé l'écureuil était un arbre mort, un tulipier frappé par la foudre ou par la tempête, et placé un peu en avant des autres arbres. Ce tronc dépouillé s'élevait droit comme une colonne, à une soixantaine de pieds de hauteur. Les branches avaient été brisées par le vent, à l'exception d'une seule qui s'élançait diagonalement du sommet. Cette branche tortue et recourbée en plusieurs endroits n'était pas très grosse ; elle était dépourvue de rameaux et de feuilles. C'était un bois mort comme le tronc auquel elle était attachée.

Pendant que Basile et François faisaient leurs préparatifs d'attaque, l'écureuil avait pris son second élan et était allé se loger dans l'une des fourches dont nous venons de parler. Tranquillement assis sur ses pattes de derrière, il paraissait s'inquiéter fort peu de la présence des chasseurs, et semblait au contraire absorbé par la contemplation du soleil couchant. Il était impossible de désirer une cible mieux placée ; le tout était d'approcher à portée sans effrayer l'animal, ce qui ausurplus ne paraissait pas difficile, car la pauvre bête innocente ne semblait se méfier ni des chevaux ni des chasseurs, preuve évidente que dans les lieux déserts qu'elle habitait, elle ne s'était encore jamais trouvée en contact avec l'homme. Aussi, malgré l'approche du danger continuait-elle à s'évanouir aux rayons du soleil couchant

Les deux jeunes gens s'avançaient à petit pas en contournant la clairière. Basile marchait le premier quand il se crut à bonne portée il éleva sa carabine à la hauteur de son épaule, mira quelques instants et se disposait à presser la détente, quand l'écureuil, qui jusqu'alors ne l'avait point aperçu, tressaillit, abaissa sa queue et redescendit avec rapidité le long de la branche, en donnant des signes non équivoques de la plus grande terreur. Il ne s'arrêta que lorsqu'il eut atteint le tronc de l'arbre. Arrivé à un pied ou deux du sommet, il se colla à plat contre l'écorce et demeura immobile.

Qui pouvait l'avoir effrayé de la sorte ? Ce n'étaient pas les chasseurs, car il n'avait pas pris garde à eux ; bien plus, il était venu se réfugier de leur côté et leur présentait toujours un admirable point de mire. Si les jeunes gens eussent été l'objet de sa frayeur, il aurait fait comme font tous les écureuils, et serait allé se cacher de l'autre côté du tronc de l'arbre. Il fallait donc que ses craintes eussent une autre cause ; aussi, tandis qu'il se tenait tout tremblant à sa place, sa tête tournée en l'air indiquait par un mouvement particulier que le danger qu'il redoutait provenait d'en haut. Dans ce moment en effet un grand oiseau de proie planait en rond juste au-dessus de l'arbre sur lequel se trouvait l'écureuil.

— Arrête, dit tout bas Lucien à Basile en posant sa main sur le bras de son frère, ne tire pas, je t'en prie ! C'est le faucon rouge-queue : il va s'abattre sur l'écureuil. Laissons-le faire.

Basile abaissa son arme, et les trois chasseurs attendirent abrités par quelques branches qui les dérobaient à la vue de l'oiseau. Celui-ci était trop préoccupé d'ailleurs de la proie qu'il convoitait pour songer à s'inquiéter de leur présence.

Lucien avait à peine parlé, que le faucon, qui jusqu'alors avait plané les ailes étendues, les reploya, rétrécit sa queue et s'abattit avec un bruit semblable au sifflement d'une balle qui fend l'air. Il tomba presque perpendiculairement et frisa l'écureuil de si près, que lorsqu'il reprit son vol les jeunes gens regardèrent entre ses griffes, croyant y voir le pauvre écureuil. Mais l'habile petite bête se tenait sur ses gardes : aussitôt qu'elle avait vu le faucon lancé avec une vitesse qui ne lui permettait plus de dévier de la ligne droite, elle avait choisi l'instant favorable, et, aussi prompte que l'éclair, avait passé de l'autre côté de l'arbre. A l'aide d'un mouvement de sa queue qui lui servait de gouvernail, l'oiseau de proie fit un demi-tour, et se trouva du côté de l'arbre où l'écureuil avait opéré sa retraite. En deux ou trois coups de son aile puissante il eut bientôt atteint une hauteur convenable, puis il s'abattit de nouveau sur l'écureuil, qui, aussi habile que la première fois, évita encore par la même manœu- vre l'attaque de son redoutable ennemi. Le faucon fit une seconde fois volte-face, remonta, s'abattit et manqua encore sa proie; une quatrième tentative n'ayant pas eu plus de succès que les autres, l'oiseau non-seulement remonta en l'air, mais changea de tactique et recommença à tourner en cercle au-dessus de l'arbre.

— Je m'étonne, dit François, que cet imbécile d'écureuil ne gagne pas un arbre garni de branches au milieu desquelles il pourrait se cacher. Que ne va-t-il plutôt encore à l'arbre où est son trou, il y se- rait en sûreté?

— C'est bien ce qu'il voudrait faire sans doute, répondit Lucien; mais comment s'y prendre? Son ennemi est précisément au-dessus de lui; les autres arbres se trouvent tous à une distance assez grande, et si l'écureuil essaye de traverser la clairière, le faucon va tomber sur lui comme une bombe. Tu as vu avec quelle rapidité il s'abat?

Lucien avait fort bien compris l'embarras de l'écureuil. Le pauvre animal jetait en effet des regards pleins d'inquiétude et de désespoir sur les arbres environnants; car, bien qu'il eût jusqu'alors échappé aux attaques de son ennemi, il était loin d'être rassuré sur l'avenir, et paraissait au contraire épuisé de fatigue et d'effroi.

Le faucon se tenait environ à une trentaine de pieds au-dessus de l'arbre, et avait, comme nous l'avons dit, recommencé à voler en rond. Depuis un moment il faisait entendre en volant un bruit d'une nature toute particulière : ce n'était point son cri ordinaire, c'était comme un signal convenu, un appel adressé à quelque camarade. Un moment après en effet la réponse partit du fond des bois, et presque aussitôt on vit dans l'air un autre faucon également à queue rouge qui s'avançait à tire d'aile du côté du premier. Ce dernier était beau- coup plus grand que l'autre. Evidemment le premier était le mâle.

car chez les oiseaux de proie et principalement chez les faucons la femelle est toujours plus grosse que le mâle. Les deux faucons semblèrent se concerter un instant, puis on les vit envelopper l'arbre de deux cercles tracés en sens contraire. Leur intention était facile à deviner, aussi la terreur de l'écureuil parut en redoubler. Le pauvre animal se mit à courir avec rapidité tout autour de l'arbre en jetant des regards de tous côtés, comme s'il eût voulu mesurer la distance et s'élancer pour gagner le bois.

Les faucons ne lui laissèrent pas le temps de la réflexion : le plus petit s'abattit le premier et manqua l'écureuil, qui se réfugia comme il avait déjà fait de l'autre côté de l'arbre. Mais il y était à peine arrêté, que la femelle s'abattant à son tour le força de reprendre au plus vite la place qu'il venait de quitter ; pendant ce temps le mâle, qui s'était de nouveau élevé, retombait encore, mais cette fois avec tant de justesse et de précision, que l'écureuil à bout de force et de courage abandonna le tronc de l'arbre et se laissa glisser. Avant qu'il eût pu toucher terre, le faucon l'avait rattrapé, et remontait dans les plaines de l'air avec un cri de triomphe, emportant dans ses serres sa proie encore vivante

Sa victoire ne fut pas de longue durée, car presque au même instant un coup de feu se fit entendre : le faucon et l'écureuil tombèrent lourdement à terre. Une seconde détonation suivit de près la première, et l'on vit descendre le faucon femelle avec une aile cassée. L'animal s'agitait sur le gazon en poussant des cris aigus semblables à des miaulements de chat ; mais un coup de crosse de fusil appliqué vigoureusement par François le réduisit bientôt au silence. Le jeune chasseur avait dû se servir de son fusil en guise de massue, car les deux canons de son arme étaient déchargés. C'était lui qui venait d'exécuter cette brillante vole sur les rouges-queues.

Ce qu'il y eut de plus extraordinaire, c'est que l'écureuil ne fut point tué dans sa chute et qu'il échappa au coup de fusil. Chacun l'avait cru mort ; mais quand Lucien, qui tenait à s'en emparer, eut desserré les griffes du faucon, l'agile petite bête s'élança comme un trait, gagna le bois, et en deux bonds fut au haut d'un arbre. Nos chasseurs coururent après lui de toute la vitesse de leurs jambes sans pouvoir l'attraper, bien entendu, et ce fut tout juste s'ils eurent le temps de voir leur proie disparaître dans les branches touffues d'un grand chêne qui avait au moins cinq pieds de diamètre et cinquante pieds de hauteur. Le pauvre animal l'avait échappé belle !

VII. — LA CULBUTE DE FRANÇOIS.

Le lendemain nos chasseurs établirent leur campement près du *bayou des crocodiles*. On appelle bayou à la Louisiane des cours d'eau dormante formant une longue suite d'étangs ou de petits lacs. Celui dont nous parlons doit son nom au grand nombre d'alligators dont ses eaux sont infestées, quoique à vrai dire il ne diffère guère sous ce rapport des autres cours d'eau de cette contrée.

La place choisie pour l'établissement du camp était un espace ouvert aboutissant à un point où le bayou s'élargissait de manière à former une espèce de petit lac ; cette grande flaque d'eau, dont l'œil pouvait de ce point suivre tous les contours, présentait un aspect assez singulier.

Le lac est rempli d'alligators ; on en voit qui se chauffent au soleil paresseusement étendus sur les rives basses, tandis que d'autres gagnent en rampant les sombres marécages ; ceux-ci nagent avec aisance à la surface de l'eau, ceux-là ne laissent paraître au-dessus que les nœuds de leurs longues épines dorsales. Quand ces horribles créatures sont au repos, on les prendrait pour des troncs de bois mort. Beaucoup restent ainsi sans mouvement, soit par suite de leur paresse naturelle, soit pour guetter la proie qu'ils convoitent. Ceux qui sont étendus au soleil ont la gueule béante, de temps en temps ils la referment avec un bruit sec : ce sont des mouches qu'ils s'amusent à attraper ainsi ; car ces parasites, attirés par la forte odeur de musc qui s'exhale avec leur haleine, viennent en bourdonnant se poser sur leurs langues visqueuses. D'autres sont occupés à pêcher dans le courant, et le bruit de leur queue qui frappe l'eau se fait entendre à plus d'un mille de distance. Leur coassement fait aussi retentir les bois ; c'est un son de la nature du cri de la grenouille, mais aussi fort et aussi terrible que le mugissement d'un taureau. En un mot, l'aspect de ces animaux est horrible ; mais nos chasseurs sont depuis longtemps habitués à leur aspect, et leur présence ne les épouvante point.

D'autres objets d'une nature plus agréable à l'œil se montrent aussi aux alentours du lac : c'est une troupe de flamants, qui se tiennent, à quelque distance, alignés comme une compagnie de soldats à la parade. Leur plumage écarlate resplendit aux rayons du soleil comme une cuirasse d'acier poli ; près d'eux une multitude de grues, presque aussi hautes que des hommes, pousse de temps à autre un cri aigu qui retentit comme les notes stridentes d'un clairon ; on distingue aussi parmi les êtres animés qui peuplent les rives du lac l'*aigrette*

au plumage blanc comme la neige et au bec couleur d'or ; le héron
de la Louisiane, reconnaissable à la délicatesse de ses formes ; et
des bandes de grues des sables, qui de loin ressemblent à un troupeau de moutons blancs. Des pélicans avec leur grand jabot et leur
bec monstrueux se tiennent debout, dans des attitudes mélancoli-
ques, à côté des ibis blancs et rouges et des gallinules pourpres. Des
spatules roses parcourent les marécages et pêchent avec leur large
bec difforme des crabes et des écrevisses. Sur les branches avancées
des arbres on voit le dardeur noir tendre au-dessus de l'eau son cou
recourbé, semblable à un serpent. Des vautours-busards tracent
dans l'air des cercles répétés, tandis que deux aigles plongeurs, du
haut des airs où ils planent, surveillent le lac et s'abattent de temps
à autre avec la rapidité d'une flèche sur quelque proie aquatique.

Telle est la scène au milieu de laquelle nos jeunes chasseurs ont
établi leur camp. Tels sont les tableaux qui se reproduisent souvent
dans les savanes marécageuses de la Louisiane.

La tente est dressée sur le bord du bayou, dans un endroit sec où
le sol est un peu élevé. Aucun arbre n'encombre cette place, à l'exception cependant de quelques rares palmettos.

À quelques pas de la tente les chevaux et la mule sont attachés
à des pieux.

Nos chasseurs ont de la venaison pour leur souper. C'est Basile
qui a été, pour aujourd'hui, le pourvoyeur de la communauté : d'un
coup de carabine il a abattu un daim, qu'il est en ce moment même
en train de dépecer. Basile est un boucher habile ; aussi le daim est-
il bientôt découpé, et ses morceaux les plus succulents ne tardent
pas à être préparés pour le souper du soir et le déjeuner suivant. Le
reste de la bête est suspendu à un arbre voisin, et doit être emporté
comme provision pour le cas où la chance du lendemain ne serait pas
aussi heureuse que celle de la veille.

Au milieu de tous ces soins Marengo ne fut point oublié, et trouva
dans les abats du daim de quoi satisfaire amplement son appétit ;
aussi en usa-t-il largement, car, en chien prudent qu'il était, il savait qu'on ne rencontre pas tous les jours un daim gros et gras, et il
comprenait qu'on ne pourrait pas tous les jours lui faire une part
aussi considérable dans la curée.

Le soleil avait encore trois heures de haut quand les trois frères
finirent leur souper ; je ferais mieux de dire leur dîner, car ils n'a-
vaient rien pris depuis leur déjeuner, à l'exception de quelques bou-
chées de viande séchée, avalées à la hâte pendant leur halte de
midi.

Le repas terminé, Basile s'occupa de réparer le harnais de la mule,
qui s'était dérangé pendant la marche, et Lucien prit son crayon et
inscrivit sur son livre de notes toutes les observations de la journée.
Quant à François, ne se voyant rien à faire, il se mit à suivre les

bords du bayou, dans l'intention de tirer les flamants s'il pouvait parvenir à les approcher. Il savait que la chose n'était pas facile, mais il ne voulait pas moins l'essayer. Après avoir averti ses frères de son projet, il jeta donc son fusil sur son épaule et s'éloigna. Il fut bientôt hors de vue; et s'enfonçant dans les broussailles, il y rencontra un sentier évidemment frayé par les daims et les autres animaux sauvages. Il prit ce sentier et le suivit sans bruit en se cachant, autant que possible, derrière les arbres, de manière à n'être pas aperçu par les flamants dont il voulait s'approcher.

Il y avait à peu près cinq minutes qu'il avait pénétré dans le fourré, quand le bruit d'un coup de fusil vint faire tressaillir à la fois Basile et Lucien. Un second coup suivit le premier. Les deux jeunes gens reconnurent bien le son du fusil de François, mais sur quoi avait-il tiré? Ce ne pouvait être sur les flamants, car il n'avait pas eu le temps de les approcher à portée de son arme; d'ailleurs les oiseaux n'avaient pas bougé de place, et on les voyait maintenant, effarouchés par le bruit, prendre leur élan et s'envoler vers les cimes des arbres. Mais puisque François n'avait pas tiré sur les flamants, sur quoi donc avait-il fait feu? Basile et Lucien se posaient cette question, non sans quelque inquiétude. Peut-être, se disaient-ils, François aura fait lever un daim ou sera tombé au milieu d'une troupe de dindons. C'était l'hypothèse la plus probable, mais la voix de François vint bientôt mettre un terme à toutes ces suppositions: l'enfant poussait des cris de détresse et appelait à son secours.

Basile et Lucien saisirent leur carabine, et s'élancèrent du côté d'où partaient les cris. Ils avaient à peine fait quelques pas qu'ils aperçurent François qui courait dans le sentier comme si sa vie eût dépendu de la vitesse de ses pieds; devant lui on voyait un objet, assez semblable à un tronc d'arbre mort, étendu au travers du sentier. Mais cet objet se mouvait, ce n'était pas un tronc inanimé, mais bien un animal vivant, un alligator, et un alligator de la plus grande espèce, car il n'avait pas moins de vingt pieds de long, et barrait le sentier dans toute sa largeur. Basile et Lucien aperçurent l'horrible reptile au moment même où ils atteignaient l'entrée du sentier, mais ils comprirent en même temps que ce n'était pas cet animal qui causait la fuite de François; car l'enfant, loin de l'éviter, courait au contraire droit sur lui. Il était évident que la cause de sa terreur était derrière lui, et qu'il n'avait même pas aperçu le crocodile.

Malgré les cris d'avertissement poussés par ses frères, le jeune Landi continua sa course échevelée sans faire attention à rien; il vint frapper du pied contre le corps du crocodile, et passa par-dessus lui en tombant sur la face : son fusil lui échappa des mains. Heureusement qu'il ne se fit aucun mal et qu'il fut aussitôt relevé; puis il reprit sa course en criant tout hors d'haleine :

— Un ours! un ours!

Basile et Lucien armèrent leurs fusils et regardèrent dans le sentier. François n'avait pas menti : un ours arrivait en effet derrière lui de toute la vitesse de ses jambes. C'était sur cet animal que François avait tiré ; mais ses balles de faible calibre n'ayant fait qu'irriter l'animal, les deux antagonistes avaient subitement changé de rôle, et l'ours s'était mis à son tour à donner la chasse au jeune chasseur.

La présence de ce terrible adversaire ne laissait pas que d'effrayer nos trois jeunes gens, et ils eurent d'abord envie de prendre la fuite et de chercher leur salut dans la vitesse de leurs chevaux ; mais l'ours était trop près d'eux pour essayer de ce moyen, car s'ils fuyaient, l'un d'eux ne pouvait manquer d'être pris avant qu'ils eussent gagné les piquets et détaché les chevaux. Il n'y avait donc qu'un parti à prendre : attendre l'adversaire de pied ferme. Les trois frères s'y déterminèrent bravement. Basile, qui avait déjà assisté à la mort d'un ours noir, n'était pas trop effrayé de la rencontre ; Lucien ne perdait jamais son sang-froid, et ce fut sans trembler que nos deux jeunes gens épaulèrent leur carabine, et se mirent en position de faire une chaude réception au vieux Bruin.

C'est par ce sobriquet que les Américains désignent l'ours.

Le plantigrade, qui continuait sa course, atteignit bientôt la place où l'alligator était étendu ; le reptile s'était à moitié retourné, et se tenait au travers du chemin à demi soulevé sur ses pattes courtes, et soufflant comme un soufflet de forge.

L'ours, exclusivement préoccupé de la poursuite de François, n'aperçut le reptile qu'au moment même où il arrivait à le toucher. A cette vue et à ce contact il se jeta vivement de côté en poussant un rugissement affreux. Comme il longeait le crocodile dans l'intention de le tourner, un coup terrible de la queue du redoutable reptile vint le frapper en plein corps et avec une telle violence, qu'on entendit craquer les côtes du quadrupède.

L'ours, qui n'avait aucune mauvaise intention contre l'alligator, fut si exaspéré de cette attaque imprévue, qu'il devint furieux, se jeta sur ce nouvel ennemi et le saisit à bras le corps. Les deux adversaires se débattirent avec rage sur le sol, l'un grognant et rugissant, l'autre beuglant comme un taureau.

Combien aurait duré cette lutte, et quel en eût été le résultat, c'est ce qu'il serait difficile de dire, car Basile et Lucien tirèrent en même temps sur l'ours et lui envoyèrent deux balles dans le corps. A cette attaque partant d'un autre côté, le quadrupède lâcha son adversaire et parut se disposer à se retirer. Mais le reptile ne l'entendait pas ainsi : il avait saisi une des pattes de l'ours entre ses redoutables mâchoires, il le tenait solidement et s'efforçait en rampant de le traîner vers l'eau. L'ours, qui ne comprenait que trop l'intention de son adversaire, poussait des hurlements de désespoir et criait comme

un porc sous le couteau du boucher. Mais ses cris étaient vains :
ventre affamé n'a pas d'oreilles, et le crocodile continuait à s'approcher du lac, où on le vit bientôt disparaître avec sa proie dans les
profondeurs de l'eau.

Les enfants restèrent en observation pendant près d'une heure
sans voir reparaître ni le quadrupède ni le reptile ; il était probable
que l'ours avait été noyé par son ennemi et que l'alligator avait caché le cadavre dans la vase, ou l'avait traîné, en suivant le fond, vers
un autre endroit, afin de pouvoir à son loisir savourer cette copieuse
pâture.

VIII. — LES ALLIGATORS.

La curiosité de nos trois héros était vivement excitée par la scène
dont ils avaient été témoins. Aussi, quand ils eurent regagné leur
tente et qu'ils se furent couchés sur le gazon, la conversation roula
tout naturellement sur les ours et sur les alligators. Ces derniers les
occupèrent surtout par la singularité de leurs habitudes et la férocité
de leurs mœurs. Plus d'une histoire curieuse sur ces animaux était
connue de tous, même du petit François. Basile, qui était un vieux
chasseur aux marais et aux bayoux, possédait d'assez nombreuses
notions sur les habitudes de ces reptiles ; mais Basile n'était pas, par
nature, très porté à l'observation, et il ne connaissait guère que les
faits dont il avait été témoin pendant ses chasses. Lucien, au contraire, joignait à la connaissance pratique de ces animaux des renseignements précieux qu'il avait puisés dans les livres d'histoire naturelle, et il en savait sur leur compte aussi long que tous les naturalistes réunis. C'était donc à lui que la parole revenait de droit. Il
ne se fit pas prier, et, à la demande de ses frères il se mit en devoir
de tromper les longues heures de la soirée par une causerie qui avait
pour but de leur communiquer les résultats de ses études.

— L'alligator, leur dit-il, appartient à l'ordre des *sauriens* ou
lézards. Cet ordre se divise en plusieurs familles, dont l'une est appelée *crocodilida* ou *crocodile*. La famille des crocodiles se subdivise
en trois genres dont chacun renferme plusieurs espèces : les *crocodiles* proprement dits, les *gavials* et les *alligators*. Cette classification, qui est due au baron Cuvier, repose plutôt sur la forme de la
tête et la disposition des dents que sur aucune différence réelle dans
l'aspect ou dans les habitudes des individus qui composent ces trois
genres.

Le crocodile a le museau long et pointu ; sa mâchoire inférieure
est armée de chaque côté d'une grosse dent qui se loge, lorsque la

gueule est fermée, dans une rainure de la mâchoire supérieure. Ce sont là, toujours selon Cuvier, les véritables crocodiles.

Les gavials ont comme les précédents le museau allongé, étroit et terminé en pointe arrondie. Ils n'en diffèrent que par les dents, qui sont toutes à peu de chose près d'égale grandeur.

Les alligators au contraire ont le museau large et en forme de fer de lance ; leurs dents sont fort inégales, ils en ont une plus grande que les autres de chaque côté de la mâchoire inférieure. Lorsque l'animal ferme la gueule, ces deux dents se logent non pas dans des rainures, comme chez les crocodiles, mais dans des trous ronds, espèce d'étuis pratiqués dans la mâchoire supérieure.

Il existe du crocodile proprement dit cinq espèces connues, dont quatre se trouvent dans les rivières de l'Afrique : la cinquième habite les Indes occidentales et l'Amérique du Sud. Le gavial se trouve en Asie, particulièrement dans le Gange et dans les autres rivières de l'Inde. C'est le crocodile de ces contrées. L'alligator est particulier à l'Amérique ; on le trouve en grande abondance dans les deux parties de ce vaste continent.

Dans les pays espagnols l'alligator prend le nom de caïman ; il en existe deux espèces bien connues : le caïman à lunettes de la Guyane et l'alligator du Mississipi. Il est probable que ces variétés ne sont pas les seules, et qu'on en découvrira quelques autres quand les grandes rivières du Sud auront été mieux explorées. J'ai même déjà entendu parler d'une espèce d'alligator qui habite le lac Valencia dans le Venezuela, et qui différerait sous certains rapports des deux espèces que je viens de mentionner. Il est, dit-on, beaucoup plus petit, et sa chair serait d'un goût moins répugnant que celle de l'alligator ordinaire, puisqu'il paraît que les Indiens la recherchent et la mangent avec délices. Il est probable aussi que lorsque l'intérieur de l'Afrique et les îles de la mer des Indes seront mieux connus, la famille des crocodiles comptera quelques variétés de plus. Jusqu'à de nouvelles découvertes, je crois qu'il est maintenant bien constaté que tous les membres de cette famille ont les mêmes mœurs et les mêmes habitudes, et que les légères différences qui peuvent exister entre eux s'expliquent par le climat, la nourriture et autres circonstances analogues.

Ce que je veux vous dire de l'alligator s'appliquera donc en général à tous ses congénères.

Vous connaissez sa couleur ; il a le dos brun foncé et le ventre d'un blanc sale tirant sur le jaune. Vous savez aussi qu'il est recouvert d'écailles, et vous avez été à même d'observer que celles du dos forment des protubérances assez semblables à de petites pyramides et que la rangée supérieure des écailles de la queue donne à cette partie l'apparence d'une scie ; cette queue est aplatie dans le sens vertical, à l'inverse de celle du castor, qui est aplatie horizontalement. Ses jambes sont courtes et très fortes ; celles de devant se terminent par cinq doigts légèrement palmés ; celles de derrière n'ont que quatre doigts beaucoup plus longs que ceux de devant et réunis par des membranes de plus grande dimension. La tête est assez semblable par la forme à un fer de lance ; les narines sont placées presque à l'extrémité du museau ; les yeux sont saillants et les trous auditifs sont placés à très peu de distance en arrière. La pupille des yeux est noire et l'iris d'une couleur légèrement orangée ; les pupilles ne sont pas rondes comme chez l'homme, mais affectent une forme allongée comme celles de la chèvre.

Ces caractères extérieurs de l'alligator peuvent être distingués au premier coup d'œil, mais il existe dans la structure de cet animal quelques autres particularités qui ne s'aperçoivent pas tout d'abord. La gueule est fendue à tel point que l'articulation des mâchoires se trouve placée en arrière de l'oreille ; c'est là une singularité de conformation de laquelle il résulte que quand l'alligator ouvre la gueule il semble que son cou se soulève, et l'on serait porté à croire à première vue que c'est sa mâchoire supérieure qui est mobile.

— Mais, dit François, j'ai souvent entendu dire en effet qu'il en était ainsi.

— Beaucoup l'ont pensé et l'ont écrit sur le témoignage d'Hérodote, qui le premier propagea cette erreur ; en fait, cependant, chez les crocodiles comme chez tous les autres vertébrés, c'est la mâchoire inférieure qui seule est mise en mouvement ; l'apparence dont je vous ai parlé est la cause qui sans doute aura trompé des observateurs superficiels.

Il est une autre particularité que je ne dois point omettre : l'oreille de l'alligator est munie d'une paire de valvules qui se ferment quand il entre sous l'eau. Ses narines sont munies, comme ses oreilles, d'une membrane qu'il peut ouvrir et fermer à volonté. Ses vertèbres sont si solidement jointes les unes aux autres, qu'il ne parvient à se tourner qu'en décrivant un grand cercle, et que c'est à peine s'il peut incliner légèrement la tête soit à droite, soit à gauche. Cette circonstance est fort heureuse, sinon pour lui, du moins pour ses ennemis ; car si cet énorme saurien pouvait se mouvoir et se replier comme le serpent, ce serait sans contredit un des animaux les plus redoutables de la création. Tel qu'il est, la longueur de son corps, la petite dimension de ses pattes et l'impossibilité de se retourner rapidement, en font un adversaire peu dangereux sur terre, pourvu toutefois qu'on ait soin de se tenir hors de la portée de ses grandes mâchoires et de sa puissante queue ; cette queue est en effet pour l'alligator une véritable arme offensive et défensive, et comme elle n'est point embarrassée par les vertèbres ainsi que le reste du corps, il peut s'en servir en toute liberté. La force en est telle, qu'un seul coup suffit pour tuer un homme.

Vous connaissez déjà un grand nombre des habitudes de l'alligator. La femelle, comme vous le savez, pond des œufs de la grosseur de ceux de l'oie, et les dépose dans le sable, où la chaleur du soleil les fait éclore. Quand il lui arrive de ne pas trouver de bancs de sable à sa convenance, elle construit une plate-forme circulaire avec du limon mélangé d'herbes et de broussailles. Elle dépose sur cette plate-forme ainsi préparée un premier lit d'œufs qu'elle recouvre d'un nouveau lit de boue et d'herbes de plusieurs pouces d'épaisseur, puis elle pond une seconde couche d'œufs qu'elle recouvre comme la première, et ainsi de suite jusqu'à la fin de la portée, qui monte souvent à deux cents œufs d'un blanc verdâtre. Quand la ponte est finie, elle recouvre le tout d'une dernière couche de limon qu'elle bat avec sa queue, jusqu'à ce qu'il prenne l'apparence d'un four en terre ou plutôt d'une hutte de castor. Tous ces soins sont pris par elle pour protéger ses œufs contre les ratons, les tortues, les vautours et d'autres oiseaux de proie qui s'en montrent très friands et en font une grande destruction. Pendant tout le temps que les œufs mettent à éclore, la femelle de l'alligator se tient près de la place où ils sont déposés pour les défendre contre tous leurs ennemis. Aussitôt que les petits ont vu le jour, la mère les conduit à l'eau, dans le but évidemment de les éloigner des dangers qui les menacent à terre. Il semble d'ailleurs que l'instinct des jeunes crocodiles les porte vers cet élément, car à peine ils ont brisé la coquille qu'on les voit marcher dans cette direction, les uns suivant leur mère, les autres, et c'est le plus grand nombre, grimpés sur son dos et sur ses épaules.

En dépit de ces précautions, il n'est pas rare cependant de voir les petits alligators devenir la proie des vieux ou servir de pâture aux grandes tortues et aux oiseaux. Aussitôt que les jeunes crocodiles ont atteint l'âge de raison, s'il est permis de s'exprimer ainsi, ils comprennent que dans leur famille la voix du sang n'est qu'une chimère, et ils mettent tous leurs soins à éviter leurs oncles et leurs pères. J'ai vu souvent de petits alligators poursuivis par les gros grimper adroitement sur le dos de leurs adversaires, sachant bien que dans cette situation ils étaient à l'abri de leur atteinte.

— Est-il vrai, demanda François, que ces animaux mangent tout ce qu'ils trouvent ?

— Ils ne passent pas pour très délicats sur le choix de leurs mets, et sont, je crois, plus gourmands que gourmets. Le poisson est, dit-on, leur nourriture favorite, ce qui ne les empêche pas d'avaler bel et bien tous les animaux terrestres dont ils peuvent s'emparer. On prétend qu'ils préfèrent la chair en état de putréfaction : ce point me paraît douteux. Il est très vrai que quand un alligator est parvenu à s'emparer de quelque gros animal, il l'entraîne sous l'eau et l'y laisse souvent pendant plusieurs jours ; mais cette façon d'agir tient peut-être à ce qu'ils n'ont pas faim dans le moment, et qu'ils jugent à propos de conserver leur provision pour l'appétit à venir. La digestion se fait lentement chez les crocodiles comme chez les autres reptiles ; aussi n'ont-ils pas besoin d'autant de nourriture que les animaux à sang chaud, mammifères et oiseaux ; ils s'ensevelissent dans la vase et y demeurent engourdis pendant l'hiver sans prendre de nourriture.

— Ne dis-tu pas, Lucien, interrompit Basile, que le poisson est leur nourriture de prédilection ?

— Sans doute.

— Eh bien ! quant à moi, j'ai des raisons de croire qu'ils préfèrent les chiens à toute autre chose. J'avais souvent entendu dire qu'ils accouraient à l'endroit où ils entendaient aboyer un quadrupède de cette espèce avec l'intention manifeste de le dévorer, quand j'ai eu l'occasion de voir un beau jour un énorme alligator saisir un chien de grande taille, qui traversait à la nage le bayou du Bœuf, et l'entraîner au fond de l'eau avec autant de facilité qu'une truite aurait pu faire d'une mouche. Depuis on n'a jamais eu de nouvelles du pauvre chien.

— Il est très vrai, répondit Lucien, qu'ils mangent les chiens comme ils mangent les autres animaux ; mais qu'ils les préfèrent à toute autre nourriture, c'est un point sur lequel les naturalistes ne sont point d'accord. Il est aussi très vrai qu'on le voit toujours accourir au premier aboiement des chiens ; mais au dire de quelques personnes cela tient à la ressemblance qui existe entre ces aboiements et le cri de leurs petits, à la recherche desquels ils sont presque toujours.

— Bien, pour le mâle ; mais j'ai vu des femelles accourir aussi à l'aboiement d'un chien.

— Sans aucun doute, les mâles viennent pour dévorer les petits et les femelles accourent pour les protéger. C'est un sujet de dispute de ménage entre les mâles et les femelles, qui se livrent souvent à cette occasion les combats les plus acharnés.

— Mais, dis-moi, Lucien, demanda François, comment les crocodiles peuvent-ils attraper les poissons, qui me paraissent beaucoup plus légers qu'eux ?

— Il y a peu d'espèces de poissons plus rapides que les crocodiles ; grâce à leurs pattes palmées, et grâce surtout à leur large queue, qui agit comme le gouvernail d'un bateau, ils filent dans l'eau avec une rapidité égale à celle des poissons les plus agiles. Néanmoins, ce n'est point en les chassant qu'ils les attrapent, mais en usant de stratagème.

— Et quel stratagème emploient-ils ?

— Vous avez dû voir quelquefois des alligators flottant à la surface de l'eau la queue recourbée dans une position demi-circulaire et sans faire aucun mouvement ni du corps ni des pattes.

— Oui, sans doute, nous avons remarqué cela plus d'une fois.

— Eh bien! si vous aviez regardé dans l'eau vous auriez pu voir quelque part du côté de la convexité du crocodile un poisson probablement immobile comme le crocodile lui-même; ce poisson, soyez-en sûr, guette une proie, une mouche ou un autre insecte. Ainsi occupé, il ne prend pas garde à la grande masse noire qui s'approche de lui tout doucement et sans avoir l'air de rien : car pendant tout ce temps la tête de l'alligator est tournée du côté opposé à la proie qu'il convoite. Malgré son apparence endormie, le saurien n'en est pas moins tout entier à son affaire; il se laisse aller à la dérive sans faire le moindre bruit jusqu'à ce que le poisson soit à la portée de sa grande queue, qu'il tient toujours ployée en forme d'arc. Quand il se voit à bonne distance, il dirige son coup avec sûreté et frappe sa victime à l'improviste d'un coup qui la tue instantanément et la lance tantôt dans sa gueule, tantôt à plusieurs pieds hors de l'eau.

A terre, l'alligator frappe sa proie de la même manière; au moment où il lance le coup, sa tête se retourne et vient à moitié chemin dans la direction de sa queue, son corps se disposant comme auparavant en demi-cercle. Si la proie n'est pas tuée sur le coup, elle est jetée entre les mâchoires du monstre, qui achèvent bien vite la besogne.

— Mais, mon frère, demanda Basile, pourquoi les alligators mangent-ils des pierres et autres substances semblables? J'en ai vu un qui a été ouvert devant moi et dans l'estomac duquel on a trouvé près d'un boisseau de cailloux gros comme mon pouce, des morceaux de bois et des débris de verre. Ces objets devaient avoir séjourné longtemps dans l'estomac de l'animal, car ils étaient usés sur les bords. Je n'ai jamais pu comprendre cela.

— Les naturalistes non plus; ils n'en savent pas plus que nous à cet égard; ils se sont pour la plupart perdus en conjectures pour l'explication de ce phénomène. Les uns prétendent que si les crocodiles avalent parfois de la terre et du gravier, c'est pour faciliter le travail de la digestion, ainsi que cela a lieu chez les oiseaux; d'autres assurent que c'est pour distendre les parois de l'estomac et mettre le reptile en état de supporter les longs jeûnes des mois d'hiver. Cette dernière hypothèse me paraît surtout complètement absurde. Pour ma part, je crois que les cailloux et autres substances minérales qu'on trouve parfois dans l'estomac d'un alligator y sont arrivés par accident ou par erreur. Les crocodiles sont loin d'avoir les organes du goût délicats, et ils dévorent tout ce qu'on jette dans l'eau, jusqu'à des tessons de bouteilles. Ces substances restent naturellement dans l'estomac, et comme ces accidents, par suite de la voracité naturelle aux crocodiles, peuvent se renouveler de temps à autre, elles s'accumulent pendant tout le cours de la vie. La force de l'estomac chez ces animaux fait qu'ils n'en éprouvent que point ou peu de dérangement. Nous ne devons point juger de l'estomac de l'alligator d'après la connaissance que nous avons du nôtre, l'organisation de cet animal étant tout-à-fait différente de celle de l'homme. Ainsi, qu'un homme soit gravement atteint à la cervelle, il meurt instantanément, tandis qu'on peut enlever même avec violence toute la cervelle d'un alligator sans que cet animal cesse de vivre ; il ne mourra que quelques jours après.

On cite des alligators qui avaient eu la cervelle traversée d'une balle, et qui plusieurs heures après livraient encore bataille à quiconque essayait de les approcher. Comme tous les reptiles, les alligators ont le cerveau très peu développé, ce qui les classe dans l'échelle de l'intelligence bien au-dessous des oiseaux et des mammifères.

— Mais tu nous as dit, Lucien, que les habitudes et les mœurs des différentes espèces de crocodiles étaient semblables ou à peu près ; comment se fait-il alors qu'en Afrique les crocodiles soient d'une férocité telle qu'ils attaquent et dévorent les naturels du Sénégal et du Nil supérieur? Nos alligators sont loin d'être aussi terribles. Je sais bien qu'il leur est arrivé quelquefois de couper une jambe à un nègre, et nous avons aussi entendu parler de quelques enfants dévorés par eux ; mais ce sont là des accidents exceptionnels et dus tout entiers à la négligence des victimes, qui allaient se mettre imprudemment sur leur chemin ; ils n'attaquent jamais les premiers, et sont si peu redoutables que nous les approchons sans crainte avec une simple badine pour tout moyen de défense.

— Cette assurance de notre part tient à ce que nous savons les crocodiles incapables de se mouvoir à terre assez lestement pour nous attraper, et que nous avons d'ailleurs la précaution de nous mettre hors de la portée de leurs mâchoires et de leur queue ; mais allez les affronter dans leur élément! Quel est celui de vous, par exemple, qui consentirait à traverser ce bayou à la nage?

— Ce n'est ni moi, ni moi, firent en même temps les deux frères de Lucien.

— Et vous avez bien raison, car si vous risquiez une pareille imprudence, vous seriez infailliblement attaqués, avant d'être arrivés sur la rive opposée, par nos alligators, qui sont loin pourtant d'être ce qu'ils étaient il y a une trentaine d'années.

Nous savons en effet par les témoignages les plus authentiques que les alligators étaient à cette époque bien plus féroces et bien plus dangereux que de nos jours, et qu'ils attaquaient souvent l'homme sans provocation. S'ils nous respectent à présent, c'est qu'ils ont appris à nous craindre, car ils reconnaissent facilement l'homme à sa stature droite, si différente de celle des autres animaux.

A une certaine époque on avait la manie du cuir de l'alligator ; aussi les chasseurs firent-ils alors un grand carnage de ces reptiles :

on le chasse encore aujourd'hui pour son huile et pour sa queue. Il
est donc naturel qu'ils craignent un ennemi si dangereux. Ce qui
prouve que l'expérience les a singulièrement modifiés, c'est qu'on a
constaté qu'ils étaient beaucoup plus timides près des plantations et
des *sttelements* que dans les contrées entièrement désertes. Je suis
convaincu, et j'ai d'ailleurs entendu dire qu'il existe dans les grands
marécages certaines places où il serait dangereux d'approcher les
alligators de trop près. Ceux qui prétendent que les crocodiles
d'Afrique sont plus féroces que les alligators d'Amérique ne citent
aucun fait à l'appui de leur opinion. Les caïmans de l'Amérique du
Sud, qui ne sont que des alligators, sont aussi féroces que les crocodiles. J'ai lu bien des récits où il est question d'habitants de la Guyane
et du Brésil attaqués et dévorés par ces animaux. Beaucoup de ces
histoires sont exagérées sans doute ; mais il en est aussi plusieurs
dont l'authenticité ne saurait être mise en doute. Il en est une entre
autres de la vérité de laquelle je suis certain ; je vous la raconterai si
vous voulez, quoique ce soit un épisode horrible et lamentable dont
je voudrais pouvoir douter.

— Oh ! oui, je t'en prie, Lucien, raconte-nous cette histoire ; les
nerfs de Basile et les miens sont de force à supporter cette émotion,
n'est-ce pas, Basile ?

— Oui, répondit celui-ci, nous écouterons sans sourciller : allons,
parle, Lucien !

— Puisque vous me la demandez, je vais vous la dire, reprit celui-
ci ; aussi bien elle n'est pas longue, et ne fatiguera pas beaucoup
votre attention.

IX. — LA MÈRE INDIENNE ET LE CAÏMAN.

Il n'existe peut-être pas dans tout le territoire américain de contrée où les alligators atteignent de plus grandes dimensions et se
montrent plus féroces que dans les vallées de la Magdalena et des autres grandes rivières qui forment le bassin de ce fleuve. Le terrain
arrosé par ces rivières est bas, et de plus situé entre les tropiques.
Ces circonstances contribuent à entretenir une grande chaleur, et
sont par conséquent très favorables au développement des grands
reptiles. D'un autre côté, la paresse et l'indolence naturelles aux
habitants de ce pays, race mêlée d'Indiens et d'Espagnols, ne leur
permet pas de déployer l'énergie nécessaire pour détruire ces affreuses créatures, ainsi que le font les Américains du Nord. Il en résulte
que les alligators, loin d'être effrayés par la vue de l'homme, l'atta-

quent souvent et en font leur proie. Les alligators de la Magdalena
ou caïmans, comme on les appelle dans le pays, dévorent impitoya-
blement toute créature humaine qu'un accident fait tomber dans les
eaux qu'ils fréquentent. Il n'est pas rare de voir les bateliers
(*bogadores*) qui naviguent sur la Magdalena dans leurs bogas ou
bateaux plats tomber par-dessus bord et être dévorés par ces reptiles, comme les marins le sont dans l'Océan par les requins. La plupart du temps ces mariniers se munissent de fusils, dans le but de
tirer sur les caïmans; mais on en détruit bien peu par ce moyen, car
les bateliers sont trop occupés de la direction de leurs embarcations
pour donner tous leurs soins à cette chasse; d'ailleurs ce n'est pas
chose facile que de tuer un alligator d'un coup de fusil. Il faut pour
cela lui envoyer la balle dans l'œil, tout le reste du corps étant à
l'épreuve du mousquet. Or, pour exécuter ce coup, il faut être un
bon tireur et rencontrer un caïman bien posé sur la rive ou à la surface de l'eau. Quand le caïman est à terre, on peut encore le tirer
entre les deux épaules sous la poitrine, seul endroit où son cuir soit
élastique et dépourvu d'écailles; mais cette manière de tuer les
caïmans n'est pas très sûre, et l'on a vu nombre de ces animaux demeurer en vie avec plusieurs balles logées dans cette partie du corps.
Les naturels de la Magdalena prennent aussi parfois le caïman au
lasso et l'achèvent à coups de lance et de hache après l'avoir traîné
sur le bord. Ces moyens de destruction n'empêchent pas ces gigantesques reptiles de pulluler dans ces rivières, où ils sont rarement
poursuivis. Il faut pour faire sortir les habitants de leur apathie habituelle quelque horrible drame, tel que la mort d'une victime humaine
mise en pièces par ces hideux reptiles; alors seulement ils se ras-
semblent et en font un massacre considérable. L'histoire que j'ai à
vous raconter est un épisode de ce genre.

Un de ces gardeurs de bestiaux qu'on nomme dans le pays *vaque-
ros,* demeurait sur la Magdalena, à quelques milles au-dessus de la
nouvelle Carthage. Son *rancho*, petite cabane couverte en feuilles de
palmier, se trouvait situé à peu de distance du bord de la rivière,
près d'un point infesté de caïmans. Le pays environnant était inculte
et désert. Le vaquero avait avec lui sa femme et un enfant de six à
sept ans; c'était une petite fille très gentille, la gloire et l'idole de
ses parents.

Les soins exigés par ses troupeaux forçaient le vaquero à s absen-
ter souvent du logis et l'entraînaient parfois à de grandes distances
dans le bois. Sa femme s'inquiétait peu de demeurer seule; c'était
une Indienne habituée à affronter des dangers qui auraient fait mourir de peur les dames de nos grandes villes.

Un jour que son mari était absent comme d'habitude et occupé à
la garde de ses troupeaux, elle se rendit à la rivière pour y laver quelques hardes. Il n'y avait pas aux environs du rancho d'autre eau que

celle de la Magdalena, et en y portant le linge elle s'épargnait la peine de charroyer l'eau à une grande distance. Elle y trouvait d'ailleurs sa commodité à cause d'une grande pierre plate et unie sur laquelle elle avait l'habitude de battre son linge. Ce jour-là sa petite fille l'accompagnait en portant un petit paquet.

Arrivée à sa place accoutumée, l'Indienne remplit ses baquets et se mit à la besogne. L'enfant, qui n'avait rien à faire, se mit à cueillir des goyaves qui pendaient à un arbre dont les branches avançaient jusqu'au-dessus de l'eau. Au milieu de son travail l'Indienne fut tout-à-coup surprise par un cri terrible suivi du bruit d'un corps tombant dans l'eau ; elle regarda et vit sa petite fille en train de disparaître dans le fleuve à quelques pas d'elle. Un affreux caïman se dirigeait du côté de l'enfant. Pleine d'épouvante, la mère jeta son linge, se précipita sur la rive, et sans calcul ni hésitation sauta dans le fleuve, où elle entra jusqu'au cou. Au même instant l'enfant reparut à la surface de l'eau, la mère la saisit par les bras, et sans doute elle allait la retirer du gouffre, quand le caïman arriva la gueule ouverte, et d'un seul coup de ses puissantes mâchoires sépara les deux jambes du tronc. La petite fille poussa encore un cri, mais ce fut le dernier : quand la malheureuse mère posa le corps mutilé sur la rive, l'enfant avait cessé de vivre.

Pendant quelques instants la pauvre femme demeura immobile, abîmée dans la contemplation de ces restes encore pantelants. De temps en temps elle se baissait et embrassait avec frénésie les lèvres froides et décolorées de l'objet de son amour. Cependant elle ne pleurait pas ; car, je vous l'ai dit, c'était une Indienne, et les femmes de cette race n'ont point les faiblesses des blanches. D'ailleurs ses angoisses étaient trop vives pour permettre à ses larmes de couler. Elle ne criait ni n'appelait au secours. A quoi cela lui eût-il servi ? Il était trop tard ; d'ailleurs elle savait qu'il n'y avait personne pour l'entendre dans un rayon de plusieurs milles. Quand elle levait les yeux de dessus le corps de son enfant, c'était pour regarder la sombre surface de l'eau. Sous l'ombre des buissons de goyaviers le hideux reptile nageait de long en large ; il avait avalé les jambes de sa victime, le monstre cherchait le reste du corps.

Sur la figure de l'infortunée l'espoir de la vengance se mêlait à l'expression du désespoir. Tout-à-coup une idée traversa son esprit ; elle prit une brusque résolution, elle tressaillit, se leva, jeta un regard de douleur à son enfant, un coup d'œil de haine au crocodile, et se dirigea vers sa demeure de toute la vitesse de ses jambes.

Elle revint quelques minutes après, rapportant une longue lance : c'était la lance de chasse de son mari, armé dangereuse qui lui avait servi plus d'une fois dans ses rencontres avec les tigres du Bréeil et les autres bêtes féroces de la forêt. Elle apportait encore d'autres objets : un lasso, plusieurs cordes de *pita* et deux couteaux catalans.

En arrivant sur la rive elle jeta un regard inquiet sur le fleuve. Le caïman était toujours à la même place. Elle se retourna et demeura quelques instants immobile, elle combinait son plan d'attaque.

Sa résolution fut bientôt prise, elle se baissa et enfonça la lance dans ce qui restait du corps de son enfant : c'était horrible sans doute, mais l'ardeur de la vengeance dominait en elle tout autre sentiment. Ensuite elle saisit le fer de la lance tout rougi du sang de sa fille, et disposa les deux couteaux en travers de manière à former comme les barbes d'une flèche, puis elle les assujétit fortement à l'aide des cordes de *pita ;* cela fait, elle poussa le corps tout près des lames, noua le lasso à la hampe de la lance, et, sachant bien qu'elle n'était pas de force à lutter avec un animal aussi monstrueux que le crocodile, elle fixa ensuite l'autre extrémité de la corde à un gros tronc d'arbre.

Quand tous ces préparatifs furent terminés elle jeta la lance dans l'eau avec les cauteaux et le corps, qui y demeuraient toujours attachés ; puis elle prit le lasso à la main, se cacha derrière les buissons et attendit en silence : elle n'eut pas longtemps à attendre. Le reptile altéré de sang n'eut pas plus tôt aperçu l'appât, qu'il s'élança dessus, le saisit entre ses mâchoires et le broya d'un seul coup. La femme demeura immobile, elle prenait son temps.

Les caïmans n'ont pas l'habitude de mâcher les aliments, la conformation de leurs dents s'y opposant ; elles ne peuvent que saisir : c'est la langue seule qui chez eux sert à la déglutition. Au bout de quelques instants le corps de l'enfant avait disparu dans le vaste estomac du monstre. C'était pour l'Indienne le temps d'agir ; elle se redressa d'un bond et donna une violente secousse à la corde. Un horrible cri lui annonça qu'elle avait réussi. Les lames barbelées avaient fait leur office, le caïman était pris.

Le monstrueux reptile, en sentant le fer qui s'enfonçait dans sa gorge, plongea au fond de l'eau, puis revint à la surface, et se débattit dans l'eau jaillissante en poussant des mugissements épouvantables. Le sang lui sortait par la gueule et par les narines ; de temps à autre il essayait de fuir, mais le lasso se tendait et le retenait captif. Pour vaincre cette résistance, il donnait de si fortes secousses, que l'arbre en était ébranlé jusque dans ses racines ; il lutta longtemps de la sorte, mais peu à peu ses efforts devinrent plus faibles, puis plus faibles encore, et enfin il demeura immobile dans l'onde calmée. Pendant toute cette scène, la mère indienne n'avait pas quitté le monstre des yeux. Assise sur le bord du fleuve, elle contemplait en silence l'agonie du ravisseur de sa fille, et sa physionomie mobile exprimait tantôt l'abattement le plus profond, tantôt aussi la joie cruelle d'une vengeance assouvie.

Le galop d'un cheval qui s'approchait la rendit à elle-même ; elle se retourna : son mari était devant elle. Elle lui raconta l'horrible histoire, qui fut bientôt connue de tous les habitants du voisinage. La douleur fut générale; chacun prit part au malheur de ces pauvres gens. La sympathie ranima l'ardeur des plus timides, et on fit pendant plusieurs jours une guerre terrible aux caïmans.

Mes frères, ajouta Lucien en terminant ce récit, cette histoire est vraie; je vous la garantis, il n'y a pas plus d'un ou deux ans que ces faits se sont accomplis.

— C'est vraiment une horrible chose! s'écria Basile d'un ton de colère. Cela vous inspire une telle haine contre ces monstres, que je voudrais en tenir un au bout de mon fusil.

En disant ces mots le jeune homme s'arma de sa carabine et se dirigea du côté de l'eau. Malheureusement pas un seul alligator ne se trouvait pour le moment à la portée de notre jeune brave, bien que cependant on les vît nager par troupes dans le bayou.

— Attends, mon frère, s'écria François, prends un peu patience, je saurai bien les faire venir; mets-toi seulement en embuscade pendant que je vais les appeler.

François avait entre autres mérites le talent de l'imitation; il savait contrefaire le cri de tous les animaux, depuis le chant du coq jusqu'au mugissement du taureau, et cela si naturellement, que ces animaux s'y laissaient prendre tout les premiers. Il courut vers le bord du bayou, s'accroupit derrière un buisson de yuccas, et se mit à imiter l'aboiement plaintif d'un petit chien.

Basile de son côté s'était aussi caché derrière les buissons.

En quelques secondes on vit les alligators accourir de toutes parts et se diriger vers le point d'où partaient les cris. Ils eurent bientôt atteint la rive où François était caché. Celui d'entre eux qui était en tête, vieil alligator de la plus forte dimension, allongea le museau et le sortit hors de l'eau. Il avait tout l'air d'un gourmet qui flaire un bon dîner; mais, comme on dit, il avait compté sans son hôte. Le fusil de Basile s'abaissa, l'éclair jaillit, la détonation se fit entendre, l'affreux reptile retomba sur la vase, se tordit pendant quelques instants avec des cris affreux, puis demeura sans voix et sans mouvement : il était tout-à-fait mort. L'arme, bien dirigée, avait envoyé une balle droit dans l'œil du monstre.

Basile et François sortirent ensemble de leur cachette; il n'y avait pas à songer à continuer cette chasse, car les alligators, effrayés du coup de feu et de la mort de leur camarade, avaient pris la fuite et s'en allaient plus vite encore qu'ils n'étaient venus. A l'aide de la hache de Lucien on abattit la plus grosse dent de l'alligator, que Basile tenait à garder, puis on laissa son cadavre devenir la proie dés loups et des vautours; nos chasseurs n'y prétendaient rien.

Après cet exploit, nos aventuriers soupèrent d'une tranche de venaison, prirent leur café, rentrèrent sous leur tente, s'enroulèrent dans leurs robes de buffalo, et s'endormirent bientôt du plus profond sommeil.

Le lendemain ils étaient debout au point du jour, et après un déjeuner pris à la hâte, ils enfourchaient leurs chevaux et se remettaient en route.

X. — LA PATURE DU VER A SOIE.

Après avoir quitté le bayou des Crocodiles, nos jeunes chasseurs se dirigèrent vers l'ouest, à travers les prairies d'Opelousas. Le sol était couvert de fleurs de toutes sortes : les lupins d'azur et les hélianthes d'or, les mauves et les monardes de pourpre, les fleurs du cotonnier rose, larges de cinq pouces de diamètre, parfumaient l'air des odeurs les plus suaves. Les vignes et les plantes grimpantes s'enroulaient autour des arbres ou s'élançaient en festons de l'un à l'autre. Là se voyaient la vigne-roseau aux longues grappes blanches et le raisin-racoon aux douces senteurs. Mais toutes ces fleurs pâlissaient devant les magnifiques corolles du bignonia, dont les trompettes écarlates attachées à leurs cordons de lianes pendaient en grappes odorantes du sommet des plus grands arbres.

Ce fut donc au milieu de cette végétation luxuriante que nos chasseurs dressèrent leur tente et attachèrent leurs chevaux.

Quand tous les préparatifs de campement furent terminés, Lucien, prenant la parole :

— Je serais porté à croire, dit-il, que nous avons établi notre camp sur l'emplacement de quelque ancienne ville indienne.

— D'où te vient cette idée? demanda Basile.

— De plusieurs signes que je remarque ici. D'ailleurs voici des monceaux de débris couverts d'herbes et de broussailles. Ce sont sans doute ou des tombeaux indiens ou des troncs de bois pourri qui marquent la place de quelque maison détruite. Ces arbres sont aussi un indice. Regardez-les : n'y voyez-vous rien d'extraordinaire?

— Non, rien, répondirent ensemble Basile et François, rien absolument, si ce n'est pourtant qu'ils ne sont ni très gros ni très élevés.

— Vous ne voyez rien de particulier dans leurs espèces?

— Non, fit Basile. Il me semble même que je les connais tous. Voici des mûriers, des noyers noirs, des pruniers, des chicasaws, des pawpaws, des orangers osages, des hickorys, des pécans et des acacias à miel. Je n'en vois pas d'autres, à l'exception de ces vignes et de ces grands magnolias. Et, je le répète, il me semble que je connais déjà tous ces arbres.

— Oui, reprit Lucien à son tour ; mais as-tu vu souvent ces différentes espèces rassemblées comme elles le sont ici ?

— Ah ! ça, c'est une autre affaire, et je crois bien que non.

— C'est précisément cette circonstance, continua Lucien, qui m'engage à croire que nous sommes sur l'emplacement d'un établissement indien depuis longtemps abandonné. Ces arbres ou ceux dont ils proviennent doivent avoir été plantés ici par des hommes, probablement par des Indiens.

— Mais, mon frère, interrompit François, je n'ai jamais entendu dire que les Indiens de ces contrées fissent des établissements semblables à ceux-ci. Ces arbres à basse tige s'étendent, en suivant la rivière, sur une longueur de plusieurs milles, et feraient supposer une bien grande étendue de terrain mise autrefois en culture par ces sauvages.

— Aussi je ne crois pas, répondit Lucien, que ces plantations soient l'œuvre des Indiens qui habitent aujourd'hui ces contrées. Nous nous trouvons plus probablement sur quelque ancien établissement des Natchez.

— Les Natchez ! c'est le nom d'une ville sur les bords du Mississipi ; mais j'ignorais qu'il y eût aussi des Indiens de ce nom.

— Il n'y en a plus ; mais les Natchez étaient autrefois une tribu nombreuse et puissante qui occupait tout le territoire de la Louisiane. On prétend que comme les Mexicains et les Péruviens ils avaient une certaine civilisation, et qu'ils savaient cultiver le sol et tisser des étoffes. C'est aujourd'hui une race perdue.

— Qui a amené leur disparition ?

— Nul ne le sait. Quelques anciens auteurs espagnols prétendent qu'ils furent détruits par les Indiens de l'Amérique du Sud. Ce qui est beaucoup plus vraisemblable, c'est que les Natchez ont été conquis par les Creeks et les Chicasaws, tribus venues de l'ouest, et que les restes de la nation conquise se confondirent et s'absorbèrent dans la masse de la nation conquérante. Dans mon opinion cette race ne peut avoir disparu que de cette manière. Pourquoi alors ces ruines ne seraient-elles pas celles d'un de leurs anciens établissements et ces arbres à fruit les restes des vergers qu'ils avaient autrefois plantés ?

— Quelle que soit l'origine de ces arbres, dit François, ce que j'y vois de plus clair, c'est qu'ils ne servent pas à grand'chose.

— Et à quoi penses-tu ? s'écria Basile, toi qui absorbes chaque année une masse de noix de pécans et de mûres rouges, et qui suces les persimmons comme un véritable opossum, tu viens dire après cela, ingrat, que ces arbres ne nous sont d'aucune utilité !

— C'est vrai, répondit François ; mais pourtant nous ne cultivons pas ces arbres pour leurs fruits, et nous nous contentons de ceux que nous trouvons dans les bois, où ils poussent naturellement.

— Cela tient, interrompit Lucien, à ce que nous sommes plus avancés que les Indiens. Grâce au commerce qu'ils ignoraient, nous avons à notre disposition des fruits de toutes les parties du monde et bien préférables à ceux-ci. Nous possédons aussi des céréales qu'ils ne connaissaient pas, le blé, le riz et beaucoup d'autres espèces de grains qui nous mettent à même de nous passer de ces arbres. Les Indiens étaient dépourvus de toutes ces ressources précieuses. Il est vrai qu'ils avaient le blé indien ou maïs (*zea maïs*); mais comme tous les autres hommes ils aimaient à varier leur nourriture, et ces fruits leur servaient à cet usage. Les Indiens qui habitaient les régions intertropicales en possédaient aussi une grande variété. Aucune nation dépourvue de relations commerciales ne fut jamais mieux partagée, sous le rapport des plantes alimentaires et des arbres à fruits, que les Aztèques et les tribus du sud. Les Natchez et les autres peuplades des zônes tempérées avaient aussi des plantes et des arbres dont ils tiraient leur nourriture habituelle, leurs fruits de luxe et plusieurs espèces de boissons. Nous en avons la preuve sous nos yeux. Les premiers colons européens n'ont pas vécu autrement, et de nos jours beaucoup de pionniers ou settlers, perdus dans des solitudes incultes, demandent la plus grande partie de leur nourriture aux productions spontanées de la nature.

— Il me semble, Basile, dit François en s'adressant à son frère aîné, que si Lucien voulait nous faire une leçon de botanique sur ces arbres, elle ne manquerait pas d'intérêt; cela lui serait bien facile, puisqu'il connaît l'histoire de tous ces végétaux.

— C'est une idée, répondit Basile, et pour ma part je suis tout disposé à l'écouter.

— Je ne demande pas mieux que de vous satisfaire, dit Lucien à son tour; cependant ne vous attendez pas à des leçons de botanique dans le genre de l'école de Linnée, car cela vous ennuierait et ne vous apprendrait pas grand'chose. Je vous dirai seulement le peu que je sais moi-même des propriétés de ces arbres et des usages auxquels on les emploie, en vous priant de vous souvenir, une fois pour toutes, qu'il y a ni arbre ni plante au monde qui n'ait son usage marqué dans l'économie de la nature. Je commence par le mûrier.

Comme vous pouvez le voir, les mûriers sont en assez grand nombre autour de nous. S'il me fallait vous dire tout ce qu'il y a d'intéressant sur cet arbre précieux, j'en aurais pour plus d'un jour; mais je veux être bref, et je m'en tiendrai aux faits principaux.

Le mûrier forme le genre d'arbre désigné en botanique sous le nom de *morus;* ce nom est celui sous lequel il était désigné par les anciens Grecs. Le genre morus renferme plusieurs espèces bien connues; il est présumable même que les botanistes ne les ont pas encore toutes découvertes, et qu'il en existe encore quelques espèces nouvelles dans les contrées sauvages qui n'ont pas encore été suffisamment explorées. Au surplus, cette dernière observation ne s'adresse pas spécialement au mûrier, mais s'applique aussi bien à tous les autres arbres en général; car tous les jours nous entendons parler de quelques nouvelles variétés découvertes par des explorateurs aventureux.

Entre tous les arbres de ce genre se distingue d'abord le mûrier blanc (*morus alba*); c'est de toutes les espèces connues de beaucoup la plus intéressante. Vous serez de mon avis quand vous saurez que c'est à cet arbre que nous devons notre soie; c'est son feuillage, en effet, qui nourrit le ver à soie (*bombyx mori*). On l'appelle mûrier blanc, à cause de la couleur de son fruit, qui cependant n'est pas toujours blanc et se montre parfois rouge ou noir.

Il serait assez difficile de donner une description exacte du mûrier blanc, car il en est de cet arbre comme des pommiers et des poiriers dont les mêmes graines produisent plusieurs variétés, et qui se modifient suivant le sol et le climat. C'est un arbre de petite taille dont la hauteur dépasse rarement quarante pieds; ses branches sont très nombreuses et son feuillage très touffu; les feuilles sont la partie la plus précieuse de cet arbre, car c'est de ces feuilles que le ver à soie tire sa nourriture et un suc laiteux qui n'est pas sans analogie avec le caoutchouc, et qui se transforme chez cet insecte en fils déliés et brillants. Le ver à soie, il est vrai, peut se nourrir de feuilles de différentes autres espèces de mûrier; il mange même, au besoin, les feuilles de l'ormeau, celles du figuier, de la laitue, de la poirée et de plusieurs autres plantes; mais la soie qui provient de tous ces feuillages est d'une qualité très inférieure; les diverses variétés du mûrier blanc lui-même exercent une influence puissante sur les qualités de ce riche produit.

Les propriétés de cet arbre ne se bornent pas là. Son bois lourd et d'un grain très serré ne pèse pas moins de quarante livres par pied cube; on s'en sert beaucoup en France pour les travaux de boissellerie; on l'emploie aussi à faire des barriques pour les vins blancs, auxquels il communique un agréable bouquet de violettes. On fait avec ses branches des échalas de vigne et des bois de treillage. On tire aussi de son écorce, par un procédé que je n'ai pas le temps de vous décrire, une étoffe aussi fine que celle fabriquée avec la soie elle-même. Dans les climats chauds le fruit du mûrier blanc est très bon à manger; on en fait aussi un excellent sirop.

On croit généralement que le mûrier blanc est originaire de la Chine, où on le trouve encore à l'état sauvage. Les Chinois ont commencé à le cultiver, pour en nourrir les vers à soie, environ 2,700 ans avant l'ère chrétienne. Cet arbre est aujourd'hui répandu dans tous les pays civilisés; on l'emploie comme ornement dans le massif des parcs, et le plus ordinairement on le cultive pour l'élève des vers à soie.

Le mûrier noir (*morus nigra*) forme la deuxième espèce du genre ; il doit son nom à la couleur de son fruit d'un rouge foncé tirant sur le noir. Originaire de la Perse, il est maintenant aussi répandu que le mûrier blanc et se trouve dans tous les pays civilisés. Cette espèce est cultivée plutôt pour l'ornement et pour l'ombrage qu'elle donne que pour nourrir les vers à soie ; cependant on s'en sert pour cet usage dans plusieurs pays, notamment dans les contrées froides, où le mûrier blanc réussit difficilement. Ces deux espèces se reconnaissent à des caractères très distincts : l'écorce du mûrier noir est plus rugueuse et plus foncée ; son bois n'est ni aussi lourd ni aussi dur que celui du mûrier blanc, il n'en est pas moins durable et très apprécié en Angleterre pour faire des cerceaux, des roues et même des membrures de petits navires. En Espagne, en Italie et en Perse on nourrit le ver à soie de préférence avec la feuille du mûrier noir, qu'on donne aussi en pâture aux bœufs, aux moutons et aux chèvres. On tire de ses racines un excellent vermifuge : le fruit de cet arbre a une saveur aromatique très agréable, on le mange cru ou confit ; mêlé au cidre il donne une boisson d'un goût exquis. Les Grecs tirent de ce fruit, par la distillation, une eau-de-vie très claire, mais sans grande force ; dans quelques autres pays on en fait une espèce de vin qu'il faut boire pendant qu'il est nouveau, car il s'aigrit très facile-Ce fruit est en outre un fébrifuge et un excellent remède contre les rhumatismes ; il est fort du goût des oiseaux et de toutes les espèces de volailles, qui le dévorent avec avidité.

Mais en voilà assez sur le mûrier blanc et le mûrier noir, passons au mûrier rouge (*morus rubra*), qui forme la troisième espèce du genre.

Nous n'irons pas loin pour trouver des individus de cette espèce, continua Lucien en désignant les arbres dont il a été question plus haut, car en voici plusieurs pieds devant vous. Cette espèce, comme les précédentes, doit son nom à la couleur de son fruit, qui est d'un rouge foncé, comme vous savez, et ressemble assez à la framboise. Ainsi que vous pouvez le voir, quelques-uns de ces arbres ont près de soixante pieds de haut, quoiqu'ils n'atteignent pas habituellement une pareille élévation. Remarquez bien ces feuilles, elles ont la forme d'un cœur ; quelques-unes ont jusqu'à dix pouces de long, elles sont en général presque aussi larges que longues ; leur couleur est vert tendre ; elles sont rudes au toucher ; on ne s'en sert guère pour la nourriture des vers à soie que lorsqu'on est tout-à-fait dépourvu de celles du mûrier blanc ; ses feuilles larges et touffues fournissent un ombrage délicieux, et c'est un des principaux avantages pour lesquels on cultive ce bel arbre. A mon avis, et je crois bien aussi à celui de François, son fruit ne le cède en rien aux meilleures framboises ; son bois, qui a des qualités remarquables, est très apprécié pour les constructions maritimes dans les chantiers des Etats du

Sud : ce bois, qui a la couleur de celui du citronnier, est surtout estimé pour le chevillage des navires ; le locustier seul lui est préféré.

Le mûrier rouge, comme le blanc et le noir, possède plusieurs variétés, qui toutes diffèrent entre elles par des caractères essentiels. Il existe encore une quatrième espèce du genre *morus*, connue sous le nom de mûrier papyrus (*morus papyrifera*). Bien que les botanistes en aient fait un genre à part, je veux vous en dire ici quelques mots, car c'est un arbre à la fois curieux et précieux ; ou plutôt un grand arbrisseau, qui est bien loin d'atteindre la hauteur des trois autres espèces.

Il est originaire de la Chine, du Japon et des îles de l'océan Pacifique ; mais, comme les autres mûriers, il a été apporté en Europe et en Amérique, où il est aujourd'hui cultivé à titre d'ornement. Son fruit, de couleur écarlate, est sphérique, au lieu d'être oblong comme ceux des mûriers proprement dits. C'est pour cette raison qu'on en a fait un genre à part, qu'il compose à lui tout seul ; ses feuilles ne servent point pour les vers à soie, mais forment, en revanche, pour les bestiaux un excellent fourrage. Comme cet arbre croît très rapidement et par larges touffes, certains agriculteurs prétendent qu'on devrait le cultiver comme herbe fourragère, et qu'il fournirait une bonne et abondante pâture. J'ignore si on en a essayé jusqu'à présent. La partie la plus intéressante du mûrier papyrus est sans contredit son écorce, qui sert à fabriquer le papier dans les manufactures de la Chine et du Japon. C'est avec cette substance qu'on fait le magnifique papier de Chine dont on se sert pour la gravure. C'est avec cette même écorce que les naturels des îles de la Société tissent cette superbe étoffe blanche qui causa tant de surprise aux Européens quand ils la virent pour la première fois. Je voudrais pouvoir vous détailler les procédés ingénieux employés pour la fabrication de cette étoffe et de ce papier de mûrier, mais cela nous entraînerait dans des longueurs que le manque de temps ne nous permet pas. Il existe une autre famille d'arbres qui possède avec le mûrier beaucoup de ressemblance. Le bois de cet arbre, nommé vulgairement fustic, et désigné en botanique sous le nom de *morus tinctoria*, est très estimé comme substance tinctoriale et donne une très belle couleur jaune ; on le trouve dans les Indes occidentales et dans les contrées de l'Amérique situées entre les tropiques. On en possède aussi une espèce de qualité inférieure dans les Etats-Unis du Sud ; c'est cette dernière espèce qui fournit le bois connu dans le commerce sous le nom de *fustic bâtard*.

Une série d'incidents vint mettre fin à la conversation ou du moins la porter sur un autre sujet.

Ces incidents feront l'objet du chapitre suivant.

XI. — LA CHAINE DE DESTRUCTION.

Juste en face de la tente, et à une petite distance des trois jeunes gens, s'élevaient deux arbres unis entre eux par un épais réseau de vignes et de lianes : c'étaient deux grands tupelos ; les vignes enroulées autour des troncs et jetées d'un arbre à l'autre formaient avec leurs larges feuilles une espèce de toit impénétrable. Le feuillage lui-même disparaissait sous les fleurs ; on eût dit une riche tenture étendue entre les deux arbres. Ces fleurs étaient de différentes couleurs, quelques-unes blanches et étoilées, mais la plupart rouges et en forme de pavillon. C'étaient les tubes de la vigne-trompette (*bignonia*).

Tout en prêtant l'oreille aux paroles de son frère, François fixait ses regards dans la direction des fleurs, qu'il paraissait admirer, quand tout-à-coup il interrompit brusquement la conversation.

— Regardez, dit-il, voici les oiseaux-mouches.

Les oiseaux-mouches ne sont pas, à beaucoup près, aussi communs en Amérique que les voyageurs voudraient bien nous le faire croire. Au Mexique même, où l'on compte plusieurs variétés de ces oiseaux, on n'en rencontre pas tous les jours, et l'on ne parvient la plupart du temps à les découvrir qu'après beaucoup de recherches et de soins. Ils sont si petits et volent avec tant de rapidité de fleur en fleur et d'arbre en arbre, qu'on peut passer à côté d'eux sans les apercevoir, ou se tromper et les prendre pour des abeilles. Aux Etats-Unis, où l'on ne connaît qu'une seule espèce de ces charmants oiseaux, on les rencontre bien plus rarement encore ; aussi leur apparition est-elle pour les naturalistes un événement d'un grand intérêt.

L'exclamation de François indiquait la surprise et le plaisir.

Lucien, que cette découverte intéressait au plus haut point, se leva avec vivacité, et demanda à son jeune frère de quel côté se trouvaient les oiseaux-mouches.

— Là-bas, répondit François, autour de ces fleurs en trompette j'en vois plusieurs, si je ne m'abuse.

— Doucement, mes amis, dit Lucien ; approchons-les avec précaution et ne les effrayons pas, je serais enchanté de pouvoir les observer.

En disant ces mots Lucien s'avança à petits pas dans la direction indiquée par François. Ses deux frères le suivirent.

— Ah ! s'écria Lucien lorsqu'ils se trouvèrent près des bignonias, j'en aperçois un, c'est un gorge-de-rubis (*trochilus colubris*) ; il se nourrit de ces fleurs, qu'il préfère à toutes les autres. Tenez, voyez-le, il vient d'entrer dans une de ces corolles. Ah! le voici qui en sort! Ecoutez le bruissement de ses ailes : ne dirait-on pas le bourdonnement d'une grosse abeille? C'est à cela qu'il doit son nom (*humming-bird*, oiseau bourdonnant). Regardez sa gorge : est-elle brillante! c'est comme les feux d'un rubis.

— En voici un autre, s'écria François. Tenez, un peu plus haut. Son plumage n'est pas aussi brillant que celui du premier; est-il d'une espèce différente?

— Non, répondit Lucien, c'est la femelle; ses couleurs sont bien moins vives, et vous pouvez voir d'ici qu'elle n'a pas la gorge rouge comme le mâle.

— Je n'en vois pas d'autre, dit François après un moment de silence.

— Je pense aussi qu'il n'y en a que deux, répondit Lucien, le mâle et la femelle : leur nid ne doit pas être loin.

— Si nous essayions de les prendre, dit François.

— Nous ne pourrions y parvenir qu'à l'aide d'un filet.

— Si je les tirais à petit plomb?

— Oh! non, non, dit Lucien, le plus petit plomb les mettrait en pièces. A défaut de filet on les tire quelquefois avec de la graine de pavot ou même avec de l'eau. Mais laissez-les en paix, j'aime mieux les étudier un instant tels qu'ils sont. Il est un point surtout que je tiens à vérifier. Quant à vous, mettez-vous à la recherche de leur nid : vous avez de bons yeux et vous le trouverez peut-être près d'ici; mais n'allez le chercher ni dans les branches ni dans les feuilles, il doit être suspendu à quelque fourche dépourvue de feuillage.

Basile et François se mirent donc à la recherche du nid, tandis que Lucien continuait à observer tous les mouvements des charmantes petites créatures. La question qui préoccupait notre jeune naturaliste et sur laquelle il voulait s'éclairer était de savoir si les oiseaux-mouches se nourrissent d'insectes aussi bien que du suc des fleurs, question vivement débattue entre messieurs les ornithologistes.

Pendant qu'il les observait ainsi, un gros frelon (*apis bombylicus*) arriva en bourdonnant et vint se poser sur une feuille de bignonia.

A peine ses pattes en avaient touché la brillante pétale que le petit mâle à gorge rouge s'élança sur lui et l'attaqua comme une petite furie. Bientôt les deux adversaires sortirent en même temps du sein de la fleur, et continuèrent en l'air leur combat en miniature. La lutte ne dura pas longtemps. Le frelon tourna casaque, et s'enfuit en faisant entendre un bourdonnement plus fort encore qu'auparavant.

Pendant ce temps les deux chasseurs avaient découvert le nid. Un cri de François annonça leur triomphe. Ce nid était situé dans la fourche d'une basse branche, mais il ne contenait pas encore d'œuf, autrement les oiseaux ne l'eussent pas quitté tous deux en même temps. Les trois frères examinèrent attentivement le nid, mais se donnèrent bien de garde de le déranger de sa position. Il était construit à l'aide de petits brins de mousse d'Espagne et suspendu à la branche par des fils de même nature. L'intérieur en était garni avec du duvet d'anémone aussi doux que la soie ; il avait la forme d'une demi-sphère d'un pouce au plus de diamètre, et n'avait qu'une seule ouverture, pratiquée à la partie supérieure. En fait, il était si petit qu'il fallait avoir les yeux perçants de François et être comme lui un dénicheur émérite d'oiseaux pour le découvrir et ne pas le confondre avec un renflement de l'écorce de l'arbre.

Satisfaits sur ce point, les trois frères retournèrent à l'examen des oiseaux ; ceux-ci, ne s'étant pas aperçus de leur présence autour de leur nid, continuaient à s'ébattre au milieu des fleurs ; les jeunes gens se tenaient le plus près possible derrière une grosse touffe de vigne. Lucien était le plus rapproché, et comme son visage se trouvait à quelques pieds à peine des petits volatiles, il pouvait à loisir observer tous leurs mouvements. Il eut bientôt l'occasion d'être témoin d'une petite scène qui éclaircit le doute qui le préoccupait. Son attention venait d'être attirée sur un groupe de mouches aux ailes bleues, qui voltigeaient au milieu des fleurs en se posant tantôt sur l'une et tantôt sur l'autre ; les oiseaux-mouches avaient aussi aperçu ces insectes, car Lucien les vit à plusieurs reprises s'élancer sur eux le bec ouvert, les saisir et les dévorer.

La question était définitivement tranchée, les oiseaux-mouches étaient insectivores.

Quelques instants après la femelle laissa le mâle au milieu des fleurs et s'envola du côté de son nid.

La curiosité des jeunes gens était satisfaite, et ils se disposaient à prendre le chemin de leur tente, lorsque Lucien leur fit signe de se taire et leur recommanda de ne pas bouger. François chercha des yeux l'objet qui préoccupait son frère, Basile l'avait déjà découvert : c'était quelque chose de hideux.

Tapie au milieu des feuilles, on voyait une horrible créature qui s'avançait tortueusement et par petits bonds inégaux. De la même grosseur à peu près que les oiseaux-mouches, elle en différait beaucoup sous d'autres rapports. Son corps, composé de deux pièces, et comme coupé en deux, était couvert de grands poils bruns hérissés comme des soies de sanglier. Cet animal n'avait pas moins de dix pattes, longues, crochues et recouvertes de poil comme le reste de son corps. Deux antennes ou tentacules recourbées comme des griffes de bête féroce se projetaient sur la partie antérieure ; deux cornes armaient la partie postérieure, de sorte que, sans les yeux perçants et farouches de l'animal, il eût été difficile de reconnaître la tête d'avec le corps. Sa couleur fauve, son corps informe, ses pattes velues, ses yeux féroces donnaient à ce monstre en miniature l'aspect repoussant qui caractérise tous les individus de la race des araignées (*aranea*).

— La *tarentule sauteuse !* murmura Lucien à l'oreille de ses frères, je suis sûr qu'elle guette l'oiseau-mouche.

En effet, le hideux insecte continuait à s'approcher pas à pas et bond par bond de la touffe de fleurs où l'oiseau-mouche s'ébattait sans inquiétude. Ses yeux étaient fixés sur lui, et sitôt que l'oiseau sortait des fleurs et voltigeait négligemment autour, la tarentule se cachait avec précaution derrière les feuilles ou les vrilles de vigne. Au contraire, lorsque l'oiseau se posait et paraissait occupé à sucer le suc de quelques fleurs, la bête cauteleuse s'avançait un peu plus de son côté ; puis après quelques bonds se cachait de nouveau pour attendre le moment opportun. Comme l'oiseau changeait souvent de place en volant, l'araignée se trouvait forcée de changer aussi souvent la direction de ses poursuites. Après une de ces évolutions l'oiseau vint se placer sur une fleur trompette, précisément en face de l'endroit où la tarentule était en observation. Il n'entra pas dans le calice de la fleur, mais se contenta d'en pomper le suc en se maintenant à la surface par un battement rapide de ses ailes. Il se trouvait là depuis un moment à peine, quand l'araignée, s'élançant de son embuscade, le saisit avec ses antennes. A cette attaque imprévue, l'oiseau se mit à voltiger de côté et d'autre en poussant une note aiguë comme le cri d'un grillon en détresse. Ses ailes étaient encore libres, et nos jeunes chasseurs s'attendaient à le voir s'envoler en emportant dans l'air l'araignée, qui demeurait accrochée à son corps. Il n'en fut pas ainsi cependant ; à quelques pieds de la fleur son vol sembla s'arrêter, et quoiqu'il se soutînt encore en l'air et qu'il voltigeât de côté et d'autre, il était évident qu'il y avait un obstacle qui l'empêchait d'aller plus loin. En y regardant de plus près, François découvrit un petit fil de soie, qui allait du tronc de l'arbre à la pauvre petite bête ; c'était le fil de l'araignée qui préservait l'assassin d'être emporté dans l'air par sa victime.

Après une lutte de quelques instants les petites ailes cessèrent de s'agiter ; l'oiseau et l'araignée tombèrent tous deux jusqu'au bout du fil et y demeurèrent un instant suspendus. Les jeunes gens virent alors que l'oiseau était mort, et que les mandibules de la tarentule s'étaient enfoncées comme deux poignards dans la poitrine brillante du pauvre rouge-gorge.

François voulait s'élancer pour punir l'assassin, mais ce n'était pas le compte de Lucien. Il était naturaliste trop passionné pour laisser interrompre ainsi la leçon qu'il prenait. Il modéra donc l'ardeur de son jeune frère, et tous les trois conservèrent leur poste d'observation.

La tarentule commença alors à reployer son fil dans le but de regagner la branche où son nid était situé, et d'y porter sa proie. Les jeunes gens cherchèrent des yeux cette retraite, et dans un coin sombre ils découvrirent une toile qui étendait ses fils entre une grosse liane et le tronc du tupelo. C'était vers ce point que l'araignée se dirigeait lentement, emportant avec elle sa victime inanimée.

Pendant qu'ils observaient les mouvements de cet insecte, leurs regards furent attirés par quelque chose de brillant qui se mouvait le long de l'écorce de la liane. La vigne, qui avait près d'un mètre de diamètre, était d'une couleur foncée, sur laquelle se détachaient vivement les nuances brillantes de ce nouvel animal : c'était un lézard, et si l'on peut dire qu'un lézard soit beau, celui-ci était magnifique. Mais en dépit de ces brillantes couleurs, ce reptile est toujours plutôt un objet de dégoût que d'admiration. Il faut attribuer sans doute le sentiment qu'il inspire à sa forme hideuse, qui participe en laid de celle de l'homme, à ses regards perçants, à ses habitudes déprédatrices et dissimulées, et par-dessus tout à la connaissance que l'on a des propriétés venimeuses de certaines espèces de ce genre.

Quoi qu'il en soit, celui dont il s'agit était de la plus brillante couleur ; toute la partie supérieure de son corps était d'un vert doré et resplendissait comme l'émeraude ; le dessous était d'un blanc légèrement teinté de vert. Cette dernière partie, au surplus, n'était pas alors visible, attendu que l'animal était couché le long de la liane, et qu'on ne pouvait apercevoir que la cuirasse éclatante qui resplendissait sur son dos. Cependant on voyait aussi sa gorge ; elle était gonflée, presque soufflée, et présentait à l'œil une surface écarlate qui brillait au soleil comme une peinture de vermillon. Les yeux du reptile lançaient des flammes. L'iris semblait en être d'or poli enchâssant une pupille éclatante qui jetait les feux du diamant. Les membres du lézard étaient de la même couleur que son corps, et ses pattes avaient cela de singulier qu'elles étaient terminées par de petites boules ou tubercules. Ces tubercules, ainsi que le fanon qui s'étendait sous la gorge, indiquaient le genre auquel appartenait l'animal : c'était un *anolius* de la famille des *iguanidæ*, seule espèce d'anolius que l'on rencontre aux Etats-Unis.

Ces détails avaient été communiqués à voix basse par Lucien à ses frères pendant que ceux-ci observaient l'animal, qui demeurait toujours couché sur la liane. Au reste, Basile et François avaient souvent rencontré dans les bois des animaux de cette espèce, et le connaissaient sous les noms de *lézard vert* ou de *caméléon*, qui leur sont indifféremment appliqués dans le langage ordinaire. Celui qu'ils avaient sous les yeux n'avait pas plus de six pouces de long ; sa tête, en forme de cercueil, et sa queue, mince et déliée comme une cravache, formaient au moins les deux tiers de sa longueur. Au moment où ils le découvrirent il était en train de grimper sur la liane, qui s'étendait obliquement d'un arbre à l'autre ; il n'avait pas vu les jeunes gens, ou s'il les avait vus, il ne s'inquiétait pas d'eux ; car le caméléon est un petit animal fort courageux, que la présence de l'homme n'épouvante pas.

Le lézard n'avait point encore vu la tarentule ; mais en poursuivant son chemin ses regards tombèrent sur cette dernière, qui grimpait à son échelle de soie. A cette vue le lézard s'arrêta court et s'aplatit contre la liane ; sa couleur changea aussitôt : de vermillon qu'elle était, sa gorge devint blanche, puis de nuance cendrée ; une teinte brune ou plutôt couleur de rouille remplaça l'émeraude de son dos, de telle sorte qu'il devint fort difficile de distinguer l'animal de l'écorce de la liane ; et si nos observateurs n'avaient pas eu les yeux fixés sur lui depuis quelques instants et s'ils n'avaient pas assisté à ce changement de décoration, ils auraient pu supposer qu'il avait complètement disparu.

Après quelques instants de repos le reptile parut avoir pris son parti et avoir arrêté son plan d'attaque, car il était évident qu'il se proposait d'attaquer l'araignée, qui, avec les mouches et plusieurs autres insectes, est un des éléments principaux de sa nourriture ordinaire. Il passa du côté opposé de la liane et s'avança en continuant de grimper dans la direction du nid de la tarentule, qu'il atteignit d'un seul bond, quoiqu'il grimpât le dos en bas, marche extraordinaire sans doute, mais qui lui était facilitée par les tubercules de ses doigts.

En effet, grâce à cet appareil qui leur est particulier, les lézards du genre *anolius* ont la faculté de marcher le long des murs verticaux, sur les carreaux de vitres, et même contre les plafonds les plus unis.

Arrivé là, il s'accroupit et demeura immobile pendant quelques instants ; il attendait l'araignée, qui, occupée de ses propres affaires, ne se doutait pas qu'un ennemi était en embuscade auprès de son repaire. La tarentule était sans doute fort heureuse en ce moment : elle se réjouissait à l'idée du banquet sanglant qui lui était réservé lorsqu'elle aurait porté l'oiseau-mouche dans son antre sombre et soyeux ; mais elle ne devait jamais revoir ses pénates. Quand elle fut arrivée à quelques pouces de l'entrée de son domicile, le caméléon s'élança de son embuscade et la saisit dans ses larges mâchoires. Au même instant le lézard, l'araignée et l'oiseau tombèrent ensemble sur le gazon. Dans la chute l'oiseau-mouche échappa à l'araignée et demeura à part, tandis que la tarentule et le caméléon se livraient à terre un combat acharné. La lutte n'était pas égale, et malgré son courage l'araignée n'était pas de taille à tenir longtemps contre son antagoniste, qui bientôt d'un coup de ses fortes mâchoires lui sépara les jambes du tronc et la laissa sans force et sans mouvement. Le caméléon saisit alors sa victime par la tête, lui enfonça dans le crâne ses dents aiguës et coniques, et la tua sur place.

Ce qu'il y eut de plus remarquable dans ce combat, c'est qu'au moment où le lézard s'élança sur sa proie, ses couleurs reparurent avec la rapidité de l'éclair, et qu'on vit son dos vert et sa gorge écarlate briller d'un éclat encore plus vif qu'auparavant.

Maître de sa proie, le lézard se mit à traîner le corps de l'araignée sur le gazon en se dirigeant vers un tronc d'arbre renversé et à moitié caché sous les pampres et les ronces enchevêtrées à l'entour. C'était là sans doute qu'était sa demeure.

François n'essaya pas cette fois de couper la retraite à l'assassin. Il regardait la mort de la tarentule comme la juste punition de son crime. D'ailleurs le caméléon, avec ses brillantes couleurs, ses allures vives et son caractère inoffensif, est pour l'homme une espèce de favori. François pensait à cet égard comme tout le monde, et aimait beaucoup ce petit animal, dont il avait plus d'une fois avec ses frères admiré l'adresse et l'agilité. Il est vrai qu'il ne l'avait jamais vu jusque-là déployer tant de férocité. Malgré tout, ils applaudissaient à la mort de l'affreuse tarentule ; et si le caméléon n'avait eu que les trois frères à redouter, il eût pu sans obstacle porter son butin en lieu sûr. L'empêchement devait lui venir d'ailleurs.

François, dont les yeux perçants erraient de tous côtés, s'écria tout-à-coup :

— Mes frères, un scorpion-lézard !

Basile et Lucien, guidés par les indications de François, portèrent leurs regards vers le haut d'un arbre qui s'élevait tout près de la place où rampait le caméléon. A environ vingt pieds au-dessus du sol on apercevait un trou rond qui avait dû servir de nid à quelque pic à ventre rouge (*picus carolinus*), mais qui maintenant, abandonné par son premier propriétaire, servait de repaire à un animal d'une espèce toute différente, un scorpion-lézard, dont la tête et le corps commençaient en ce moment même à se montrer dehors.

Tous ceux qui ont voyagé dans les forêts vierges de l'Amérique connaissent le scorpion-lézard. Cet animal y pullule. Son aspect est des plus désagréables. Sa tête rouge et son corps olivâtre en font un des reptiles les plus hideux, et rien n'est dégoûtant comme l'aspect de cette affreuse créature, alors que, postée au bord de son trou, elle guette sa proie en faisant aller son museau pointu de côté et d'autre, et en roulant d'un air furibond ses petits yeux brillants de malice et d'astuce.

Le scorpion-lézard aperçu par François était en train de remuer la tête dans tous les sens, quand celui-ci l'avait découvert ; c'était même ce mouvement qui avait d'abord attiré l'attention de l'enfant. Maintenant il regardait fixement au bas de l'arbre quelque chose qui paraissait absorber toute son attention, et se préparait évidemment à sortir de son trou et à descendre. Le caméléon, en rampant sur les feuilles sèches, avait attiré ses regards.

Tout d'un coup le scorpion-lézard s'élança hors de son trou avec la rapidité de l'éclair, puis se coucha le long du tronc d'arbre, qu'il se mit à descendre la tête en bas. Arrivé sur le sol, il s'arrêta un moment, se reploya sur lui-même comme pour rassembler ses forces, puis d'un bond s'élança sur le caméléon.

Celui-ci, attaqué à l'improviste, lâcha le cadavre de l'araignée, et parut d'abord avoir l'intention de battre en retraite ; ce qu'il eût pu faire sans danger d'être poursuivi par le scorpion, dont le seul but en l'attaquant était de lui ravir sa proie.

Mais, malgré sa petite taille, le caméléon est un animal courageux. Celui-ci, remis de sa première surprise, jeta ses regards sur son adversaire, vit sans doute qu'il n'était pas beaucoup plus gros que lui, car le scorpion était un des plus petits de son espèce, s'arrêta et lui présenta bravement le combat. A ce moment sa gorge s'enfla et devint plus brillante que jamais.

Les deux adversaires se tenaient alors en face l'un de l'autre à une distance du douze ou treize pouces et dans une attitude menaçante. Leurs yeux lançaient des flammes, ils dardaient leurs langues fourchues, qui brillaient au soleil comme deux petits glaives, et agitaient en même temps leurs têtes par un mouvement lent et régulier, comme deux lutteurs qui se menacent et se mesurent de l'œil avant d'en venir aux mains.

Quelques instants après ils s'élancèrent l'un contre l'autre avec fureur et les mâchoires ouvertes. Bientôt ils roulèrent par terre, se lâchèrent et reprirent de nouveau leur attitude menaçante. Leurs queues étaient dressées en l'air, la fureur gonflait leurs corps ; ils s'attaquèrent et se séparèrent plusieurs fois encore sans que la victoire indécise parût pencher ni d'un côté ni de l'autre.

La queue est la partie la plus vulnérable du lézard vert ; elle est en effet si tendre, que le moindre coup suffit pour la séparer du tronc. Cette particularité paraissait parfaitement connue de son adversaire, qui faisait tous ses efforts pour l'attaquer par derrière, ou plutôt le tourner, pour nous servir de l'expression consacrée par la stratégie. Son intention évidente était de s'en prendre à la queue du caméléon. Celui-ci, qui comprenait le danger et qui devinait la tactique de son ennemi, manœuvrait pour ne pas être pris à revers, et, de quelque côté que se tournât le scorpion, il était toujours sûr de rencontrer le front de la partie adverse.

Le combat dura de la sorte plusieurs minutes, car ces petites bêtes déployaient autant d'astuce, de courage et de fureur que les plus gros crocodiles. Le caméléon parut enfin donner quelques signes de faiblesse et se disposer à la fuite, l'écarlate de sa gorge commença à pâlir, l'émeraude de son dos devint moins brillante. Il était évident qu'il avait le dessous. Profilant de sa faiblesse, le scorpion s'élança de nouveau sur lui et le renversa sur le dos ; et avant que le caméléon eût pu revenir à lui, il lui mordit la queue si cruellement, qu'elle demeura du coup presque détachée du corps. Le pauvre animal à moitié écourté s'enfuit et s'alla cacher sous un monceau de troncs d'arbres.

Cette fuite fut heureuse pour lui, comme on le verra par la suite ; il sauva du moins par là le reste de son corps mutilé. Cette victoire devait coûter cher au vainqueur, et mieux eût valu pour le scorpion demeurer tranquillement dans son trou.

Dans l'ardeur de la lutte, les deux champions s'étaient un peu éloignés de l'endroit où elle avait commencé et s'étaient rapprochés du mûrier aux branches touffues. Au moment même où la fuite du caméléon mettait fin au combat, l'attention des trois frères était attirée par un mouvement dans les feuilles du mûrier. Un instant après ils aperçurent un objet d'un pied de long et de couleur rouge qui pendait aux branches de l'arbre. Cet objet était à peu près de la grosseur du pouce ; à ses écailles brillantes, à sa forme gracieusement recourbée, il était impossible de ne pas reconnaître un serpent.

Ce reptile ne restait pas immobile, il continuait au contraire à se laisser glisser doucement la tête en bas jusqu'à ce qu'il y eût hors du feuillage environ un mètre de son corps ; le reste demeurait caché dans l'arbre à l'une des branches duquel il était enroulé par la queue. Son dos, qu'il présentait aux jeunes chasseurs, était d'une couleur rouge-sang ; le ventre, qu'ils ne voyaient pas, était d'une couleur plus claire.

— Voyez donc, dit François, quel beau serpent rouge ; je n'en ai jamais rencontré de pareil.

— Ni moi, fit Basile

— Ni moi, ajouta Lucien ; mais je le reconnais facilement d'après la description que j'en ai lue : c'est le serpent rouge des Montagnes Rocheuses (*coluber testacea*).

— Je me rappelle, reprit Basile, en avoir entendu parler aux trappeurs.

— Oui, répondit Lucien, c'est une espèce rare qu'on ne rencontre que dans les déserts de l'ouest ; mais regardez : le scorpion est demeuré maître du champ de bataille ; voici le caméléon qui s'enfuit ; sur ma parole, il n'a plus de queue.

Au même moment le scorpion aperçut le corps allongé du serpent suspendu au-dessus de lui. Un coup d'œil lui suffit pour reconnaître un ennemi terrible ; il s'enfuit en toute hâte et chercha à se cacher dans l'épaisseur de l'herbe : il eût mieux fait de se diriger vers un autre arbre, où son agilité lui eût peut-être sauvé la vie ; mais la terreur l'égarait, et, comme je l'ai dit, il courut vers une clairière. Cependant le serpent, qui s'était laissé glisser jusqu'à terre, le poursuivait la tête haute et la gueule ouverte ; en deux bonds il l'atteignit, le frappa de l'avant et de l'arrière, et du coup le laissa pour mort.

Lucien, enchanté de l'excellente leçon d'histoire naturelle que le hasard lui offrait, retint de nouveau l'ardeur de François, et pour mieux observer les mouvements du serpent les trois frères s'approchèrent sans bruit en ayant soin de se tenir toujours cachés derrière les feuilles et les broussailles. Le scorpion mort, le serpent s'allongea sur le gazon et se mit en devoir de dévorer sa proie. Les serpents, comme on sait, ne mâchent point leur nourriture, leurs dents ne sont pas propres à cet usage et ne sont disposées réellement que pour saisir et tuer. Le serpent-de-sang n'est point venimeux, et ne possède pas par conséquent les crochets à poison, qui sont remplacés chez lui par une double rangée de dents très aiguës. Comme le serpent noir, le serpent-de-sang et les autres variétés du genre des couleuvres, il est extrêmement agile et possède une puissance de constriction dont sont dépourvues généralement les espèces venimeuses. Comme tous les autres constrictors, il avale sa proie d'une seule pièce, et ce fut pour opérer cette inglutition que celui dont nous parlons se plaça vis-à-vis du scorpion, ouvrit ses mâchoires de toute leur grandeur, y fit entrer la tête de l'animal, et se mit à engloutir le corps lentement par une aspiration forte et continue. C'était une opération curieuse que les jeunes gens suivaient avec intérêt ; mais par malheur pour le serpent, les trois frères n'étaient pas les seuls témoins de son repas.

Les brillantes couleurs du serpent, dont les reflets rouges tranchaient sur la verdure du gazon, avaient attiré le regard perçant d'un ennemi, dont l'ombre mobile se projetait sur le terrain. En levant les yeux, les enfants aperçurent dans les airs un gros oiseau. Sa tête et sa poitrine blanches comme la neige, sa grande envergure, ses ailes pointues et plus que tout cela l'espèce de fourche qui terminait sa longue queue le leur firent reconnaître de suite : c'était le grand milan du Sud (*falco furcatus*).

L'oiseau décrivait des cercles ou plutôt une spirale dont la courbe concentrée allait se resserrant de plus en plus à mesure que son vol s'abaissait vers la terre ; le centre de cette courbe se trouvait être le point occupé par le serpent. C'était un beau spectacle que cet oiseau superbe décrivant ses cercles aériens, son vol était aussi gracieux que rapide ; car sous ce rapport nul oiseau n'égale le milan. Aucun mouvement de ses longues ailes ne trahissait le besoin qu'il avait de leur assistance ; on eût dit qu'il tenait à honneur de naviguer en l'air sans leur secours. D'ailleurs la prudence lui commandait d'agir ainsi, car le mouvement de ses ailes eût pu attirer le regard de la proie qu'il convoitait et l'avertir du danger. Dans ses évolutions au milieu de l'air, le milan paraissait aux yeux des spectateurs tantôt tout blanc, tantôt brillant d'or et de pourpre, selon qu'il présentait en décrivant sa spirale descendante la poitrine ou le flanc à nos jeunes chasseurs, qui le suivaient en silence avec des regards d'admiration.

Basile et François s'étonnaient de ne pas le voir fondre sur le serpent, dont il convoitait évidemment la capture ; ils avaient vu d'autres oiseaux de proie agir de la sorte, tel que le rouge-queue, le pèlerin et l'orfraie, qui quelquefois s'abattent perpendiculairement sur leur proie de plusieurs centaines de pieds. Lucien cependant ne s'étonnait pas de la conduite du milan, dont il connaissait mieux que ses frères les mœurs et les habitudes. Il savait que cette chute perpendiculaire ne pouvait être accomplie que par les oiseaux dont les queues sont pleines au lieu d'être fourchues, tel que l'aigle à tête chauve et les autres oiseaux que nous venons de nommer. La queue de ces derniers, qu'ils peuvent étendre à volonté et déployer comme un éventail, est pour eux une espèce de parachute qui, en leur donnant la faculté d'arrêter soudainement leur descente rapide, les garantit d'être heurtés trop violemment contre terre ; les milans, au contraire, n'ont pas cet avantage, et dans cette disposition de la nature, Lucien voyait une prévoyance admirable de cette excellente mère, qui sait avec égalité répartir ses dons entre ses divers enfants.

Les faucons, quoique volant très vite et pouvant fournir une course assez étendue, sont cependant incapables de se maintenir longtemps en l'air ; ils se fatiguent bientôt, et ont besoin d'un repos qu'ils prennent en se perchant sur les arbres. On a observé qu'ils choisissaient d'ordinaire les arbres morts et dominant un espace ouvert ; de cette sorte d'observatoire, la vue n'étant obstruée par rien, le regard a plus de portée et l'oiseau chasseur a par suite plus de chances de découvrir sa proie. Malgré ces précautions, les chances de ces oiseaux sont très circonscrites comparées à celles du milan, car les faucons sont souvent forcés de reprendre leur vol à plus d'une fois pour découvrir et atteindre l'objet dont ils veulent s'emparer.

Les milans au contraire sont presque toujours en l'air ; on pourrait presque dire qu'ils vivent sur le vent, car c'est en volant qu'ils dévorent la proie qu'ils ont enlevée dans leurs serres. Des hauteurs vertigineuses où ils planent constamment, ils embrassent un espace d'un rayon beaucoup plus étendu, et ont par suite plus de chances de découvrir le gibier. Il est probable qu'avec tant de moyens de destruction ils ne laisseraient rien à leurs congénères les faucons s'ils avaient comme eux la faculté de se laisser tomber à pic sur leur proie. Mais l'absence de cette faculté rétablit en quelque sorte l'équilibre et prouve une fois de plus, comme le pensait Lucien, l'équité de la nature.

Pendant que les pensées que nous venons d'analyser traversaient l'esprit de notre jeune savant, le milan poursuivait son vol circulaire en s'abaissant par degrés. Bientôt il fut à portée des grands arbres et commença à les raser de si près que les enfants purent distinguer l'iris de ses yeux rouge et éclatant comme le rubis.

Ce fut alors seulement que le serpent aperçut l'oiseau. Jusque-là il avait été trop occupé de sa propre proie, qu'il était parvenu à avaler. L'ombre des larges ailes qui se projetait sur le gazon juste devant lui fit tout-à-coup lever les yeux, il regarda et aperçut son terrible ennemi. A cette vue, un frémissement de crainte agita tout son corps, l'éclat de sa cuirasse écailleuse pâlit ; il enfonça sa tête sous l'herbe et essaya de se cacher. Il était trop tard : le milan continuait à descendre, il s'arrêta un instant au-dessus du reptile, et quand il s'élança de nouveau dans les plaines de l'air, le serpent se tordait dans ses serres.

Quelques battements de ses ailes puissantes suffirent pour le porter au-dessus des arbres de la forêt, mais son vol commençait à s'embarrasser, et à mesure qu'il s'élevait, le mouvement de ses ailes devenait plus précipité et plus irrégulier ; il était évident que quelque chose arrêtait sa course aérienne. Le serpent ne pendait plus aux serres de l'oiseau, il s'était enroulé autour du corps de son ennemi, et l'on voyait ses spirales éclatantes, semblables à des anneaux de pourpre, briller sur le plumage blanc de l'oiseau dans lequel elles disparaissaient à moitié ; tout-à-coup le milan parut se débattre, une de ses ailes demeura sans mouvement, et malgré le battement réitéré de celle qui restait libre, l'oiseau et le reptile tombèrent bientôt ensemble sur le gazon. La chute eut lieu près de l'endroit d'où ils s'étaient élevés. Elle fut lourde ; cependant ni l'un ni l'autre ne furent tués ni même blessés, car un moment après qu'ils eurent touché la terre ils engagèrent entre eux une lutte acharnée, l'oiseau cherchant évidemment à se débarrasser des replis du reptile, celui-ci au contraire faisant tous ses efforts pour enlacer son ennemi plus fortement encore. Le reptile savait en effet que c'était là son seul espoir, car s'il se déroulait et essayait de fuir, il donnait au milan l'occasion de le saisir une seconde fois, ce que celui-ci ne manquerait pas de faire d'une manière plus fatale pour lui ! La précaution qu'avait eue le serpent de se cacher la tête sous les herbes avait trompé le milan et était cause qu'il avait une première fois mal empoigné son adversaire.

Si le serpent tenait à garder sa position, il est probable que son antagoniste se fût trouvé enchanté d'être débarrassé de lui, même au risque de perdre sa proie ; car, dans l'état des choses, le milan jouait alors le mauvais rôle, et évidemment l'avantage était pour le serpent. La lutte, selon toute apparence, semblait devoir se prolonger ; car bien que les deux adversaires se roulassent en se tordant sur l'herbe et que le milan agitât avec frénésie la seule aile qui lui restât libre, aucun changement notable ne se manifestait encore dans la position respective des combattants, et chaque fois qu'ils s'arrêtaient et se reposaient pour prendre haleine, ce qu'ils faisaient toutes les deux ou trois minutes, on pouvait s'apercevoir que l'égalité continuait à se maintenir de part et d'autre.

Quel serait le résultat de la lutte?

Il était difficile de le prévoir; le milan ne pouvait tuer le serpent, car il lui était impossible de le prendre soit avec son bec, soit avec ses serres. Dans les efforts qu'il avait faits pour se retenir dans sa chute, il avait lâché le reptile, qui s'était enroulé autour de son corps et lui avait ôté toute facilité de le saisir. D'un autre côté, le serpent ne pouvait tuer le milan ; car, bien qu'il fût doué d'une force de constriction relativement considérable, cette force était insuffisante contre un ennemi aussi robuste. Ses replis avaient assez de puissance pour retenir et étreindre le milan, mais non pas pour l'étouffer.

La position était fort étrange de part et d'autre ; et, malgré le désir que chacun des adversaires avait en ce moment de s'éloigner du combat, *le milan ne pouvait s'en aller, et le serpent n'osait pas le laisser partir.*

Comment finira cette lutte sans l'intervention d'un tiers ?

Telle était la question que se posaient nos trois chasseurs tout en regardant d'un œil curieux ce singulier combat. La faim, se disaient-ils, pourra seule occasionner la mort d'un des combattants, c'est une question de tempérament; il s'agit seulement de savoir lequel des deux supportera plus longtemps le jeûne. Le milan pouvait vivre plusieurs jours sans nourriture, c'était un fait bien connu ; mais le serpent avait la même faculté, son abstinence pouvait même se prolonger dix fois plus longtemps que celle de l'oiseau ; et puis il était loin d'être à jeun, il venait, au contraire, de dîner copieusement aux dépens du scorpion, qu'il était loin d'avoir encore digéré, tandis que le milan ne devait pas avoir dîné; il fallait même qu'il n'eût pas déjeuné pour s'être hasardé à attaquer un serpent rouge de quatre pieds de long, quand on sait que ses proies ordinaires sont les sauterelles, le caméléon et le petit serpent vert. Sur tous les points, le serpent avait donc l'avantage sur l'oiseau, qu'il devait infailliblement amener à mourir de faim. Tel était le résultat probable si les combattants demeuraient livrés à eux-mêmes.

Après être arrivés à cette conclusion, les jeunes chasseurs, dont la curiosité était satisfaite, allaient s'avancer vers le groupe pour mettre un terme à la lutte, lorsque une nouvelle manœuvre des combattants les fit demeurer à leur place. Le milan s'était couché sur le dos et s'efforçait avec son bec d'attraper la tête du reptile. Cette manière de combattre est assez ordinaire à cette sorte d'oiseaux. De son côté, le serpent essayait de mordre son adversaire, et pour cela ouvrait de

temps en temps ses larges mâchoires armées de deux côtés de dents
coniques et acérées. Au moment où le serpent ouvrait ainsi une
gueule menaçante, l'oiseau saisit avec son bec la partie inférieure de
la mâchoire du reptile. Le serpent ferma aussitôt la gueule et essaya
de mordre ; mais le bec de corne étant impénétrable à la dent du reptile, l'oiseau ne s'en occupa pas et continua de tenir ferme.

Il avait obtenu l'avantage pour lequel il avait lutté jusqu'alors, le
point d'appui du levier ; il se hâta d'en profiter, et se remettant tout-
à-coup dans sa position naturelle avec l'aide d'une de ses serres et
de l'aile qui restait libre, il s'appuya fortement sur le sol et se mit à
tirer avec son bec la tête du serpent si vigoureusement, qu'il l'amena
au-dessous de lui à la portée de son autre serre. Aussitôt la gorge du
reptile fut saisie et serrée comme dans un étau. Cette manœuvre
habile mit fin au combat. Les replis rouges se détendirent, puis tombèrent ; le serpent se tordit encore quelques instants, mais c'étaient
les convulsions de l'agonie. Quelques secondes après son corps gisait
sur le gazon sans mouvement et sans vie.

Après s'être remis un instant, le milan retira son bec de la gueule
du serpent, leva la tête et déploya ses ailes pour s'assurer sans doute
qu'elles étaient libres toutes deux, poussa un cri de triomphe et s'envola en emportant dans l'air le reptile, dont le corps allongé pendait
après lui comme une traînée de feu.

Ce fut alors qu'un autre cri vint frapper l'oreille des jeunes chasseurs ; on aurait pu le prendre pour l'écho du premier, quoique les
notes en fussent beaucoup plus stridentes et plus sauvages ; tous les
regards se portèrent du côté d'où partait ce nouveau cri, que les enfants connaissaient bien pour en avoir souvent entendu de pareils.
C'était celui de l'aigle à tête blanche. En levant les yeux ils découvrirent dans le bleu du ciel l'oiseau royal, qui, avec ses grandes
ailes et sa large queue déployée, se dirigeait en ligne droite vers le
milan avec l'intention évidente de lui dérober le butin qu'il venait de
faire.

Le milan avait entendu le cri qui avait répondu au sien, et comme
il en comprenait la signification, il employait toute la force de ses
ailes à s'élever au plus haut des airs ; il semblait déterminé à garder
pour lui la proie qui lui avait coûté tant de peines, ou tout au moins
à ne pas l'abandonner au voleur plus fort que lui sans la lui faire
acheter par une longue et difficile poursuite.

Les oiseaux de cette espèce échappent quelquefois à l'aigle, ou du
moins il est certains aigles que les milans dépassent en vitesse ; car
il en est de ces rois de l'air comme des chevaux et des limiers : tous
n'ont pas la même vigueur et la même agilité. Les milans aussi diffèrent beaucoup entre eux sous ce double rapport. Celui dont nous
parlons avait probablement grande confiance dans ses ailes, car il
jugea à propos d'éprouver celles de l'aigle qui le poursuivait : son

concurrent pouvant être ou trop gras, ou trop vieux, ou trop jeune pour avoir une grande puissance de vol. A tout événement, il était résolu à essayer de la fuite, et résigné en cas de défaite à abandonner sa proie à son vainqueur, comme la chose arrive souvent à son cousin l'aigle pêcheur. Il s'éleva donc en décrivant une spirale d'environ cinquante mètres de diamètre.

Il ne fut pas longtemps à s'apercevoir que l'aigle auquel il avait affaire n'était ni trop gras, ni trop vieux, ni trop jeune; c'était au contraire un puissant et magnifique oiseau au vol majestueux et rapide, et tel que nos jeunes chasseurs ne se rappelaient pas d'avoir vu un plus noble échantillon de son espèce. Son plumage était magnifique, sa tête et sa queue étaient aussi blanches que la neige, ses ailes larges et pleines. A ses puissantes proportions on reconnaissait une femelle ; car on sait que, par une disposition étrange et particulière à certains oiseaux de proie, la nature semble avoir renversé son ordre ordinaire, et que chez eux les femelles sont généralement plus brillantes de plumage, plus fortes et même plus courageuses que les mâles.

Quel magnifique spectacle que cette lutte de vitesse engagée entre ces deux tyrans de l'air! Voyez-les. Le milan s'élève à tire-d'aile, il monte en spirale vers le zénith ; l'aigle le suit dans son ascension, mais les cercles qu'il décrit sont beaucoup plus grands, son vol circonscrit celui du milan. Leur centre est le même. Mais voici que leurs orbites se croisent, ils décrivent maintenant des courbes parallèles ; le milan s'élève plus haut encore. L'aigle le poursuit toujours ; il paraît se rapprocher, leurs cercles semblent se resserrer ; mais la distance où ils sont de nos yeux est la seule cause de cette erreur. Ah! regardez, le milan n'est plus qu'une petite tache noire dans le vague du ciel, on dirait un point immobile, et maintenant... ah! maintenant... on ne peut plus le voir. L'aigle aussi n'est plus qu'un point... il disparaît... non, pourtant, on aperçoit encore sa queue, qui ressemble à un léger nuage blanc, ou plutôt à un flocon de neige. Ah! il a aussi disparu!... tous deux sont maintenant hors de la portée de la vue...

Ecoutez! quel bruit singulier! on dirait le sifflement d'une fusée volante! Voyez : quelque chose est tombé sur le sommet de cet arbre en brisant plusieurs branches. Vraiment, c'est le milan! il est mort, et son sang sort avec abondance d'une blessure à l'épaule ; écoutez encore! quel est cet autre bruit? ah! c'est le cri de l'aigle; ne le voyez-vous pas? il tient le serpent dans ses serres...

Du point culminant où il s'était élevé il se laissa tomber avec la rapidité de la foudre. Quand il se trouva à environ trois cents mètres du sol il étendit ses ailes, abaissa sa queue et la déploya en éventail, puis ralentissant sa course à l'aide des battements mesurés de ses

5

ailes, il vint en s'abaissant doucement au-dessus des arbres se poser sur le sommet du grand magnolia mort.

Basile saisit son fusil dans l'intention de le tuer. Le terrain qui environnait l'arbre sur lequel l'aigle s'était abattu était découvert, ou du moins à peine garni de quelques taillis clair-semés. Le jeune chasseur savait par expérience que le seul moyen de s'approcher assez près de l'oiseau c'était d'avoir recours à son cheval. Il détacha donc son cher Black-Hawk, sauta lestement sur son dos et s'enfonça dans les taillis. L'aigle sans méfiance laissa approcher le cheval et le cavalier ; il était trop occupé de sa proie pour faire attention à eux. Il est probable aussi que, n'ayant jamais rencontré l'homme, il n'avait pas appris à le craindre. Quoi qu'il en soit, Basile avait disparu depuis quelques minutes à peine quand ses frères entendirent une détonation et virent l'aigle dégringolant de son perchoir.

C'était le dernier anneau de *la chaîne de destruction*.

XII. — L'AIGLE A TÊTE BLANCHE.

Basile revint vers ses frères avec l'oiseau : Lucien ne s'était pas trompé dans ses conjectures, c'était une femelle de la plus grosse espèce, elle pesait au moins douze livres, et ses ailes étendues mesuraient sept pieds d'envergure. Le mâle de cette espèce ne pèse pas ordinairement plus de huit à neuf livres. Sa grosseur et sa taille son dans les mêmes proportions.

L'aigle à tête blanche (*falco leucocephalus*) ou l'aigle chauve, comme on l'appelle vulgairement, a été choisi par les États-Unis comme l'emblème de leur république. A considérer ses inclinations, on le prendrait plutôt pour l'emblème d'une troupe de bandits ; car il n'existe pas chez la gent ailée un voleur plus audacieux et un tyran plus cruel. Tout lui est bon. Il vole à l'aigle pêcheur son poisson, et au vautour sa chair morte. En un mot, c'est un despote pour tous les animaux plus faibles que lui.

Est-ce bien là le caractère de la nation qu'il représente ?

Il est assez singulier que tant de peuples aient pris pour emblème cet oiseau rapace et cruel sans qu'on puisse se rendre compte des motifs qui les ont guidés dans ce choix. Dans l'ancien temps on le voyait sur les drapeaux des Perses et sur ceux des Romains ; dans les temps modernes l'aigle de Napoléon déploya ses ailes sur la France et embrassa dans son vol une grande partie du monde ; et depuis quelques années cet insigne impérial surmonte de nouveau les trois couleurs françaises. Cet animal est à la fois l'emblème du despotisme russe et de la liberté américaine. L'Autriche, la Prusse, la Pologne, la Sicile, l'Espagne, la Sardaigne et plusieurs petits Etats de l'Allemagne ont aussi placé l'aigle sur leurs étendards ; de l'autre côté de l'Atlantique il a été également adopté par la république des Etats-Unis, par le Mexique et par plusieurs autres Etats d'une moindre importance. De la sorte une guerre générale serait presque exclusivement un combat d'aigles. Il est fort probable que dans ce cas le lion et le léopard insisteraient pour mettre leurs griffes dans la querelle, bien que la loyauté de leur caractère et la noblesse de leurs sentiments aient été plus d'une fois mises en doute par le chacal, le lynx, et à plus forte raison par le daim, le cerf et le mouton, et qu'à ce titre ils n'aient pas l'un et l'autre plus de droit que le plus cruel des aigles à personnifier un peuple pacifique.

Et nos chasseurs que nous allions oublier ! J'y reviens.

— Quelle chaîne non interrompue de destruction ! s'écria Lucien ; chaque créature fait sa proie d'une autre.

— Oui, répondit François, et, ce qu'il y a de plus curieux, c'est que cette chaîne commence par un oiseau et finit par un autre. Voyez plutôt les deux chaînons extrêmes.

En parlant ainsi le plus jeune des trois frères désignait du doigt le petit oiseau-mouche et le grand aigle étendus l'un à côté de l'autre sur le gazon, et présentant par la différence de taille le contraste le plus singulier.

— Tu oublies, François, dit Lucien, deux anneaux de la chaîne et peut-être plus encore.

— Et lesquels ? demanda François.

— Rappelle-toi que quand l'oiseau-mouche a été attaqué par la tarentule, il venait lui-même d'accomplir une œuvre de destruction en tuant une petite mouche bleue.

— Bon, voilà un nouveau chaînon ; mais l'autre...

— Et qui donc a tué l'aigle ?

— Ah ! tu as raison, c'est Basile. Notre frère est ainsi le dernier anneau de la chaîne de destruction.

— Peut-être aussi est-ce le plus coupable, car c'est le seul qui ait agi sans nécessité. Les autres insectes ou oiseaux suivaient leur instinct et la loi du besoin ; Basile seul a détruit pour détruire.

— Pardon, pardon, dit Basile en interrompant brusquement son frère, les choses ne se sont pas passées ainsi. J'ai tué cet aigle pour le punir d'avoir assassiné le milan et de lui avoir dérobé sa proie au lieu de chercher à pourvoir à ses besoins par sa propre industrie. Voilà pourquoi j'ai ajouté un anneau à la chaîne.

— A ce compte, répondit Lucien souriant de la vivacité que Basile mettait à se décharger la conscience d'un meurtre inutile, en ce cas tu pourrais être excusable, quoiqu'il soit peut-être difficile de dire si l'aigle était plus coupable que le milan. L'aigle n'a commis qu'un meurtre, le milan n'avait pas fait moins.

— Mais, reprit Basile, l'aigle n'a pas seulement tué sa victime, il l'a encore pillée, il a ajouté le vol au meurtre ; c'est là, je pense, une circonstance aggravante, tandis que le milan au moins n'était coupable que de ce dernier crime.

— C'est vrai, c'est vrai, cela constitue une grande différence, répondirent Lucien et François en riant de tout leur cœur.

— Mais, mon frère Lucien, continua François après que sa gaieté se fut un peu calmée, ne me disais-tu pas que la chaîne de destruction pouvait compter bien d'autres anneaux ?

— Sans doute. Et qui peut savoir si la petite mouche bleue avalée par l'oiseau-mouche n'était pas elle-même à la chasse de quelque insecte microscopique, et si ce dernier n'avait pas fait lui-même sa proie de quelque monade qui, trop petite pour être aperçue par nos yeux, n'en était pas moins un être doué de vie et de mouvement tout aussi bien que nous-mêmes ? Car ainsi va le monde ; et la Providence ne semble avoir créé avec tant de soin les différents êtres animés que pour les faire servir de pâture les uns aux autres. Mais pourquoi cette loi terrible ? C'est là un mystère dont l'homme n'a pas encore trouvé le mot.

— Pendant que Lucien descend ainsi jusqu'aux anneaux inférieurs de la chaîne, moi je pense, dit François, aux anneaux supérieurs, et je me dis que la chaîne pourrait fort bien n'être pas plus terminée à ce bout qu'à l'autre. Supposons, par exemple, ajouta-t-il en riant, que Basile vienne à rencontrer un ours gris...

— Merci de ta supposition, reprit Basile un peu piqué, tu aurais fort bien pu la garder pour toi ; d'autant mieux que, si nous rencontrions un ours, cela, je suppose, te regarderait tout aussi bien que moi...

— Le ciel nous préserve de pareille rencontre ! s'écria Lucien ; et j'espère bien que notre voyage se terminera sans que nous voyions ni ours gris ni sauvages.

— Voilà en quoi nous ne sommes pas du même avis, répondit impétueusement Basile. Pour ma part, je ne désire rien tant que de voir un ours gris au bout de ma carabine. Et quant aux Indiens sauvages, je ne les crains guère tant que j'aurai ceci sur moi...

Et en parlant ainsi le jeune chasseur tirait à moitié de son sac et montrait à ses frères le talisman que son père lui avait remis au moment de leur séparation.

— Ah ! oui, à propos, s'écria François, je me rappelle le talisman ! Tu devrais bien nous dire, Basile, en quoi cela peut nous sauver des Indiens, je suis très curieux de le savoir.

— Non pas maintenant, dit Basile en prenant un certain air de protection, plus tard. Le plus pressé pour le moment c'est de préparer notre souper, de manger et de dormir. Nous avons déjà perdu une demi-journée à sécher nos effets, c'est assez ; et, si vous m'en croyez, sans perdre plus de temps, nous reprendrons notre marche dès le lever de l'aurore.

—Bien dit! s'écria François, c'est cela ; dès demain matin en marche pour la prairie, cette patrie des chevaux sauvages, des bighornes et des bisons !

XIII. — TROIS BUFFALOS VOLANTS.

Le lendemain matin nos voyageurs traversèrent plusieurs grands cours d'eau, parmi lesquels nous nous bornerons à citer le Néches et la Trinité du Texas. Ce fut entre cette dernière rivière et le Brazos que leur arriva une aventure qui faillit avoir pour eux les résultats les plus déplorables.

Pendant les journées chaudes ils avaient coutume de faire une halte à midi, dans le but de faire reposer leurs bêtes et de se délasser eux-mêmes. Cette coutume est généralement suivie par tous les voyageurs qui traversent ces contrées, et c'est ce qu'on appelle faire la méridienne.

Ce fut donc dans l'intention de faire la méridienne que nos trois jeunes aventuriers s'arrêtèrent un jour sur les bords d'une prairie et mirent pied à terre. Sur leur derrière se trouvait la forêt qu'ils venaient de parcourir ; devant eux s'étendait une prairie qu'ils se proposaient de traverser pendant les heures plus fraîches de la soirée. La surface de cette prairie était presque unie comme une glace ; elle était couverte d'herbe à buffalos. C'était un magnifique tapis vert sur lequel s'élevaient çà et là quelques bouquets de petits arbres qui rompaient un peu la monotonie du paysage. A l'extrémité de la prairie se dessinait une épaisse forêt de grands chênes. Quoique cette forêt ne parût être qu'à deux ou trois milles de distance, elle était cependant en réalité située à plus de dix milles du lieu où se trouvaient nos voyageurs. La pureté de l'atmosphère de ces contrées élevées causait seule cette erreur de l'œil. Pour décrire en deux mots la campagne environnante, c'était une plaine d'herbe entrecoupée de bosquets et d'îlots d'arbres, ce qu'en style de chasseur américain on nomme une prairie boisée.

Je disais donc que nos coureurs d'aventures venaient de mettre pied à terre et se disposaient à enlever la selle à leurs chevaux, quand une exclamation de François attira l'attention de ses frères.

— Voyez, voyez donc, s'écria-t-il en indiquant du doigt le terrain découvert, des buffalos ! des buffalos !

Basile et Lucien suivirent des yeux le geste de François. Trois gros objets se dessinaient en noir sur la crête d'une petite ondulation du terrain. Ces objets étaient en mouvement : l'un d'eux paraissait beaucoup plus petit que les deux autres.

— Ce ne peut être que des bisons, continua François, leur taille l'indique assez, et, selon toute apparence, il doit y avoir deux mâles et une femelle.

Ses frères pensèrent comme lui. Nos jeunes chasseurs n'avaient point encore eu l'occasion de voir les bisons dans leur solitude natale, et n'avaient par conséquent qu'une idée fort inexacte de l'effet que ces animaux produisent de loin.

— Oui, dirent-ils, ce sont évidemment des bisons : des élans ou des daims paraîtraient rouges, des loups paraîtraient ou blancs ou rouges. Quant aux ours, ils ne se montreraient pas trois ensemble sur la prairie, à moins pourtant que ce ne soient les ours gris, espèce d'animaux qui s'aventurent quelquefois dans des terrains découverts à la recherche de la pomme blanche et de quelques autres racines. Mais cela n'est pas même probable, car il est rare que les ours gris se rencontrent aussi avant dans l'est ; ce ne peut être non plus des chevaux sauvages. Il faut donc que ce soient des bisons.

Ce n'est jamais sans une vive émotion que les chasseurs rencontrent pour la première fois le bison ou buffalo au milieu des prairies. Cette émotion fut d'autant plus profonde de la part de nos jeunes gens, que la recherche de ces animaux était, comme on sait, l'objet principal de leur longue et périlleuse expédition.

Ils se consultèrent à la hâte sur le moyen de s'emparer de cette riche proie ; car, quoiqu'il fût évident que le fameux buffalo blanc, objet de leurs plus vifs désirs, ne figurait pas dans le trio, nos chasseurs n'en étaient pas moins très curieux de goûter la chair de bison. Cette chasse devait leur donner d'ailleurs une expérience qui pourrait plus tard leur être très utile.

La question fut donc posée : comment fallait-il s'y prendre ?

— C'est bien simple, répondit François avec sa vivacité habituelle et l'aplomb d'un chasseur expérimenté, il faut les forcer à la course.

Parmi les diverses manières usitées dans les prairies par les chasseurs de bisons, celle qu'on emploie communément est la chasse à courre indiquée par François. Il s'agit simplement d'atteindre le bison en galopant à côté de lui. Le chasseur est à cheval, cela va sans dire, et lui envoie tout en courant une balle dans le cœur ; car il faut pour l'abattre frapper droit à la région du cœur, et vingt autres balles pourraient être logées dans le corps de cet énorme animal sans que sa course en fût seulement ralentie. Les chasseurs visent ordinairement un peu au-dessus du sternum, au défaut de l'épaule. Les blancs se servent habituellement pour ce coup de leur carabine (*rifle*), et quelquefois aussi d'une sorte de grand pistolet qui les embarrasse moins et qu'il leur est surtout plus facile de charger en galopant. Les Indiens préfèrent l'arc, qui leur permet de tirer plu-

sieurs coups de suite et de tuer ainsi plusieurs bisons en une seule
course.

Les Peaux-Rouges sont si adroits au maniement de l'arc, que l'on
voit souvent leurs flèches traverser de part en part le corps des plus
gros bisons et sortir par l'autre côté. Les Indiens se servent aussi,
pour cette chasse, de lances à l'aide desquelles ils percent l'animal
tout en galopant à côté de lui.

L'*approche* est une seconde manière de chasser ce gibier :

Approcher les buffalos consiste tout simplement à s'avancer doucement vers eux en se cachant, jusqu'à ce qu'on soit à portée de
fusil; quand le chasseur se trouve à bonne distance et en position
convenable, il tire, recharge et tire de nouveau; il continue à faire
feu jusqu'à ce que le troupeau ait pris l'alarme et se soit enfui hors
de portée. Les chasseurs pratiquent encore cette chasse d'une autre
manière. Après avoir tiré le premier coup, ils se cachent derrière le
corps de la victime et continuent à tirer sur le troupeau en se tenant
toujours derrière le corps de ceux qu'ils ont tués les premiers. Dans
tous les cas, ils doivent prendre soin de se tenir sous le vent, car
s'ils négligeaient cette précaution ils seraient bientôt éventés par ces
animaux, qui ont un odorat très subtil, et qui disparaîtraient infailliblement avant que les chasseurs eussent eu le temps d'en tirer un
seul. L'odorat est en effet si développé chez les bisons, qu'ils sentent
à plus d'un mille un ennemi placé sous le vent.

Les chasseurs abusent quelquefois de la bonne foi des bisons en se
couvrant de la peau d'un daim ou de celle d'un loup, et mieux encore de celle d'un jeune bison; ces animaux, trompés par l'apparence,
les laissent approcher jusqu'à portée de fusil. On rapporte qu'un Indien qui s'était introduit sous ce déguisement au milieu d'un gros
troupeau de bisons, les perça tous jusqu'au dernier de ses flèches
sans qu'aucune des pauvres bêtes devinât la supercherie.

Le chasseur a quelquefois plus d'avantage à approcher les bisons
qu'à les forcer à la course. D'abord il épargne par ce moyen les jambes de son cheval, et il a de plus la chance de tuer un nombre de
bisons bien plus considérable. Aussi l'*approche* est-elle employée de
préférence par ceux qui spéculent sur la prise de ces animaux; mais
quand un voyageur ou un trappeur de castors se trouve avoir besoin
d'un de ces animaux pour son dîner, le moyen le plus sûr pour lui,
c'est de le courir. De cette façon, et s'il entend son métier, il est
presque assuré de tuer au moins une pièce, peut-être deux, trois au
plus; mais il ne faut pas qu'il espère aller plus loin, car pendant
qu'il recharge son fusil le troupeau se disperse, et son cheval devient
trop fatigué pour lui permettre de rejoindre les fuyards.

La troisième manière de chasser les bisons consiste à les entourer.
Cette méthode est pratiquée par les seuls Indiens, le nombre de chas-

seurs blancs sur la prairie n'étant pas ordinairement assez considérable pour leur permettre cette chasse au trac.

Ce mode de chasse est bien simple. Lorsqu'un parti de chasseurs indiens a découvert un troupeau, il s'écarte et se déploie en cercle autour des bisons. Cette manœuvre s'accomplit facilement avec les excellents chevaux en usage chez tous les chasseurs de la prairie, soit blancs, soit indiens. Aussitôt que l'enceinte est formée, les cavaliers s'élancent au galop en poussant de grands cris, et rabattent les bisons en masse vers le centre ; une fois que ces animaux sont ainsi acculés et cernés de toutes parts, la chasse devient une véritable boucherie. On les perce à coups de flèche et à coups de lance ; chaque chasseur immole plusieurs victimes ; peu parviennent à s'échapper. On a vu dans des battues de cette espèce périr plusieurs centaines et même plusieurs milliers de bisons. Les Indiens sont poussés à ces grands carnages par deux motifs principaux : d'abord pour la viande, qu'ils conservent en la coupant par petites bandes et en la faisant sécher au soleil ; et en second lieu pour les peaux, qui leur servent tant à couvrir leurs tentes qu'à composer leurs lits et la majeure partie de leurs vêtements. Le surplus de ces cuirs est pour eux un objet de commerce dont ils trafiquent avec les blancs dans les comptoirs que ceux-ci ont établis à cet effet jusqu'au-delà des limites des pays civilisés. Ils les échangent ordinairement contre des couteaux, des fusils, du plomb, de la poudre, du vermillon et des grains de verroterie.

Les Indiens ont encore une autre manière de chasser le bison ; elle ressemble beaucoup à celle que nous venons de décrire, mais elle est encore plus horrible et plus meurtrière. La plupart des pays où on rencontre les bisons sont des plateaux élevés, tels que ceux qu'on désigne en Asie sous le nom de *steppes*, et au Mexique et dans l'Amérique du Sud sous le nom de *mesas* ou tables. Ces grandes plaines sont élevées d'au moins trois mille pieds au-dessus du niveau de la mer, quelques-unes même sont situées à près de six mille pieds. Il existe sur certains points de ces plateaux des crevasses larges et profondes appelées par les Espagnols *cagnons* ou mieux encore *barrancas* Ces fissures, causées probablement par les torrents des grandes pluies, sont cependant souvent à sec, et présentent à l'œil des précipices qui ont quelquefois plus de mille pieds de profondeur et s'étendent ordinairement à plusieurs milles à travers la plaine. Il arrive aussi quelquefois que deux de ces cagnons, venant à se rencontrer, laissent entre eux un espace triangulaire, et forment ainsi une sorte de péninsule. Le voyageur engagé dans ce triangle est toujours forcé, quand il arrive à ce point, de retourner sur ses pas, car il se trouve entouré de deux côtés par des précipices infranchissables

Lorsque les Indiens rencontrent un troupeau de bisons dans le voisinage de ces cagnons, ils l'entourent et le poussent vers le précipice, et quand ces animaux sont ainsi cernés de toutes parts, les chasseurs galopent sur eux en poussant des cris effroyables; les bisons perdant alors la tête s'élancent en désespérés dans l'abîme. On a vu des troupeaux entiers périr de la sorte, ceux de devant poussés par ceux qui les suivaient, et ceux des derniers rangs pressés par la lance des cavaliers.

Quand les Indiens ne se trouvent pas en nombre suffisant pour cerner le troupeau, ils disposent des mannequins en forme d'homme, et les placent sur deux rangées qui convergent l'une vers l'autre et conduisent vers le précipice. C'est entre ces deux lignes qu'ils poussent les bisons. Les pauvres bêtes, trompées par l'aspect terrible de ces mannequins inoffensifs, se laissent pousser jusqu'au bord de l'abîme, où les cris et les lances des chasseurs les forcent bientôt à se précipiter.

Il y a encore plusieurs autres manières de chasser les bisons; elles varient selon le pays et les saisons. Ainsi dans le Nord et pendant les neiges de l'hiver, on va à leur poursuite les pieds garnis de patins, tandis que dans les prairies du Sud certains chasseurs, désignés sous le nom de *ciboleros*, se servent du lasso pour s'emparer de cet important gibier. Cette dernière méthode n'est pas du reste fort suivie, on ne s'en sert guère que pour capturer les veaux qu'on tient à prendre en vie.

Ces diverses méthodes étaient connues de nos chasseurs, au moins par la description, car ils en avaient souvent entendu parler par les vieux trappeurs auxquels il arrivait, en gagnant les établissements de la Louisiane, de passer la nuit sous le toit de leur père; car le colonel était très hospitalier et aimait d'ailleurs beaucoup à causer avec ces braves gens sur les pays qu'ils avaient parcourus; c'était à cette source authentique que François avait puisé sur la chasse aux buffalos les idées qui le poussèrent, dans l'orgueil de son savoir, à conseiller la chasse à courre comme le meilleur moyen de s'emparer des bisons.

Moins faciles à entraîner que leur jeune frère, Basile et Lucien continuaient à réfléchir, les yeux fixés sur les trois animaux. Il y en avait précisément un pour chacun d'eux, en supposant qu'ils pussent les forcer et les courir; car de penser à les approcher, c'était folie sur une plaine presque entièrement dépourvue de toute espèce de couvert; de plus, leurs chevaux étaient frais, car la veille se trouvait avoir été un dimanche, et les trois frères avaient pour habitude de s'arrêter ce jour-là. C'était une recommandation de leur père, à laquelle ils ne manquaient jamais d'obéir.

Tout bien considéré, François avait trouvé de suite le meilleur moyen. Il fallait courir les buffalos, et ce fut en effet le plan adopté à l'unanimité. En conséquence Jeannette fut attachée à un arbre et laissée en arrière avec le bagage, qu'on ne lui avait point encore enlevé; mais on emmena Marengo, qui pouvait être fort utile pour aider à abattre les animaux blessés. Tout ce qui pouvait embarrasser les chasseurs fut laissé en arrière à côté de Jeannette, et nos trois jeunes gens, montant à cheval, s'éloignèrent au galop dans la direction du petit troupeau. Il avait été convenu entre eux que chaque chasseur choisirait son buffalo, contre lequel il tâcherait de faire de son mieux avec son fusil et son pistolet. François avait eu la précaution de charger les deux canons de son fusil, et assurait avec un petit air vainqueur qu'il ferait en sorte de ne pas manquer son buffalo.

A mesure qu'ils approchaient, leur attention était de plus en plus attirée par une sorte de lueur brillante qui miroitait sur le corps de ces étranges animaux. Ils commençaient à avoir des doutes; avaient-ils bien réellement trois buffalos devant eux?

Ils ralentirent leur pas et se mirent à observer plus attentivement; évidemment ce n'étaient pas des buffalos auxquels ils avaient affaire, car le corps velu de ces animaux ne pouvait avoir ces reflets brillants.

— En effet, dit Lucien après avoir regardé attentivement entre ses doigts disposés en forme de lorgnette, ce ne sont point des buffalos.

— Et qu'est-ce donc, s'il te plaît? demanda François.

— Écoute, répondit Lucien, et juge toi-même.

Les trois frères s'arrêtèrent. Un long gloussement arriva jusqu'à eux; il provenait évidemment du groupe d'animaux.

— Ah! s'écria François, c'est le cri d'un vieux coq d'Inde.

— Ni plus ni moins, répondit Lucien; nous avons affaire à des dindons.

— Des dindons! répéta Basile, des dindons pris pour des buffalos! quelle déception!

Et tous trois se regardèrent. Ils avaient l'air si penauds et si désappointés qu'ils n'y purent tenir, et qu'ils se mirent à rire au nez l'un de l'autre.

Mais après tout, pour n'être pas des buffalos, les dindons n'étaient pas gibier à dédaigner, et nos chasseurs se mirent en devoir de s'emparer de ces oiseaux.

XIV. — LA CHASSE AUX DINDONS SAUVAGES.

— Allons, en avant! cria Basile en donnant de l'éperon dans le ventre de son cheval. Ce n'est pas après tout une si mauvaise chose qu'un dindon bien gras pour dîner. Allons, en route!

— Eh! patience, monsieur mon frère! dit Lucien; comment veux-tu approcher de ces oiseaux, ils sont en plaine et nous n'avons pas de couvert?

— Et qu'avons-nous besoin de couvert? Ne pouvons-nous les chasser à la course, comme nous l'aurions fait pour les buffalos?

— Ah! ah! la bonne farce, dit François en éclatant de rire; mais ce gibier-là a des ailes, il s'en servira, sois-en bien sûr.

— Ce n'est pas si bête que tu as l'air de le croire, j'ai souvent entendu parler de dindons forcés par les trappeurs. Qui nous empêche d'essayer?

— Soit, essayons! répondirent François et Lucien.

Et tous trois se mirent en route.

Quand ils se furent assez rapprochés du groupe d'oiseaux pour distinguer leurs formes, ils virent que c'étaient deux vieux dindons et une poule d'Inde. Les dindons faisaient les glorieux, étendaient leur queue en éventail et laissaient traîner leurs ailes jusqu'à terre; de temps à autre ils faisaient entendre un gloussement de colère, et témoignaient par leur attitude qu'il existait entre eux une rivalité qu'un combat seul pouvait trancher.

Tout entiers à leur querelle, les deux mâles auraient sans doute laissé approcher les chasseurs à portée de fusil, si la femelle, qui était sur ses gardes, n'eût fait entendre en les voyant approcher un cri d'alarme, qui attira l'attention de ses compagnons. En un instant leurs queues se resserrèrent et s'abaissèrent jusqu'à terre, leurs ailes se fermèrent et leurs cous s'allongèrent. Un changement complet s'opéra dans leur attitude; ils se dressèrent sur l'extrémité de leurs pattes et parurent avoir plus de cinq pieds de taille.

— Quels magnifiques oiseaux! s'écria Lucien.

— Oui, murmura Basile; mais je crains bien qu'ils ne nous attendent pas; nous ferons bien, en tout cas, de hâter le pas. Toi, Lucien, dont le cheval est le moins vif, occupe-toi de la femelle, et maintenant, mes amis, en avant!

Au même instant, les trois frères donnèrent de l'éperon dans le ventre de leurs chevaux et s'élancèrent au galop. Marengo conduisait la chasse. En un clin d'œil, on se trouva à une centaine de mètres des dindons. Ces derniers, surpris à l'improviste, firent quelques pas, puis s'enlevèrent avec un grand battement d'ailes. La rapidité de la poursuite dont ils étaient l'objet les étonnait au point de leur faire perdre la tête, et chacun d'eux tira au hasard de son côté. Nos trois chasseurs avaient fait choix chacun de l'oiseau qu'il voulait prendre; Basile et François s'élancèrent à la poursuite des deux mâles, tandis que Lucien suivit la poule au petit galop de son cheval.

Marengo, qui tout naturellement était de la partie, se joignit à Lucien, soit qu'il jugeât la poule plus tendre et de meilleur goût, soit qu'il la regardât comme la plus facile à prendre des trois.

L'événement prouva que Marengo raisonnait en chien fort avisé, car la poule, incapable de soutenir un vol de longue haleine, ne tarda pas à redescendre à terre, et se mit à courir de toutes ses forces vers le bois le plus rapproché. Lucien le suivit sur les pas de Marengo, qui galopait devant lui en donnant de la voix sur les traces de la bête.

En entrant dans le bois, Lucien vit le chien immobile au pied d'un grand chêne; il était en arrêt sur la poule d'Inde, et la regardait avec des yeux brillants en aboyant et en remuant la queue. Cette indication suffisait à Lucien; il s'avança avec précaution jusque sous l'arbre, et aperçut à la cime l'oiseau, qui s'y était perché. Epauler son fusil et ajuster sa proie, ce fut pour lui l'affaire d'un instant : le coup partit, et l'oiseau tomba en se débattant au milieu des feuilles. Marengo s'élança sur lui ; mais son maître descendit de cheval, le repoussa et ramassa la pauvre femelle, qui venait de terminer sa vie dans les dernières convulsions. Lucien se remit en selle, regarda autour de lui et aperçut au loin sur la prairie Basile lancé au grand galop à la poursuite de l'un des dindons. L'oiseau avait mis pied à terre, et, les ailes étendues, courait comme une autruche à quelques pas en avant du chasseur. Mais bientôt chasseur et gibier disparurent derrière un bouquet d'arbres. Lucien chercha des yeux François, sans réussir à l'apercevoir. Le jeune chasseur, emporté sans doute par l'ardeur de la poursuite, s'était enfoncé dans une direction où le fourré plus épais le dérobait aux regards. Lucien, jugeant qu'il était inutile de courir après ses frères, gagna à petits pas l'endroit où Jeannette était attachée, sur la lisière de la forêt. Puis il descendit de cheval, et attendit le retour des deux autres.

La chasse de Basile se prolongea plus qu'il ne s'y était attendu. Il avait choisi le plus gros des deux oiseaux; c'était sans doute aussi le plus fort et le plus difficile à attraper. En effet, le vol de son dindon ne dura pas moins d'un grand mille, et quand il redescendit à terre, l'oiseau se mit à courir comme un chat effarouché. Basile ne se découragea pas, il piqua des deux et gagna bientôt sur l'oiseau. Se sentant plus vivement pressé, le dindon eut de nouveau recours à ses ailes et fournit un second vol de près d'un demi-mille, puis il s'abattit de nouveau. Basile courut sur lui et l'approcha de si près, que le dindon effrayé repartit une troisième fois; mais ce ne fut pas pour longtemps. Cette troisième carrière n'eut guère plus de cent mètres. Le cheval de Basile eut bientôt rattrapé le fuyard ; mais le vieux coq, incapable de voler plus longtemps, avait encore assez de force pour courir, et si le cheval gagnait sur lui dans les descentes, il gagnait à son tour sur le cheval dans les montées, de telle sorte que pendant un temps ils gardèrent assez bien leur distance. Enfin l'oiseau commença à chanceler et à décrire des zigzags, signe infaillible que ses forces déclinaient. A la fin, la pauvre bête, complètement épuisée de fatigue, se laissa tomber à terre et fourra sa tête et son long cou au milieu des herbes, s'imaginant sans doute comme l'autruche que cette précaution suffisait pour la soustraire au regard de son ennemi. Mais le malheureux dindon avait compté sans son hôte. Basile, qui avait suivi toutes ses manœuvres, arrêta son cheval, épaula sa carabine, et d'une balle à travers le corps étendit l'oiseau sur le gazon, où il demeura sans mouvement et sans vie.

Le chasseur sauta à terre, ramassa le dindon et l'attacha par ses longues pattes à l'arçon de sa selle, opération qui nécessita l'emploi de toutes ses forces, car l'animal ne pesait pas moins de quarante livres.

Voilà Basile remis en selle; mais de quel côté se dirigera-t-il? Telle est la question qu'il se posa lui-même après s'être avancé de trois longueurs de cheval. En effet, vers quel point devait-il tourner ses pas? Tout-à-coup une pensée lui traversa l'esprit : s'il était perdu! Il regarda autour de lui; ce n'étaient de toutes parts que des bouquets de bois qui se ressemblaient tous, ou s'ils différaient entre eux, la rapidité de la course n'avait pas permis au chasseur de constater cette différence, qui ne pouvait maintenant servir à le guider. Il n'avait pas la moindre idée de la direction qu'il avait suivie ni de celle qu'il devait prendre pour revenir à son point de départ. Il avait beau regarder les arbres et interroger le ciel, il ne voyait, il ne comprenait qu'une chose, c'est qu'il était perdu. *Perdu!*

Pourrez-vous comprendre, mes jeunes amis, les pensées qui viennent d'assaillir l'âme de l'homme perdu au milieu des déserts de l'immense prairie? C'est une position terrible, capable de faire défaillir les cœurs le mieux trempés. Les hommes les plus courageux tremblent en se trouvant ainsi isolés au milieu de ces vastes solitudes, et ce n'est pas sans raison qu'ils tremblent, car en pareil cas la mort est souvent la conséquence de l'erreur. Le marin naufragé et abandonné au gré des flots sur le frêle esquif battu par la tempête est à peine en plus grand danger de mort que le voyageur perdu dans ces immenses plaines, qui sont, aussi elles, un océan sans bornes. Plusieurs en pareille circonstance sont devenus fous. Jugez par là, mes amis, quelles devaient être les cruelles appréhensions du jeune Basile.

Je crois vous l'avoir déjà dit, Basile était un garçon ferme et courageux; il le prouva dans cette circonstance. Sa présence d'esprit ne l'abandonna pas; il arrêta son cheval, et examina d'un œil scrutateur l'immense prairie qui s'étendait autour de lui. Cet examen n'amena point de résultat, et le jeune homme n'aperçut aucun indice qui pût lui servir à retrouver l'endroit où il s'était séparé de ses frères. Il appela; mais aucune voix ne répondit à la sienne; il tira un coup de fusil et écouta, dans l'espoir que Lucien ou François lui répondraient par un signal semblable. Mais aucun bruit ne vint frapper son oreille.

Il rechargea son arme et demeura un instant immobile sur sa selle en proie aux plus tristes pensées.

— Ah! s'écria-t-il tout-à-coup en se dressant sur ses étriers, j'ai mon affaire; fou que j'étais de n'avoir pas plus tôt pensé à cela! Allons, mon brave Black-Hawk, nous ne sommes pas encore perdus!

Basile n'avait pas été pour rien chasseur toute sa vie, et, quoiqu'il n'eût pas une grande expérience des prairies, sa connaissance des bois lui en tint lieu. La pensée qui l'avait soudainement frappé était la bonne, la seule qui pût le sauver. Il avait résolu de suivre ses propres traces. Il retourna son cheval, et les yeux fixés à terre il s'avança lentement. Le sol était dur et l'empreinte des sabots n'était pas profonde; mais Basile avait des yeux de chasseur capables de suivre les traces d'un faon. Au bout de quelques minutes il arriva au lieu où il avait tué le dindon : il le reconnut facilement aux traces de sang et aux plumes éparpillées sur l'herbe. Il s'y arrêta un moment, et chercha à s'assurer de la direction qu'il avait suivie pour arriver à ce point. Au bout de quelques instants le problème était résolu à sa grande satisfaction; il avait reconnu ses traces, et il se mit à les remonter lentement. Quelques pas plus loin la piste se doublait et se bifurquait. Basile remonta l'une des deux traces, puis revint au point de bifurcation, prit l'autre direction et revint encore à l'angle formé par les deux lignes, le tout sans s'éloigner de plus de cent mètres de la place où il avait tué l'oiseau. Le jeune homme répéta plusieurs fois cette expérience en ayant soin à chaque fois d'agrandir son cercle, jusqu'à ce qu'enfin il s'aperçut que les traces s'étendaient en ligne droite et qu'il était sorti de l'espèce de labyrinthe tracé autour de ce point par ses empreintes réitérées, dédale dans lequel il se serait infailliblement perdu s'il n'eût montré tant de patience et de jugement.

De temps à autre de nouvelles empreintes venaient traverser la piste qu'il suivait, quelques-unes paraissaient presque aussi récentes que les siennes : c'étaient des pas de *mustangs*; mais quoique Black-Hawk ne fût pas chaussé autrement qu'eux, son cavalier connaissait l'empreinte de ses sabots aussi bien que l'aspect de sa carabine, et il n'était pas homme à s'y tromper. Les empreintes de l'arabe étaient beaucoup plus larges que celles du cheval sauvage. Il remonta cette piste pendant une heure, les yeux continuellement baissés vers la terre. Au bout de ce temps quelle ne fut pas sa joie de s'entendre appeler par son nom! Il leva les yeux et aperçut Lucien sur la lisière du bois. Un cri de joie sortit de sa poitrine; il donna de l'éperon à son cheval, et s'élança au galop du côté de son frère. En approchant, ses sentiments de joie se changèrent en une douloureuse appréhension; il voyait Lucien, près de lui étaient Jeannette et Marengo... mais où pouvait être François?

— Qu'as-tu fait de François? demanda Lucien à Basile.

Ce dernier pouvait à peine parler, tant son émotion était vive.

— Eh quoi! mon frère, bégaya-t-il enfin, est-ce que François n'est pas revenu?

— Non, répondit Lucien, je pensais qu'il était avec toi et que vous reviendriez ensemble, je commençais même à m'inquiéter de vous voir si longtemps absents.

— Ah! mon Dieu! s'écria Basile avec désespoir, Lucien, Lucien, notre frère est perdu!

— Perdu! que veux-tu dire? demanda Lucien croyant presque que François avait été attaqué par les Indiens ou par quelques bêtes féroces, et que c'était cela que Basile voulait lui apprendre. Que lui est-il arrivé? parle, Basile, je t'en conjure!

— Non, non, répondit Basile parlant avec effort, ce n'est pas cela que je veux dire, il est perdu sur la prairie. Ah! mon frère, tu ne sais pas ce que c'est : c'est une chose terrible, va. Je m'étais perdu moi-même, et j'ai eu toutes les peines du monde à me retrouver ; mais François, notre pauvre petit François, il n'y a plus d'espoir pour lui, il est perdu, perdu, te dis-je!

— Est-ce que tu ne l'as pas vu depuis que nous nous sommes séparés tous trois? demanda Lucien avec inquiétude.

— Non; je te l'ai dit, je me suis perdu moi-même, et j'ai mis tout ce temps à retrouver mon chemin : je n'y suis parvenu qu'en suivant pas à pas la piste de mon cheval, sans cela nous ne nous serions jamais revus. Mais François, notre pauvre François que va-t-il devenir?

Lucien commençait maintenant à partager les inquiétudes et les appréhensions de son frère ; il avait cru jusqu'alors que les deux jeunes gens étaient ensemble, et que quelque accident sans importance les avait retenus : cependant il commençait à trouver le temps long et à s'inquiéter un peu lorsqu'il vit revenir Basile. Il ne savait pas ce que c'était que d'être perdu ; mais les explications de Basile, quoique un peu vagues, lui faisaient entrevoir un grand danger, et lui permettaient d'apprécier la position de François. Au reste, ce n'était pas le moment de s'abandonner aux démonstrations d'une douleur inutile. Il voyait que Basile était abattu, car il se regardait comme la cause principale de ce malheur pour avoir conseillé de courir après les dindons et avoir poussé à la chasse. Le plus pressé était donc de ranimer le courage de l'aîné des trois frères. Quelques mots de Lucien le rendirent à lui-même, et l'espoir de sauver François lui fit retrouver son énergie un instant abattue sous le poids de la douleur.

— Voyons, qu'allons-nous faire? dit Lucien ; ne ferions-nous pas bien de rester ici?

— Non, répondit Basile, dont le jugement ferme découvrit dès l'abord le meilleur plan à suivre, non, cela n'aboutirait à rien. Je n'aurais jamais pu retrouver mon chemin sans les empreintes de mon cheval ; François n'aura pas sans doute la présence d'esprit de penser à cela ; d'ailleurs son cheval est un mustang, et la prairie est couverte de traces de mustangs qui se croisent dans tous les sens. Non, non, il ne reviendra pas ici, à moins qu'il n'y soit ramené par le hasard, et il y a mille chances contre une pour que cela n'arrive pas. Il nous faut donc aller à sa recherche et nous mettre sur sa piste ; mais comment la découvrir au milieu de tant d'autres ? Essayons cependant. Mais avant de quitter cette place il ne faut négliger aucun moyen : ton fusil est-il chargé ?

— Oui, répondit Lucien.

— En ce cas, fais feu une minute ou deux après moi : la première détonation appellera peut-être son attention sur la seconde.

Basile, en prononçant ces mots, éleva son fusil en l'air et tira. Un instant après Lucien fit également feu, puis les deux frères attendirent la poitrine haletante le résultat de leurs coups de fusil.

Cinq minutes se passèrent : ils voulaient laisser à François le temps de charger son fusil s'il était vide ; mais ce fut en vain qu'ils attendirent, ils ne reçurent aucune réponse.

Les deux frères rechargèrent de nouveau leurs armes, mais à poudre seulement, en mettant une très forte charge qu'ils bourrèrent énergiquement afin de rendre l'explosion plus retentissante ; ils firent feu de nouveau, mais le résultat fut le même, leur signal demeura encore sans réponse.

— Cela prouve, dit Lucien, qu'il est fort éloigné de nous, car sur ces plateaux élevés le son a toujours une grande étendue.

— Essayons de faire de la fumée, dit Basile en posant son fusil par terre. Toi, Lucien, ramasse du bois pendant que je vais allumer ces feuilles sèches.

Basile ramassa quelques morceaux de bourre encore enflammés, et les porta à une place découverte où il réunit un tas d'herbes et de feuilles sèches auquel il mit le feu. Pendant ce temps Lucien ramassait une brassée de branches qu'il vint jeter sur le feu. D'autres branches et des feuilles vertes furent également jetées dans le brasier, et pour rendre la fumée plus compacte on mit par-dessus le tout des brassées de mousse d'Espagne arrachées aux arbres voisins. Bientôt une fumée épaisse et bleuâtre s'éleva en épaisse spirale et se perdit dans le ciel. Les deux frères restèrent immobiles près du foyer le cœur agité et les yeux errants dans toutes les directions sur la prairie.

— Il faut qu'il soit bien loin, dit enfin Lucien, pour ne pas voir un pareil signal ; je parierais qu'on doit l'apercevoir à dix milles à la longue.

— Oui, tout au moins, répondit Basile ; mais il faut si peu de temps pour s'éloigner de dix milles! la chasse lui aura fait franchir une bonne partie de cette distance, puis, se trouvant perdu, il aura eu bientôt fait le reste au galop.

— A moins, dit Lucien, qu'il n'ait fait comme toi, et qu'il ne soit retourné sur ses propres traces.

— Non, ce n'est pas probable, le pauvre petit François n'y aura pas songé, il n'a pas encore assez d'expérience pour cela. J'aime presque autant d'ailleurs qu'il n'ait pas employé ce moyen.

— Et pourquoi donc?

— Parce que s'il a toujours été droit devant lui nous aurons beaucoup plus de facilité à suivre sa piste.

— Tu as raison.

Après ces quelques mots échangés, les deux frères se turent de nouveau, et demeurèrent immobiles, interrogeant les éclaircies de la prairie avec des regards inquiets.

Ils demeurèrent ainsi pendant assez longtemps, puis se retournèrent l'un vers l'autre avec une expression de désespoir.

— Je ne vois rien venir, dit Lucien avec un air d'abattement.

— S'il avait aperçu la fumée, il galoperait certainement de ce côté. Allons, mon frère, puisqu'il ne vient pas, il faut aller le chercher.

A ces mots les jeunes gens se dirigèrent vers leurs chevaux. L'œil de Basile tomba par hasard sur le chien : ce fut une inspiration. Un élan de joie brilla dans ses yeux et illumina toute sa physionomie.

— Ah! s'écria-t-il, nous avons perdu bien du temps mal à propos. Vite, Lucien, à cheval, à cheval!

— Qu'y a-t-il? demanda Lucien avec surprise.

Ne m'interroge pas. Je viens d'avoir une heureuse idée, mais il faut l'exécuter de suite. Le temps est précieux, partons!

— Et Jeannette, qu'en ferons-nous?

— Nous la laisserons ici. François peut revenir.

— Et s'il revient, comment saura-t-il où nous sommes allés?

— Tu as raison, répondit Lucien en réfléchissant un moment. Mais, continua-t-il, donne-moi un crayon et du papier, je veux écrire. Pendant ce temps attache Jeannette solidement.

Lucien lui tendit un morceau de papier et un crayon, puis se mit en devoir d'attacher solidement la mule à une branche d'arbre. Basile prit le papier et écrivit : *François, nous sommes sur tes traces, reste auprès de Jeannette.*

Après quoi il attacha le papier au tronc d'un arbre, de manière qu'il fût bien en vue. Puis, saisissant son fusil, il sauta en selle et invita Lucien à faire comme lui.

Lucien enfourcha son cheval et suivit son frère.

Quant à Marengo, il formait l'arrière-garde.

XV. — LA PISTE ET LE LIMIER.

Nos deux jeunes gens se dirigèrent d'abord en ligne droite vers le
point où ils s'étaient séparés tous trois pour s'élancer chacun de son
côté à la poursuite des dindons. François avait pris vers la gauche;
mais malheureusement de nombreuses empreintes de chevaux mêlées
dans cette direction rendaient sa trace difficile à reconnaître.

— Vois-tu, mon frère, fit observer Basile, j'avais raison de te dire
qu'il nous serait difficile de trouver sa piste. Nous voici embarrassés
dès le point de départ; cependant je crois que voici les pas de son
cheval. Les empreintes paraissent de plus fraîche date, essayons...
Ici, Marengo!

— Attends, mon frère, dit Lucien; voici là-bas la place où j'ai
aperçu François en dernier lieu, au moment où il tournait la pointe
du bois.

— Ah! cela vaut mieux; peut-être qu'à ce point ses traces seront
plus distinctes. Allons-y voir.

Ils s'avancèrent à environ cent pas jusqu'à la pointe du bois indiqué par Lucien.

— Vraiment oui, tu as raison, s'écria Basile, voici des empreintes
toutes fraîches et bien marquées.

Basile descendit de cheval, donna ses rênes à tenir à Lucien, et se
pencha jusqu'à terre, afin d'examiner avec plus de soin les marques
des sabots qui s'y trouvaient imprimées.

— Bien, murmura-t-il en se relevant; voilà des empreintes que je
reconnaîtrais maintenant entre mille. Apprête-toi à une bonne course, continua-t-il en s'adressant à Lucien, car il est probable que le
chien va nous mener au galop. Ici, Marengo!

Le chien arriva en courant à la place où le jeune homme s'était
baissé pour examiner les empreintes. Basile tenait alors à la main un
objet de couleur rouge : c'était la couverture de François, dont celui-
ci avait débarrassé son cheval en partant à la poursuite des dindons.
Le chien, auquel il présenta la couverture, la flaira quelque temps,
puis fit entendre un gémissement plaintif en regardant son maître
d'un air d'intelligence. Le brave animal semblait comprendre le service qu'on lui demandait.

Basile jeta la couverture sur la selle de son cheval, se baissa de
nouveau, montra de la main à Marengo les traces imprimées sur
l'herbe, et d'un geste lui fit signe de suivre cette direction. Cette pan-
tomime suffit. Le limier comprit, baissa le nez à terre, aboya une
seule fois, puis partit en suivant la piste.

En un clin d'œil Basile s'était remis en selle et avait repris les rênes des mains de son frère.

— Allons, Lucien, dit-il, il ne nous faut pas perdre ce chien de vue, dussions-nous crever nos chevaux. Tu entends bien, ne pas perdre le chien de vue ; tout dépend de là !

On donna de l'éperon, et l'on partit au galop.

— Faisons en sorte pourtant de pouvoir retrouver notre chemin, dit Basile en arrêtant son cheval au moment où il passait près d'un bouquet de bois. N'allons pas nous perdre à notre tour.

Tout en parlant ainsi il tordit une branche, dont il laissa l'extrémité à demi brisée pendre jusqu'à terre, puis il repartit au galop.

Pendant près d'un mille le chien courut en droite ligne. C'était le premier vol du dindon ; là sa direction changea quelque peu, et conduisit encore en ligne droite à environ un demi-mille plus loin.

— C'est le second vol, fit remarquer Basile à son frère pendant qu'ils suivaient tous deux au galop, tantôt examinant le chien avec des yeux inquiets, tantôt s'arrêtant un instant près d'un arbre bien en vue pour marquer leur chemin en brisant une branche.

Au bout d'un certain temps le chien pénétra dans un fourré.

— Ah ! s'écria Basile, voici probablement la place où François a tué le dindon. Non, continua-t-il en voyant le limier sortir du fourré et se lancer de nouveau dans la plaine ; non, le dindon aura cherché à se cacher dans ces broussailles, et François l'aura forcé à en sortir et à reprendre sa course.

Marengo courut encore en ligne droite pendant quelques centaines de pas, puis tout d'un coup il tourna court et se mit à décrire des cercles sur la prairie.

— Halte ! halte ! Lucien, dit Basile en arrêtant son cheval ; je vois ce que cela veut dire. Ne marche pas sur ces traces, tu pourrais induire le chien en erreur : laissons-le plutôt à lui-même.

Quelques secondes après le limier s'arrêta, aboya légèrement, et remua avec son museau quelque chose de noir qui se trouvait sur le gazon. Basile et Lucien, bien qu'arrêtés à une distance assez considérable, reconnurent facilement que c'étaient des plumes.

— Sans aucun doute, dit Basile à demi-voix, voilà la place où notre frère a tué le dindon. Si Marengo peut retrouver la direction qu'il a prise ensuite, tout ira bien. Tiens... mais vois donc... je ne me trompe pas, le voilà qui repart.

Basile et Lucien sentaient leur cœur battre avec violence : c'était le moment décisif, car, ainsi que l'avait dit Basile, si Marengo parvenait à retrouver la piste de François à partir de ce point, il y avait beaucoup de chances qu'il pourrait la suivre jusqu'au bout. Cette dernière circonstance n'était même pas l'objet d'un doute pour les deux frères, qui savaient depuis longtemps de quoi le chien était capable. Mais c'était là le point important, le *to be or not to be* du poète :

la vie ou la mort de François se décidaient en ce moment; aussi observaient-ils tous les mouvements du chien avec la plus vive anxiété en demeurant sur leurs selles, immobiles et silencieux.

Après quelques instants le chien s'éloigna des plumes, et recommença à courir en cercle; ses allures n'étaient pas franches; évidemment il était dépisté par les nombreuses empreintes qui se croisaient en cet endroit.

Il revint encore au point où le dindon avait été tué, et s'y arrêta en poussant un gémissement de désappointement.

Basile et son frère y répondirent par une double exclamation, qui peignait suffisamment l'angoisse dont ils étaient dévorés. Ils n'ignoraient pas que le gémissement du chien était un indice fatal; mais aucun d'eux n'osait communiquer ses craintes à l'autre. Le limier partit de nouveau, mais pour continuer à décrire des cercles sur la prairie.

— Grand Dieu! s'écria Basile avec douleur, le voilà qui revient sur la première piste.

Ce n'était que trop vrai, car un instant après, le chien, retournant sur ses pas, arriva jusque entre les jambes des chevaux; il s'y arrêta, regarda ses maîtres et fit entendre un nouveau gémissement.

Basile le caressa; l'animal se remit en quête, mais sans plus de succès. Au contraire, il parut s'embrouiller de plus en plus, il se troubla, et courut comme un fou dans toutes les directions. Les deux frères se regardèrent avec des larmes de désespoir dans les yeux : la piste était perdue. Quel désespoir!

Basile revint le premier à lui.

— Il nous reste encore un espoir, dit-il. Peut-être retrouverons-nous la piste en faisant un plus large circuit. Tiens la bride de mon cheval, ajouta-t-il en sautant à terre.

Puis il appela le chien :

— Ici, Marengo!

Le chien obéit à cet appel prononcé d'un ton de commandement, et arriva en courant au pied de son maître, qui, après avoir recommandé à Lucien de le suivre avec les chevaux, s'avança sur la prairie.

Basile marchait lentement, car il avait le front penché vers la terre et observait attentivement le terrain. Il décrivit de la sorte une espèce de cercle irrégulier d'un grand diamètre, afin de se tenir en dehors des traces multipliées que François avait dû faire dans ses derniers efforts à la poursuite de l'oiseau fatigué, traces entre-croisées qui, comme on l'a vu, avaient mis le chien en défaut.

Il rencontra plusieurs marques de chevaux qui se coupaient en tous sens, et les examina toutes sans y découvrir celle qu'il cherchait.

Il avait parcouru de cette manière un demi-mille environ, quand ses yeux rencontrèrent tout-à-coup une trace plus distincte que les autres, et qui semblait aussi de plus fraîche date. Il se baissa précipitamment, examina avec attention, puis poussa un grand cri de joie : il venait de reconnaître les empreintes des pieds du mustang de François. Un indice certain l'empêchait de se tromper à cet égard; en lançant le chien sur la piste, il avait remarqué qu'à l'un des sabots du cheval il y avait un petit morceau cassé. Au surplus Marengo n'avait pas besoin de cet indice, car il avait aussi de son côté retrouvé la bonne piste, et venait de repartir le nez à terre sur la prairie.

Basile était déjà en selle, et faisant signe à son frère de le suivre, il partit au galop sur les talons du limier.

La piste ne menait point en ligne droite comme les lignes précédentes; elle se prolongeait d'abord directement pendant quelques centaines de pas, puis les traces tournaient à gauche ou à droite et souvent revenaient en zigzags sur elles-mêmes. Il y avait même certaines places où elles décrivaient une circonférence et se coupaient en plusieurs endroits. Une fois ou deux le chien faillit être mis en défaut.

Ces méandres sinueux avaient une cause que les deux frères devinèrent facilement. Dans son ignorance de la bonne direction, le pauvre François avait dû longtemps errer de côté et d'autre.

Un peu plus loin, les traces reprirent pourtant en ligne droite et se prolongèrent ainsi pendant plus de deux milles. François avait sans doute pris une détermination et avait marché en avant ; mais, comme le remarqua Basile, il avait continué à tourner le dos au camp. La piste paraissait toute fraîche en cet endroit et le limier courait rapidement devant les chasseurs, qui avaient peine à le suivre. Bientôt il tourna à gauche, puis à droite, puis vers l'ouest. En dirigeant leurs regards de ce côté les frères aperçurent le soleil qui était sur le point de disparaître au-dessous de l'horizon.

De nouvelles craintes vinrent alors assaillir leur esprit ; ils savaient que sur les plateaux élevés où ils se trouvaient alors il n'y a pas, ou du moins presque pas de crépuscule, et que la nuit succède au jour presque sans transition. Si la nuit allait être sombre, comment feraient-ils pour suivre le chien lancé à toute vitesse sur la piste de François ? Sans doute l'intelligent animal pourrait retrouver leur frère, en dépit de l'obscurité, mais à quoi cela leur servirait-il s'ils n'étaient plus avec lui? Cela procurerait seulement à François un compagnon de misère sans leur donner ni aux uns ni à l'autre le moyen de se retrouver.

Ils se communiquèrent leurs craintes tout en galopant côte à côte.

Bientôt le soleil disparut, et l'ombre du soir s'étendit sur la plaine. La nuit devenait rapidement de plus en plus sombre, et en moins d'un quart d'heure il serait impossible de distinguer sur l'herbe le pelage foncé du limier. Que faire? le chien allait s'éloigner d'eux et les laisser sans guide.

— Je l'ai trouvé! je l'ai trouvé! s'écria Basile comme autrefois Archimède.

Et donnant de l'éperon dans le ventre de son cheval, il rejoignit Marengo, sauta à terre et arrêta le chien dans sa course.

— Descends, mon frère, cria-t-il à Lucien; descends et viens à mon aide. Donne-moi d'abord ta chemise, elle est plus blanche que la mienne. Lucien devinant à moitié le projet de son aîné, se hâta de mettre pied à terre, ôta sa blouse, puis sa chemise, qui était de coton légèrement rayé et paraissait presque blanche.

Basile la prit, en déchira rapidement les manches et la plaça sur le chien; puis ayant passé les pattes de devant de l'animal dans les emmanchures, il lui attacha solidement le col de la chemise avec une lanière de cuir passée autour de son cou. Les pans du vêtement blanc furent fixés par un moyen semblable sur les flancs de Marengo, qui ainsi accoutré ressemblait à un singe des rues, mais était devenu risible en dépit de l'obscurité.

— Maintenant, s'écria Basile, nous pourrons le suivre, quand bien même il ferait noir comme dans un four.

— Arrête un instant, lui dit Lucien, et ne négligeons aucune précaution; il fait encore assez clair, et je crois que je puis écrire.

En disant ces mots Lucien prit son carnet et écrivit ce qui suit :

« *François, reviens sur tes traces, tu nous trouveras en les suivant; si tu ne peux pas les reconnaître, laisse-toi guider par Marengo.* »

Puis Lucien déchira la feuille et la tendit à Basile, qui la fixa solidement à la chemise.

Marengo fut alors mis en liberté et reprit la piste suivi de ses deux jeunes maîtres.

Heureusement la nuit ne fut pas aussi sombre que ceux-ci l'avaient craint d'abord, et ils pouvaient voir le vêtement blanc assez distinctement pour le suivre même au galop. On courut de la sorte pendant une heure encore. Basile avait toujours soin en passant près des arbres de marquer la route comme il l'avait fait précédemment. Tout-à-coup, au détour du bouquet de bois, quelque chose de brillant s'offrit à leurs yeux. C'était un feu qui flambait sous un bouquet de grands arbres. Marengo se dirigeait tout droit de ce côté. Dans la crainte que ce ne fût un campement d'Indiens, Basile excita son cheval, atteignit le chien, mit pied à terre et arrêta Marengo.

On tint alors conseil pour délibérer sur ce qu'il y avait de mieux à faire. Au même moment le feu flamba avec plus de force, et nos deux chasseurs distinguèrent un animal à la robe mouchetée. Vivat! vivat! c'était le mustang de François.

Basile et Lucien s'élancèrent en avant, et, à leur grande joie, ils aperçurent bientôt François assis près du brasier et tenant quelque chose au-dessus des flammes. Un moment après les trois frères étaient dans les bras l'un de l'autre et s'embrassaient en pleurant d'attendrissement.

François eut bientôt terminé le récit de ses aventures. Il avait tué le dindon et s'était perdu. Mais au lieu de revenir sur ses traces, comme Basile, il avait erré jusqu'à la nuit, criant et appelant ses frères de toute la force de ses poumons, et tirant des coups de fusil de temps à autre. Plus d'une fois le courage l'avait abandonné et il avait parcouru de grandes distances sans but, la bride sur le cou de son cheval, en s'abandonnant entièrement à l'instinct de cet animal. A la fin, vaincu par la fatigue, il avait mis pied à terre et avait attaché son cheval à un arbre. C'était le moment où la nuit tombait. Accablé de faim, et sentant le froid venir il avait repris la force d'allumer du feu. Par bonheur le dindon pendait encore à l'arçon de sa selle; il venait de le flamber et était en train de le faire rôtir quand ses frères l'avaient retrouvé d'une façon si miraculeuse.

A la vue du magnifique dindon qui prenait auprès du feu une belle couleur dorée, Basile et Lucien se rappelèrent que dans leur préoccupation ils avaient oublié de dîner, et se sentirent un appétit de loup. Le rôti fut bientôt cuit à point, et après un souper abondant auquel Marengo prit une part qu'il avait bien méritée, les jeunes chasseurs enfoncèrent leurs piquets au milieu de l'herbe, y attachèrent leurs chevaux, s'enroulèrent dans leurs couvertures et s'endormirent bientôt d'un profond sommeil.

XVI. — JEANNETTE ET LES JAVALIES.

Le lendemain nos chasseurs étaient debout de grand matin. Ils déjeunèrent à la hâte des restes du dindon et se remirent en route en suivant leurs traces de la veille. Ils n'eurent point recours au chien pour les conduire, car la piste étant refroidie ils craignaient que Marengo, malgré son intelligence, ne pût la suivre exactement et ne les induisît en erreur. Ils comptaient pour retrouver leur route sur les empreintes de leurs chevaux et sur les brisées de bois qu'ils avaient eu soin de faire. Cette marche ne pouvait être que fort lente, mais elle était sûre, et l'important pour eux c'était de retrouver Jeannette, sous la garde de qui étaient demeurés, comme on se le rappelle, les vivres et tous les bagages.

La conscience d'avoir échappé à un grand péril leur tenait le cœur en joie, et tout en cheminant ils échangeaient ensemble les propos les plus gais.

Lucien n'avait plus de chemise, car Marengo l'avait mise en lambeaux, et ces lambeaux étaient d'ailleurs si mouillés et si sales, qu'il était désormais impossible de s'en servir. Ce détail amusait François et le faisait beaucoup rire. Jeannette était aussi pour eux un excellent sujet de plaisanterie, quand Lucien vint à se rappeler que dans sa précipitation il l'avait attachée par la tête à un tronc d'arbre en lui laissant à peine un pied de licol, circonstance qui avait dû la forcer à demeurer à jeun pendant toute leur absence. Il se souvint aussi que dans son empressement il lui avait laissé la charge sur le dos, autre circonstance qui ne devait pas contribuer à adoucir l'humeur de la bête, ordinairement fort acariâtre.

Il était près de midi quand ils arrivèrent en vue de la pauvre Jeannette.

— Holà! dit François, qui l'aperçut le premier en tournant l'angle du bois, que se passe-t-il donc là-bas?

A ces mots chacun s'arrêta, regarda dans la plaine et demeura tout stupéfait. Il y avait de quoi, et ce qu'ils voyaient en eût étonné bien d'autres.

C'était bien Jeannette qu'ils apercevaient; mais Jeannette dans la situation la plus étrange. Ses pieds volaient en l'air et ne demeuraient pas un instant en repos; c'étaient tantôt ceux de devant, tantôt ceux de derrière; une suite non interrompue de coups de pied énergiques et de ruades furieuses. Parfois elle bondissait tout d'une pièce, et la toile blanche de la tente, qui s'était en partie détachée, et qui lui retombait sur le dos, volait de tous les côtés en suivant les mouvements de cette bête frénétique.

Les enfants considérèrent un instant ce spectacle avec une curiosité qui n'était pas exempte de quelque crainte.

— Ce sont peut-être les Indiens, hasarda l'un d'eux, François, je crois.

— Non, dit Basile, elle est plutôt attaquée par les loups; volons à son secours.

Ils lancèrent leurs chevaux au galop, et en deux temps ne se trouvèrent plus qu'à quelques centaines de pas de la mule. Ils virent alors que le terrain sur lequel s'agitait si violemment la pauvre Jeannette était couvert non pas de loups, mais d'une multitude d'animaux d'un aspect tout différent. C'étaient des quadrupèdes petits de taille, noirs de poil et porteurs d'un groin allongé comme le cochon, avec lequel ils avaient d'ailleurs plus d'un point de ressemblance. On ne leur voyait point de queue, mais à la place une sorte de protubérance. Leur groin, qu'ils avaient béant pour la plupart, se composait de deux mâchoires pointues, de chaque côté desquelles sortaient de longs crocs ou défenses, dont l'ivoire blanc et poli s'apercevait à une grande distance.

— Des *javalies!* s'écria Lucien, qui, sans avoir jamais vu d'animaux de cette espèce, les connaissait d'après leur description.

C'étaient en effet des javalies, ou cochons du Mexique. Du moment où les trois frères avaient reconnu que ce n'étaient pas des loups, ils avaient arrêté leur course; mais leur halte ne fut pas longue, car Jeannette était véritablement en danger. Elle continuait à ruer de toutes ses forces en criant comme un chat qu'on étrangle, tandis que les javalies, sans se rebuter de l'échec subi par plusieurs d'entre eux que les coups de la mule avaient portés en terre, se ruaient sur les jambes de Jeannette chaque fois qu'elle avait l'imprudence de les poser sur le pré. Il y en avait plus de cent à ses trousses; le sol en était littéralement couvert, et on les voyait bondir autour de leur ennemi avec une agilité surprenante. Sans s'arrêter à calculer le danger, Basile s'élança au plus épais de la troupe, suivi de François et de Lucien. Bien leur en prit d'avoir de bons chevaux; car sans cela ils ne fussent jamais parvenus à sortir de cette foule. En arrivant sur les javalies ils avaient fait feu tous trois, espérant par cette décharge disperser tout le troupeau; mais ils s'étaient mépris, et bien que tous leurs coups eussent porté, et que chaque balle eût fait une victime, c'est à peine si on s'en apercevait.

Bientôt les chevaux imitèrent la manœuvre de Jeannette, et se mirent à se cabrer et à ruer avec une sorte de fureur. Ils avaient leurs raisons pour cela. Les javalies les entouraient en poussant des grognements aigus, et leur écorchaient les jambes avec leurs défenses, sautant presque assez haut pour atteindre les cavaliers. Heureusement pour ceux-ci qu'ils étaient solides en selle; si l'un d'eux eût vidé les arçons en ce moment, c'en était fait de sa vie. Tout ce qu'ils purent faire ce fut de tenir les étriers, mais sans trouver le temps ni le moyen de recharger leurs armes. Marengo, qui était un vieux limier du Texas et qui connaissait les javalies de longue date, avait jugé prudent de battre en retraite, et se tenait à une honnête distance de la bagarre.

Les jeunes chasseurs reconnurent bientôt que la place n'était pas tenable, et résolurent de se tirer de là.

Basile poussa son cheval du côté de l'arbre, et avec son couteau de chasse coupa le lasso qui retenait Jeannette, puis il partit au galop à travers la prairie, en criant à ses frères de le suivre.

Jamais peut-être mule ne fut plus heureuse de se sentir libre que ne le fut Jeannette en ce moment, et jamais mule non plus né fit meilleur usage de ce qui lui restait de jambes. Elle galopait dans la prairie comme si elle eût eu le diable à ses trousses, et de vrai si le diable n'y était pas, les javalies y étaient; car tout le troupeau se mit à sa poursuite avec des grognements épouvantables.

Les chevaux n'eurent pas de peine à distancer ces enragés, Marengo non plus; mais il n'en fut pas de même de Jeannette. Deux jours passés sans boire ni manger l'avaient naturellement affaiblie; en outre, ses jambes avaient été déchirées par les crocs des cochons sauvages, et pour surcroît d'embarras la toile de la tente, qui s'était détachée, traînait à terre d'un côté, et gênait considérablement ses mouvements. Ce fut cependant cette dernière circonstance qui la sauva ; car les javalies, en l'atteignant, saisirent la toile entre leurs dents, et la tirèrent si ferme et si fort qu'elle s'échappa complètement du paquet et tomba tout étendue sur l'herbe. Le troupeau, qui la prit sans doute pour un ennemi vivant, se précipita dessus, la foula aux pieds et la déchira à beaux coups de dents. Cela donna du temps à Jeannette, qui sut en profiter. Débarrassée de son fardeau, elle se sentit plus légère, partit au grand galop et joua si bien des jambes qu'elle finit par rattraper les chevaux. Toute la cavalcade continua à courir jusqu'à ce qu'elle eût mis plusieurs milles entre elle et les javalies.

Enfin on fit halte, et l'on songea à établir le camp, car hommes et bêtes étaient harassés, et Jeannette en particulier était incapable d'aller plus loin.

L'établissement du camp ne fut pas long, il se trouvait singulièrement simplifié par la perte de la tente et de plusieurs autres ustensiles que la mule avait perdus dans sa fuite.

Aussitôt que nos jeunes aventuriers eurent un peu repris haleine, ils se demandèrent quel sujet avait pu faire naître la guerre entre Jeannette et les javalies. Ils savaient que les cochons sauvages attaquent rarement les premiers, et ils supposaient que la provocation était venue de Jeannette. Ce qu'il y avait de plus probable, c'est que les cochons, peu difficiles dans le choix de la nourriture et également gourmands de poisson, de viande, de serpent, de volaille et de racines, étaient venus chercher leur pâture jusque sous les pieds de Jeannette, et qu'ils avaient commencé par dévorer les deux dindons que Basile et Lucien, dans leur précipitation, avaient laissés près d'elle. Jeannette, dont la bile était échauffée par les désagréments de sa position, avait sans doute trouvé ce voisinage fort peu de son goût, s'était mise à ruer, et avait jeté quelques javalies par terre ; *inde iræ*, ou, pour parler français, l'assaut général dont la pauvre mule avait failli être victime.

Le retour de ses maîtres avait été pour Jeannette un événement fort heureux ; car sans leur intervention ses vieilles côtes n'auraient probablement pas tardé à faire connaissance avec les dents de ce troupeau d'enragés.

Les javalies ou *peccaris*, nom sous lequel ils sont le plus souvent désignés par les naturalistes, sont en général inoffensifs, et quand on les laisse tranquilles, il est rare qu'ils attaquent l'homme ; mais lorsqu'ils ont été provoqués, que l'un d'eux a été blessé, ou même qu'on a seulement envahi leur retraite, ils deviennent à la fois féroces et dangereux. Quoique de petite taille, ils sont cependant très courageux, et les longues défenses dont leurs mâchoires sont armées en font des ennemis véritablement redoutables. Comme tous les animaux de l'espèce cochon, la fureur leur enlève toute conscience du danger, et on a vu des troupeaux de javalies continuer le combat jusqu'à la mort du dernier d'entre eux.

Il n'est pas rare de voir un chasseur mexicain qui s'est réfugié sur un arbre pour éviter la poursuite des javalies être forcé d'y demeurer des heures et même des jours entiers avant que ses ennemis consentent à lever le siège et lui permettent de descendre en sûreté.

XVII. — A CHAT RUSÉ OPOSSUM MODÉRÉ.

Le lieu choisi par nos chasseurs pour le nouveau campement était un grand bosquet de chênes blancs et d'hickorys à écorce écailleuse. Vers le milieu du bois jaillissait une source autour de laquelle croissait en abondance le mezquite, espèce d'herbe fort appréciée des chevaux; aussi ce fut au milieu de ces herbes que nos chasseurs attachèrent leurs bêtes.

Il était l'heure de dîner; mais de quoi dînerait-on? Jeannette avait laissé tomber dans sa fuite toute la viande sèche composant l'approvisionnement de bouche : la question était donc aussi embarrassante qu'elle était importante. Heureusement on avait des fusils, et pour toute réponse Basile et François s'armèrent et se mirent en quête soit d'un écureuil, soit de tout autre gibier.

Le soleil était encore élevé, et l'on ne voyait aucun écureuil : ces animaux ayant l'habitude de se tenir cachés pendant le jour, et de ne sortir guère de leur retraite que le soir et le matin, pour manger et prendre leurs ébats.

Nos deux chasseurs, voyant qu'il n'y avait rien à faire dans l'épaisseur du bois, résolurent de faire une exploration sur les lisières. Au bout de quelques centaines de pas ils se trouvèrent au bord de la prairie; mais, habiles et expérimentés comme ils l'étaient, ils se donnèrent bien de garde de se montrer brusquement. Et tout en demeurant encore cachés sous les arbres, ils explorèrent du regard toute la prairie, espérant y découvrir quelque gibier. C'était assez probable, car les lisières des bois sont des endroits fréquentés ordinairement par les dindes, les perdrix et plusieurs autres animaux. Ils avancèrent donc en silence et en continuant à se cacher derrière les gros arbres.

La prairie était nue, c'est-à-dire dépourvue d'îlots boisés; de loin en loin on apercevait seulement quelques petits arbres épars, aux troncs rabougris, et dont l'écorce se détachait en écailles. La vue s'étendait ainsi à une grande distance, car la prairie était unie et couverte d'herbe à buffalos nouvellement poussée ; cependant on n'apercevait ni dindons ni aucune autre espèce d'animal.

Pourtant, à force d'interroger l'espace, les yeux perçants de François découvrirent à une certaine distance deux petits quadrupèdes qui couraient sur le gazon, et s'asseyaient de temps à autre sur leur derrière à la manière des singes. A les voir ainsi posés, on eût dit qu'ils causaient entre eux.

— Ah ! fit François, j'aperçois des chiens de prairie.

— Non, répondit Basile, tu te trompes ; je ne vois pas de queue à ces animaux, et tu sais que les chiens de prairie en ont au contraire de fort longues.

— Des lièvres, des lièvres ! je parie, répondit Basile en se faisant une longue-vue de ses mains à moitié fermées.

— Des lièvres ! s'écria François avec surprise ; mais ils ne sont pas plus gros que des rats. Alors ce sont de très jeunes lièvres apparemment...

— Non, ce sont seulement des lièvres d'une espèce particulière.

— Ah ! ah ! ah ! fit François en éclatant de rire ; qu'as-tu donc fait de tes yeux ? Tu t'imagines apparemment que ces animaux sont bien loin de nous ; mais regardes-y bien, ils ne sont qu'à deux ou trois cents pas, et un écureuil gris paraîtrait un géant à côté d'eux. Des lièvres, allons donc !

— Je le crois toujours, répondit Basile en continuant à les regarder avec attention ; cependant je n'oserais l'affirmer positivement. Que Lucien n'est-il ici, il nous dirait peut-être la chose au juste.

— Le voici justement, répondit François, qui entendit marcher Lucien derrière eux. Lucien, ajouta-t-il, regarde donc de ce côté ; voici ce que Basile appelle des lièvres, et, de plus, de vieux lièvres.

— Et Basile a raison, répondit Lucien après les avoir examinés un instant. Ce sont bien des lièvres ayant atteint toute leur croissance.

François parut confondu.

— Si je ne me trompe, dit Lucien, ils sont très connus des Indiens de la prairie, qui les désignent sous le nom de *little chief hare* (petit lièvre chef). Cependant ceux-ci sont peut-être d'une espèce différente ; car on trouve plusieurs variétés de ces lièvres dans les montagnes Rocheuses et dans les prairies qui les entourent. C'est une espèce fort rare, et je serais enchanté de pouvoir m'en procurer une peau. Notre père, j'en suis convaincu, en ferait beaucoup de cas.

— Il n'est pas difficile de te satisfaire, dit François, je vais m'avancer et en tuer un.

— Non, répliqua Lucien, s'ils te voient remuer ils vont partir comme le vent, et ne se laisseront pas approcher à portée de fusil.

— Si nous leur détachions Marengo, il pourrait bien en attraper un ?

— Il y a quelque chose de plus sûr ; d'ailleurs il le mettrait en
pièces. La seule chose que nous ayons à faire, c'est de les attendre
ici, car ils paraissent se diriger de notre côté.

Les trois frères, sur l'avis de Lucien, se placèrent derrière les gros
arbres afin de ne pas effaroucher ces petits animaux si timides. Quant
aux deux lièvres, tout en jouant et en broutant l'herbe de la prairie,
ils continuaient à s'approcher de la lisière du bois ; mais comme leur
marche était oblique, il y avait peu d'apparence qu'ils vinssent abou-
tir au point où les attendaient les chasseurs.

Ceux-ci se disposaient donc à avancer un peu, quand ils aperçurent quelque chose dont la vue les engagea à rester en place.

Se faufilant sans bruit à travers les herbes et les ronces, tantôt
trottant vivement lorsqu'il était caché par une souche, tantôt rampant
sur le terrain découvert, s'avançait un animal de la physionomie la
plus étrange. De temps à autre il s'arrêtait, se baissait jusqu'à terre
et observait la prairie avec une attention marquée. Ce n'étaient point
nos chasseurs qui attiraient ses regards, car il ne pouvait les voir ;
ses yeux fauves étaient au contraire fixés sur les deux créatures
innocentes qui gambadaient sur l'herbe. Je vous l'ai dit, c'était un
animal singulier : il était à peu près de la taille d'un chien basset,
mais il en différait sous tous les autres rapports. Sa robe était d'un
jaune rouge, avec des taches brunes sur les flancs et des raies de
même couleur sur le dos. Ce pelage le rattachait évidemment à l'espèce des tigres ou léopards, avec lesquels il avait encore de commun
la forme de sa tête, ronde comme celle du chat. Il différait cependant
sous plusieurs rapports de ces animaux ; ses oreilles, droites, étaient
couvertes de poils ; sa queue surtout avait un caractère très distinc-
tif, elle était courte, de cinq pouces de long tout au plus, et se re-
courbait légèrement : pour en donner une idée exacte, elle ressemblait pour la forme à la queue d'un chien basset, dont l'extrémité
aurait été coupée.

Le peu de longueur de cette queue, la grosseur des pattes, et par-
dessus tout les dimensions exagérées des oreilles, qui étaient couvertes de poils et se rapprochaient à leur extrémité, firent reconnaître à nos jeunes chasseurs un lynx dans l'animal en question. Il
était de l'espèce connue sous le nom de lynx bai (*lynx rufus*), appelé
ordinairement en Amérique *chat sauvage*, et quelquefois aussi *chat
de montagne* (*catamount*). C'était la variété du Texas, dont la couleur
est plus foncée que celle du lynx bai ordinaire, et qui forme, je serais
du moins tenté de le croire, une espèce à part du genre. Cet animal
avait évidemment le projet de s'approcher des petits lièvres et d'en
saisir au moins un, sinon même tous les deux ; il n'ignorait pas qu'il
n'était pas de force à les vaincre à la course, mais il espérait les approcher assez près pour pouvoir s'élancer sur eux à l'improviste.

La disposition du terrain le favorisa pendant quelque temps ; car, quoique la prairie fût découverte et que la pousse y fût nouvelle, les herbes fanées de l'année précédente s'élevaient encore assez haut pour le dérober aux regards des deux lièvres. D'ailleurs il se faisait aussi petit que possible, et rampait plutôt qu'il ne marchait.

Presque sur la même ligne que le lynx et les deux lièvres s'élevait un arbre isolé aux branches étendues ; cet arbre était un *pécan*, au-dessous duquel se trouvaient un épais buisson de ronces et une touffe de grandes herbes sauvages. Quelques vieilles souches d'arbres ou la carcasse d'un animal avaient sans doute pourri dans cet endroit et y avaient fertilisé le sol. C'est vers ce point que se dirigeaient d'un côté le lynx guettant sa proie, et de l'autre les lièvres broutant paisiblement.

Ces derniers se trouvaient alors très rapprochés du buisson et à petite distance des jeunes gens, qui pouvaient maintenant distinguer leurs longues oreilles droites, leurs membres délicats et leurs mouvements, semblables par la grâce et la vivacité à ceux des lièvres ordinaires. Les deux petites bêtes différaient cependant de ces derniers animaux par la couleur : sur le dos, leur poil avait la nuance de la fougère flétrie, il était un peu plus clair sous le ventre ; mais il n'y avait pas de blanc, même sous la queue. C'était plaisir de voir ces jolies petites bêtes tantôt grignotant la tige des herbes, tantôt sautant à quelques pieds sur le gazon, ou s'asseyant sur leur train de derrière avec les mines les plus comiques du monde. Les jeunes chasseurs en étaient émerveillés, et vous eussiez été comme eux, jeunes lecteurs, si comme eux vous eussiez pu observer les ébats de ces lièvres liliputiens.

Juste devant ces lièvres, et tout près du fourré, on apercevait un objet d'un aspect assez singulier : c'était quelque chose de rond ou plutôt d'informe ressemblant à une balle de laine ou de coton à demi cachée dans les herbes. Aucun des trois frères ne pouvait dire depuis combien de temps cette chose se trouvait là ; François seul prétendait l'avoir aperçue auparavant, mais n'y avoir pris garde, dans l'idée où il était que c'était une touffe d'herbes ou un cactus-boule, comme ils en avaient rencontré souvent depuis quelque temps. Cet objet ressemblait en effet beaucoup au cactus-boule (*echinocactus*) ; mais un examen plus attentif leur fit bientôt reconnaître que l'objet qui les préoccupait n'était pas de cette nature.

Les petits lièvres parurent de leur côté avoir découvert l'objet en question, car, poussés sans doute par la curiosité, ils s'en approchèrent de plus en plus. L'aspect de cette chose était fort inoffensif, et il n'y avait rien là qui dût les alarmer. Ils n'avaient jamais été attaqués par un ennemi de cette forme ; cela n'avait en apparence ni dents ni griffes, aussi se figuraient-ils n'avoir rien à en craindre.

Encouragés par l'absence apparente de tout danger, les petites créatures s'excitèrent si bien l'une l'autre, qu'elles avancèrent encore de quelques pouces, l'une d'abord, puis l'autre, puis toutes deux, jusqu'à ce qu'enfin elles arrivèrent à toucher presque l'objet de leur curiosité. Mais voilà bien une autre histoire ! Tout-à-coup la boule se déroule et laisse apercevoir un animal à quatre pattes et à museau pointu, porteur d'une longue queue semblable à un serpent, dont les anneaux flexibles s'enroulèrent en un clin d'œil autour du corps d'un des petits lièvres.

La pauvre bête jeta un cri perçant, tandis que son compagnon s'enfuyait tout effrayé.

L'opossum, car cet étrange animal n'était rien autre chose qu'un opossum femelle, se retourna et saisit dans ses mâchoires, semblables à un groin de cochon, la tête du lièvre et la broya d'un seul coup. L'animal était mort. Sûr de sa proie, l'opossum relâcha l'anneau de sa queue, laissa tomber le lièvre sur l'herbe, et se disposa à faire à ses dépens un splendide festin. Mais les choses ne devaient pas se passer comme semblait l'espérer la méchante bête.

Pendant que tout cela se passait, le lynx avait continué à s'approcher en rampant. Il n'était plus qu'à vingt pieds du buisson, et avait été témoin oculaire du meurtre commis par l'opossum; cela parut d'abord le contrarier vivement, mais il en prit vite son parti, et finit même par s'en montrer très satisfait.

— En y réfléchissant bien, se dit-il apparemment à lui-même, tout est pour le mieux dans le meilleur des mondes possible. L'opossum m'a épargné la peine d'attraper ce lièvre, que j'aurais d'ailleurs très bien pu manquer; c'est *lui qui a pris* le gibier, mais c'est *moi* qui le mangerai.

Sic vos non vobis mellificatis, apes.

Si le lynx ne s'adressa pas mot pour mot ce petit soliloque, ce fut au moins sa pensée, on n'en saurait douter, car l'acte qui suivit l'exprima aussi clairement que s'il avait eu la faculté de l'énoncer tout haut.

En effet, il reprit sa marche tortueuse avec l'intention évidente de s'élancer sur l'opossum.

Celui-ci, qui, comme tous les gens qui viennent de commettre une mauvaise action, n'avait pas la conscience tranquille, voulut, avant de se mettre à manger, s'assurer que personne n'avait été témoin de son crime. Se levant donc de toute sa hauteur, il regarda de côté et d'autre, et aperçut le lynx. Aussitôt il saisit le lièvre dans ses dents et s'enfonça au milieu des ronces.

Le lynx, voyant qu'il était inutile de se cacher plus longtemps, s'élança vers lui le dos arrondi et la crinière hérissée. Il ne suivit cependant pas immédiatement l'opossum au milieu du buisson, et courut au contraire tout autour pour découvrir l'endroit où celui-ci s'était caché. Il n'était pas sans crainte que l'animal n'eût son trou

sous ces broussailles, et dans ce cas, pensait-il, bonsoir au lièvre et
à l'opossum! Il paraît cependant que le trou n'était pas là, car le
lynx, après avoir fait plusieurs fois le tour du buisson, s'y élança
courageusement.

Pendant quelques instants on n'aperçut ni lynx ni opossum; le
buisson ne couvrait que quelques mètres de la prairie, mais c'était
un fourré des plus épais, formé de vignes, de ronces et de chardons
enchevêtrés ensemble et recouverts d'un épais feuillage. Les deux
animaux ne poussaient aucun cri, mais le mouvement des feuilles et
le craquement des ronces en plusieurs endroits indiquaient que sous
le couvert la chasse se poursuivait avec ardeur; car si le lynx était
plus agile, l'opossum était beaucoup plus mince, ce qui lui donnait
la faculté de se glisser partout et d'échapper facilement à son
ennemi.

La chasse se continua de la sorte pendant quelques minutes; enfin
l'opossum sortit du fourré et reparut sur la prairie. Au grand étonnement de tous, il tenait encore le lièvre entre ses dents. Il se dirigea
directement vers l'arbre que nous avons mentionné, embrassa le
tronc de ses pattes de devant comme eût pu faire un homme avec
ses bras, et gagna lestement les branches. Cette manœuvre de l'opossum surprit d'autant plus les jeunes chasseurs que l'arbre n'avait pas
plus de trente pieds de haut et qu'ils savaient que le lynx était aussi,
lui, un grimpeur de première force.

Le lynx sortit à son tour du fourré, et d'un bond fut au pied du
pécan. Il ne tenta pas sur-le-champ l'escalade, mais s'arrêta un moment pour reprendre haleine. Il paraissait fort enchanté de la tour-
nure que prenaient les choses, car il ne s'épouvantait point de l'idée
de grimper à l'arbre, et se flattait au contraire que sa proie ne pourrait plus lui échapper.

Il paraissait dialoguer avec lui-même.

— Ah! ah! se disait-il sans doute, te voilà perché, vieil opossum! il faut que j'aille te dénicher. Mais je t'attraperai bien, ne
t'inquiète pas; et si je ne te donne pas une correction pour la peine
que tu me causes, tu auras de la chance. Tu ne crains pas que je te
mange, car tu es bien trop dur pour cela; mais n'importe, je mangerai le lièvre à ta barbe, et je te châtierai par-dessus le marché pour
t'apprendre à vivre.

Après ce raisonnement intérieur, le lynx prit son parti et s'élança
sur le pécan, dont on entendit l'écorce crier sous ses griffes. Pendant ce temps l'opossum avait gagné le sommet de l'arbre et de là
s'était avancé sur une des branches qui s'étendaient horizontalement.
Le lynx l'y suivit, et il allait atteindre l'objet de sa convoitise quand
l'opossum, saisissant tout-à-coup la branche avec sa queue, se laissa
tomber sur celle de dessous. Le lynx hésita un instant à l'y poursuivre; mais la branche était faible, et il craignit de ne pouvoir s'y

accrocher. Très contrarié de ce contre-temps, il retourna au tronc de l'arbre et le descendit jusqu'à la branche occupée par l'opossum, sur laquelle il se mit à courir. L'opossum renouvela la même manœuvre et se laissa tomber sur une autre branche inférieure, puis, sans attendre son adversaire, sur une autre encore, et ainsi de suite, jusqu'à ce qu'il demeura suspendu par la queue à la branche inférieure du pécan.

Les jeunes chasseurs s'imaginèrent qu'il allait sauter à terre et essayer de gagner le bois; ils se trompaient, et telle n'était pas l'intention de la bête. L'opossum savait très bien en effet que s'il essayait de fuir, le lynx ne tarderait pas à l'attraper. La position qu'il occupait était, dans les circonstances présentes, de beaucoup la plus sûre, et il semblait en avoir conscience. Il demeura donc suspendu à la branche inférieure du pécan, et si près de son extrémité, qu'elle ployait sous son poids. Il était clair qu'elle ne pouvait supporter un autre opossum, encore bien moins le lynx, dont le poids était beaucoup plus considérable. Celui-ci, avec son œil de *lynx*, jugea bien vite la position.

Tout mystifié qu'il fût, il voulut pourtant en avoir le cœur net et pousser la chose jusqu'au bout. Il s'avança avec les plus grandes précautions sur la branche, et alla aussi loin que possible, puis il étendit les pattes et essaya avec ses griffes d'attraper la queue de l'opossum, dans l'espoir de lui faire lâcher prise. Il n'y put parvenir, et ce fut à peine si l'extrémité de ses ongles arriva à toucher la queue. Autant eût valu pour lui essayer d'ouvrir les serres d'un aigle.

Dans son dépit, il monta sur la branche immédiatement supérieure, avec l'espoir apparemment que de là il lui serait plus facile d'attraper l'opossum. C'était une erreur qu'il ne tarda pas à reconnaître en revenant de nouveau se placer sur la branche à laquelle son adversaire était suspendu. Un moment on put croire qu'il allait s'élancer sur lui et l'entraîner à terre, mais la hauteur l'effraya; et après quelques secondes d'hésitation, il quitta la branche et se tapit dans une fourche de l'arbre.

Il ne demeura pas longtemps dans ce poste d'observation, une idée nouvelle l'en fit bientôt sortir. La branche à laquelle l'opossum était suspendu n'était pas très élevée au-dessus du sol; peut-être était-il possible, en sautant avec un peu d'agilité, d'attraper l'animal par le nez; dans tous les cas l'essai n'en coûtait rien. Il descendit donc de l'arbre et courut se poster juste au-dessous de l'opossum. Mais il avait mal calculé ses distances, et, comme le renard aux raisins il fut forcé de renoncer après quelques essais infructueux. Il était résolu, malgré tout, à ne pas abandonner la partie; et jugeant qu'il attendrait où il était plus commodément que partout ailleurs, il ne re-

7

tourna pas à l'arbre, mais s'assit sur l'herbe les yeux braqués sur son antagoniste.

Pendant tout ce temps, que faisait l'opossum ? Il continuait à se tenir tranquillement suspendu par la queue avec le lièvre entre ses dents. Depuis le moment où il avait pris cette position il paraissait n'avoir plus aucune crainte; sa contenance au contraire exprimait une sorte de joie maligne. Cette rusée créature se moquait évidemment du désappointement du *catamount*.

De temps en temps cependant l'opossum semblait se demander quel serait le résultat de la lutte, et alors il prenait un air plus sérieux, car il voyait dans les yeux du lynx qu'il était déterminé à faire un long siège. Ainsi posée, l'affaire était une question de temps. La fatigue et la faim étaient les véritables adversaires à combattre. Et ce fut sans doute dans cette conviction et pour se préparer à mieux supporter la faim à venir que l'opossum prit le lièvre entre ses pattes de devant et se mit à le manger à belles dents.

C'en était trop aussi pour la patience du lynx. Il ne put assister à ce spectacle sans un violent courroux, et, se levant comme un furieux sur ses pattes, il courut à l'arbre et s'élança sur la branche à laquelle pendait l'opossum. Sa crinière était hérissée, le désir de la vengeance lui enlevait toute conscience du danger, et cette fois, sans calcul et sans hésitation, il se précipita en aveugle, saisit avec ses pattes de devant les hanches de l'opossum, et prit sa queue entre ses dents.

Trop faible pour supporter ce double poids, la branche craqua, se rompit, et les deux adversaires tombèrent ensemble par terre.

Le lynx parut un moment étourdi par sa chute, mais bientôt revenu à lui il se dressa sur ses pattes, arrondit son dos comme un véritable chat, poussa un cri sauvage et fondit sur son adversaire. Il semblait avoir oublié le lièvre, que l'opossum avait laissé échapper en tombant. La vengeance était le seul sentiment qui l'animât alors, et cette passion était assez forte pour lui faire oublier sa faim.

En touchant terre l'opossum s'était roulé en boule et avait repris l'apparence sous laquelle nos jeunes gens l'avaient d'abord aperçu. Le cou, la tête et les pattes, tout avait disparu, il ne restait plus qu'une pelote informe de poil épais et laineux. Le catamount attaqua cette boule avec ses ongles et ses dents et harcela l'animal pendant dix minutes sans pouvoir en obtenir ni cris ni mouvement. Il y avait tout lieu de croire que l'opossum était mort; son adversaire en jugea sans doute ainsi, d'ailleurs il était fatigué, un morceau plus tentant était à sa portée; il oublia la vengeance pour la gourmandise, se retourna et saisit entre ses dents le pauvre petit lièvre, objet de ses longs débats.

Ce fut en ce moment que François lâcha Marengo et que les trois frères se montrèrent en poussant de grands cris.

Le lynx, voyant la retraite coupée du côté du bois, s'enfuit à travers la prairie, mais le grand limier le rattrapa en quelques bonds, et après un combat aussi court que désespéré, Marengo mit fin aux jours du braconnier.

Tout en poursuivant le lynx, les chasseurs avaient ramassé le lièvre que celui-ci avait abandonné pour mieux fuir. Quand tout fut fini ils revinrent vers l'arbre avec l'intention de ramasser le cadavre de l'opossum et d'en faire le plat de résistance de leur dîner ; mais à leur grande surprise l'opossum n'était plus là, on ne le vit ni sur l'arbre, ni dans le buisson, ni dans le bois, ni nulle part. Le rusé compère avait fait le mort sous la dent du lynx ; mais voyant le terrain libre il s'était promptement déroulé et avait regagné à la hâte son gîte, caché sans doute sous les racines de quelque arbre voisin.

Il ne restait que le corps du lynx et le cadavre du pauvre petit lièvre ; aucun de nos chasseurs, malgré son appétit, ne se sentait le courage de manger du lynx, quoique sa chair serve souvent à la nourriture des trappeurs et des Indiens ; quant au lièvre, il n'y fallait pas songer. Il avait été tellement déchiré et abîmé par les deux bêtes carnassières, qu'il n'était plus bon à rien. Malheureusement nos chasseurs ne trouvèrent point d'autre gibier ; on n'aperçut pas même la queue d'un écureuil, et tous quatre, Lucien, Basile, François et Marengo, se virent contraints de se coucher sans souper.

C'était la première fois que cela leur arrivait depuis le commencement de leur voyage.

XVIII. — TERRIBLE RENCONTRE AVANT LE DÉJEUNER.

Le lendemain ils eurent amplement de quoi déjeuner; mais, comme on va voir, ce déjeuner faillit leur coûter bien cher.

Les trois frères, n'ayant plus de tente, avaient été forcés de coucher en plein air. Ils s'étaient placés sous un arbre touffu, s'étaient enroulés dans leurs couvertures et dormaient profondément, étendus sur la terre à quelques pieds les uns des autres. Rien n'avait troublé leur sommeil, quand au point du jour quelque chose toucha le front de François ; c'était un objet froid et visqueux dont le contact avec la peau chaude du jeune dormeur le réveilla en sursaut. François tressaillit comme s'il eût été piqué par une épingle et poussa un cri qui éveilla aussi ses compagnons. Avait-il été touché par un serpent, c'est ce qu'il crut d'abord ; mais il perdit cette idée lorsque, après s'être frotté les yeux, il aperçut quelque chose qui s'enfuyait et qui ne pouvait être un serpent.

— Que penses-tu que ce soit ? demandèrent à la fois Basile et Lucien.

— Je suppose que c'est un loup, répondit François, c'est son nez froid que j'ai senti; mais tenez, voyez là-bas, il y en a deux.

En parlant ainsi, François indiquait un point de la prairie où l'on voyait courir deux animaux. Basile et Lucien regardèrent et les aperçurent en effet. C'étaient deux quadrupèdes gros à peu près comme des loups, mais beaucoup plus noirs, et ne leur ressemblant en rien.

Qu'est-ce que cela pouvait être?

Les deux animaux s'étaient enfoncés tout-à-coup dans la partie la plus sombre du bois, et les jeunes gens ne les avaient aperçus qu'au moment où ils y entraient. Ils les voyaient bien encore qui se mouvaient dans l'ombre, mais trop peu distinctement pour les reconnaître. C'étaient peut-être des javalies.

Cette pensée se présenta en même temps à l'esprit des trois frères, elle leur était suggérée sans doute par le souvenir encore récent de leur rencontre avec les cochons sauvages.

— Ces animaux sont trop gros et courent trop lourdement pour des javalies, dit enfin Lucien après un moment de réflexion.

— Si c'étaient des ours, dit François.

— Non, non, ils ne sont pas assez gros pour des ours.

Néanmoins ils étaient tous trois fort intrigués; ils s'étaient levés sur leurs mains et sur leurs genoux, s'étaient débarrassés de leurs couvertures et avaient saisi leurs fusils, qu'ils avaient toujours soin de tenir auprès d'eux pendant leur sommeil.

Ils restèrent dans cette position pendant quelque temps, cherchant à distinguer au milieu des troncs d'arbres les deux objets noirs, qui s'étaient arrêtés à la distance d'environ cent pas.

Tout-à-coup une forme humaine se dressa devant eux, juste en face des deux animaux. Au lieu d'éviter ces derniers, comme les jeunes gens s'y attendaient, cette figure demeura à sa place. L'étonnement de nos chasseurs fut au comble quand ils virent les deux animaux courir vers elle et l'attaquer. Ce qu'il y avait de plus singulier, c'est que la figure continuait à ne pas bouger de place; bien plus, un moment après elle se baissa et caressa les deux animaux. Ce n'était donc pas une attaque comme les trois frères l'avaient cru d'abord.

— C'est un homme avec deux chiens, dit tout bas François, peut-être un Indien.

— Cela peut être un homme, dit Lucien parlant également à voix basse; car autrement je ne sais pas trop ce que cela pourrait être; mais quant aux deux animaux noirs, ce ne sont pas deux chiens, pour sûr. Je n'en ai jamais vu de pareils.

Lucien avait prononcé ces paroles d'un air si sérieux et d'un ton si accentué, qu'une certaine émotion se manifesta chez ses auditeurs. Les trois frères se rapprochèrent les uns des autres.

Marengo voulait s'élancer du côté de ce singulier groupe et on
avait toutes les peines du monde à le retenir. Le brave chien, fatigué
de la longue course des jours précédents, avait fait comme ses maîtres et s'était endormi d'un profond sommeil; il avait fallu le cri de
François pour le réveiller. Un mot de Basile avait suffi pour le retenir, car c'était un animal bien dressé, qui ne se serait pas permis
d'attaquer même ses ennemis naturels sans en avoir reçu l'autorisa-
tion de ses maîtres. Il demeura donc immobile, les yeux fixés dans
la même direction que ceux des jeunes gens et se contentant de pousser de temps à autre un grognement sourd et presque imperceptible.
Il y avait cependant dans ce grognement une expression de colère
qui prouvait suffisamment que ces êtres étranges ne lui produisaient
pas l'effet d'amis. Peut-être savait-il mieux que personne à quoi s'en
tenir sur leur compte. Quant aux trois créatures mystérieuses, elles
continuaient à demeurer à la même place, à une centaine de pas environ des chasseurs; elles n'étaient cependant pas immobiles; les
deux plus petites couraient çà et là, tantôt s'éloignant de celle qui
était debout, tantôt revenant à elle pour la caresser comme auparavant; de son côté, celle-ci se baissait de temps à autre comme pour
recevoir leurs caresses, et lorsque les deux autres s'étaient éloignées
elle se baissait encore comme pour ramasser quelque chose à terre;
puis elle se relevait et demeurait immobile pendant quelque temps.
Toutes ces manœuvres s'exécutaient dans le silence le plus complet.

Il y avait dans tous ses mouvements quelque chose d'étrange et
d'inexplicable qui inspirait une crainte involontaire, et nos jeunes
chasseurs en les observant ne pouvaient se défendre d'une certaine
terreur. Ils étaient à la fois inquiets et embarrassés, ils ne savaient
trop quel parti prendre et quel plan adopter, et se communiquaient à
voix basse leurs réflexions et leurs avis.

Que devaient-ils faire?

Se dirigeraient-ils sans bruit vers leurs chevaux pour monter dessus et s'enfuir au galop; mais cela ne leur servirait de rien, car si
dans ce qu'ils voyaient il se trouvait un Indien, il était indubitable
qu'il y en avait d'autres dans le voisinage, et que ces sauvages prendraient leur piste et les attraperaient facilement. D'un autre côté, il
était à peu près certain que les créatures qui les préoccupaient étaient
instruites de leur présence, car les chevaux faisaient trop de bruit
pour n'avoir pas été entendus. Il était donc inutile d'essayer à s'échapper sans être vus.

Grimper sur un arbre, c'était encore un moyen; mais il offrait peu
de chances de salut, et ils ne s'y arrêtèrent pas longtemps. La seule
chose à faire était de rester où ils étaient et d'attendre qu'ils fussent
attaqués par leur mystérieux voisin, ou que le jour leur permît en se
développant de découvrir à qui ils avaient affaire.

Cependant à mesure que la clarté du jour augmentait, leur frayeur allait croissant, car ils pouvaient maintenant voir distinctement que la figure qui se tenait debout avait deux grands bras qu'elle étendait horizontalement et qu'elle faisait mouvoir d'une façon singulière. Tout son corps était de couleur rougeâtre, tandis que celui des deux petits animaux était d'un noir foncé. Si on se fût trouvé dans les forêts de l'Afrique ou dans celles de l'Amérique du Sud au lieu d'être dans l'Amérique du Nord, ils auraient pris le plus gros de ces êtres pour un singe gigantesque; mais, en dépit des apparences, ils savaient que sous cette latitude il ne pouvait se trouver aucun animal de cette espèce.

La lumière devint subitement beaucoup plus vive par l'éloignement d'un gros nuage qui avait pendant quelque temps obscurci l'orient. Dès-lors les objets devinrent plus distincts, et le mystère qui avait pendant si longtemps tenu nos jeunes chasseurs dans l'anxiété se trouva enfin expliqué; le gros animal se dressa tout droit et resta debout en se présentant de côté à nos chasseurs. A son long museau pointu, à ses oreilles courtes et droites, à son corps court et ramassé et à la longueur de son poil, ils reconnurent que ce n'était ni un Indien ni une autre créature humaine, *c'était un ours debout sur ses jarrets.*

— Une ourse et ses petits! s'écria François. Voyez donc, continua-t-il, elle est rouge, tandis que ses petits sont noirs comme du jais.

Basile, sans s'inquiéter de cette observation, avait sauté sur son fusil, et ajustait déjà le plus gros des trois animaux.

— Sur ta vie, ne tire pas, s'écria Lucien, c'est peut-être un ours gris. (Animal que les Américains appellent grizzly).

L'avis arriva trop tard, le fusil de Basile venait de partir. Au même instant l'ourse retomba sur ses quatre pattes et piétina sur le sol en reniflant avec fureur. Le jour, douteux encore, avait trompé Basile, et au lieu de frapper l'animal à la tête comme c'était son intention, sa balle n'avait effleuré que le museau de la bête et ne lui avait fait que peu de mal; le museau est chez l'ours la partie sensible, le plus léger coup appliqué sur cet organe suffit pour le mettre en colère: qu'on juge de l'effet produit par la balle. L'animal avait vu d'où partait le coup, et après s'être secoué la tête pendant quelque temps, il partit au galop sur les enfants.

Basile comprit alors toute la portée de son imprudence; mais ce n'était pas le moment de se livrer à des regrets superflus, ils n'avaient même pas le temps d'aller jusqu'à leurs chevaux, car l'ourse devait infailliblement les avoir rejoints avant qu'ils fussent parvenus à détacher leurs bêtes et à grimper sur leur dos; c'était s'exposer à livrer une victime à l'ourse.

— Courons aux arbres! s'écria Lucien; si c'est une grizzly, elle ne pourra pas nous y suivre.

En disant ces mots, Lucien épaula son fusil et fit feu sur l'animal, qui continuait à s'avancer rapidement.

La balle frappa aux flancs. On put en juger par le mouvement de l'ourse, qui se retourna en grognant et lécha sa blessure ; cette circonstance la retint quelques instants et donna à Lucien le temps de s'élancer sur un arbre. Basile avait jeté son fusil, qu'il n'avait pas le temps de recharger, et François, en voyant l'énorme monstre si près de lui, n'eut pas le courage de tirer et laissa tomber son arme sans faire feu.

Dans leur précipitation, ils montèrent chacun sur un arbre différent ; ils se trouvaient, comme nous l'avons dit, au milieu d'un bois de chênes, et ces arbres, contrairement aux magnolias, aux cyprès et aux pins, ont ordinairement de grosses branches qui partent du tronc à une petite distance de terre, et s'étendent horizontalement ; ces branches égalent souvent en grosseur la hauteur de l'arbre lui-même.

C'était sur des arbres de cette espèce que nos trois frères étaient grimpés. Basile avait trouvé un refuge sur celui au-dessous duquel ils avaient dormi, et qui était beaucoup plus grand que les autres ; ce fut au pied de ce même arbre que l'ourse s'arrêta. Les peaux et les couvertures attirèrent un moment son attention : elle les tourna et retourna avec ses grosses pattes, les flaira à plusieurs reprises, puis les laissa là et se mit à tourner autour de l'arbre, regardant en haut et faisant entendre de temps à autre un reniflement sonore semblable au bruit d'une machine à vapeur. Pendant ce temps Basile avait atteint la troisième ou quatrième branche au-dessus du sol. Il aurait pu monter plus haut, mais, d'après ce qu'avait dit Lucien, il croyait avoir affaire à une grizzly. La couleur de l'ourse, qui était d'un brun roux, le confirmait encore dans cette opinion, car il savait qu'on rencontre chez les grizzlys une grande variété de nuances ; il ne craignait donc rien, et sa confiance était si grande qu'il se fût cru suffisamment en sûreté sur la branche la plus basse. De la place qu'il occupait il voyait parfaitement l'ourse placée au-dessous de lui, et grande fut sa consternation quand en la considérant de plus près il reconnut un *ours cinnamon*, variété de l'ours noir, et l'un des meilleurs grimpeurs de l'espèce. Si des doutes lui fussent restés à cet égard, la conduite de l'animal les aurait bientôt fait disparaître, car Basile le vit entourer le tronc avec ses grosses pattes et commencer son ascension.

Ce fut un moment terrible. Lucien et François sautèrent à bas de leurs arbres en poussant des cris d'effroi, François courut à son fusil, le ramassa, et sans hésiter tira ses deux coups dans les reins de l'ourse ; mais les balles étaient de si petite dimension que ce fut à peine si elles traversèrent son épaisse fourrure. Cela ne fit guère que l'irriter davantage, et elle se mit à grogner avec plus de fureur que jamais ; pendant un moment l'ourse s'arrêta dans son ascension ; elle se demandait évidemment s'il fallait descendre pour punir l'ennemi qui était derrière elle, ou continuer son attaque contre Basile. Le bruit que fit celui-ci en montant le long des branches la décida, et elle continua à grimper pour le rejoindre.

Basile, de son côté, ne demeurait point inactif et se remuait au milieu des branches avec presque autant d'activité qu'un singe ou un écureuil. Quand il fut à environ soixante pieds de terre, il s'avança sur une grande branche qui s'étendait horizontalement. Ce n'était pas sans raison qu'il avait choisi celle-là. Il avait remarqué qu'il s'en trouvait une autre semblable au-dessus, et il pensait pouvoir atteindre celle-ci aussitôt que l'ourse le suivrait sur la première ; il espérait par ce moyen regagner le tronc avant l'ourse et redescendre à terre en la laissant sur l'arbre. L'expédient était assez bien imaginé, mais par malheur, lorsqu'il fut sur cette première branche, il vit qu'elle pliait sous son pied et qu'elle s'écartait tellement de celle qui était au-dessus qu'il lui était impossible d'y atteindre même du bout des doigts, il se retourna pour aller sur une autre ; mais, ô terreur, l'ourse était à l'extrémité opposée et se préparait à le rejoindre.

Il ne pouvait reculer sans se trouver face à face avec le terrible animal ; il lui était impossible d'aller plus avant, et, qu'on ne l'oublie pas, il se trouvait à soixante pieds du sol. La seule alternative qui lui restait pour échapper aux griffes de l'ourse était de sauter, et cette alternative était la mort.

L'ourse avançait toujours sur la branche, François et Lucien jetaient en bas des cris de terreur, et rechargeaient leurs armes tout en craignant de ne pas arriver à temps.

La position était désespérée ; mais c'était dans de pareilles occasions que Basile savait déployer toute sa présence d'esprit et toute la force de son caractère. Au lieu de s'abandonner à une douleur inutile, il gardait son sang-froid et paraissait recueilli ; il cherchait un moyen de se tirer d'affaire, et pesait dans son esprit les chances qui s'offraient à lui.

Tout-à-coup il lui vint une pensée, et aussitôt appelant ses frères :

— Une corde, cria-t-il, une corde, envoyez-moi une corde et dépêchez-vous ; pour l'amour de Dieu, une corde, ou je suis perdu !...

Heureusement il y en avait une au pied de l'arbre : c'était le surfaix de cuir qui servait à attacher la charge de Jeannette ; elle se trouvait près de la place où ils avaient passé la nuit.

Lucien jeta par terre son fusil à moitié chargé, s'élança vers la corde, qu'il ramassa et enroula. Il savait lancer le lasso presque aussi bien que Basile lui-même, et ne le cédait en rien au plus habile *vaquero* mexicain ni au plus adroit *gaucho* des pampas. Il courut au-

dessous de la branche, fit tourner le lasso au-dessus de sa tête, puis le lança en l'air.

Basile, pour gagner du temps, s'était avancé sur la branche aussi loin qu'elle pouvait le porter. Son terrible adversaire le suivait toujours. Sous ce double poids la branche se ployait comme un arc; heureusement que c'était du chêne et qu'elle ne cassa pas.

Le jeune homme était à cheval sur la branche, le visage tourné vers le tronc de l'arbre, et par conséquent du côté de l'ourse, qui le poursuivait. Celle-ci allait bientôt l'atteindre, son long museau n'était qu'à trois pieds tout au plus de la tête de Basile, qui déjà sentait le vent de son haleine, dont la chaleur augmentait à mesure que l'animal avançait en étendant les pattes et en grondant avec fureur.

Au moment même le bout du lasso frappa la branche entre l'homme et l'animal, et passa en sifflant à quelques pieds au-dessus. Avant qu'il eût eu le temps de retomber, Basile l'avait saisi, et avec autant d'adresse que de promptitude l'avait noué autour de la branche; une seconde après, et juste au moment où les grandes pattes de l'ourse s'étendaient pour le saisir, il lâcha la branche et se laissa glisser le long du lasso.

Il s'en fallait de vingt pieds au moins que la corde touchât la terre; elle était mince, et Basile en l'attachant en avait employé plus qu'il n'en fallait. Lucien et François, qui s'étaient à leur grand effroi aperçus de cette insuffisance de la corde, avaient pris leurs dispositions en conséquence; aussi, quand Basile arriva à l'extrémité du lasso, il vit au-dessous de lui ses frères qui tenaient une grande peau de bison étendue entre eux. Il se laissa tomber dedans, et le moment d'après se trouva à terre sain et sauf.

Ce fut un moment de triomphe. La branche, que le poids de Basile avait tenue abaissée, se releva avec rapidité aussitôt qu'elle fut débarrassée de ce poids.

La violence de cette secousse imprévue fut trop forte pour l'ourse; elle lâcha prise, fut lancée en l'air à une hauteur de plusieurs pieds, puis retomba lourdement à terre avec un bruit sourd. Elle y demeura un instant sans mouvement. Cependant elle n'était pas morte, elle n'était qu'étourdie, et se serait peut-être relevée pour recommencer l'attaque si Basile n'y avait mis ordre. Avant que l'animal eût recouvré la force de se remettre sur ses pattes, le jeune chasseur prit le fusil à moitié chargé de François, y versa une poignée de balles, s'approcha de l'ourse et lui envoya sa charge à bout portant dans la tête. Elle fut tuée roide sur le coup.

Pendant ce temps les oursons, à la recherche de leur mère, étaient arrivés près des chasseurs. Marengo, qu'on avait mis en liberté et qui tenait à honneur de prendre part à l'affaire, les attaqua bravement. Les oursons se défendirent avec courage, et peut-être auraient-ils fait un mauvais parti à maître Marengo sans l'intervention de ses maîtres, qui mirent fin au combat en envoyant une balle à chacun de ses ennemis.

XIX. — COTELETTES ET BIFTECKS D'OURS.

L'ourse et les deux oursons gisaient maintenant tous trois sur le gazon. C'était un étrange trio. L'ourse ne pesait pas moins de cinq cents livres; sa fourrure à poils longs et roides était fauve ou plutôt couleur cannelle; celle de ses petits était tout-à-fait noire.

Cela se rencontre souvent, et, quelque chose de plus singulier encore, c'est que les petits de l'ourse noire sont le plus souvent de couleur rousse, tandis que leur mère est tout-à-fait noire. Il est certain que, lorsqu'ils sont parvenus à l'âge adulte et qu'ils ont atteint leur entier développement, les petits prennent la couleur particulière à leur race; mais on trouve aussi des ours de tout âge et de la même famille auxquels la variété des climats ou d'autres circonstances ont donné des couleurs différentes.

Au dire des naturalistes, on ne rencontre dans l'Amérique du Nord que trois espèces d'ours : l'ours noir, l'ours polaire et le grizzly. Cette nomenclature est-elle bien exacte? C'est ce dont il est permis de douter, car l'ours brun dont nous avons parlé paraît être une espèce différente de l'ours noir, ce qui ferait déjà quatre sortes d'ours pour l'Amérique du Nord; je serais même tenté d'en admettre une cinquième, car l'ours brun des marchands de fourrures de la baie d'Hudson, regardé par les naturalistes comme une variété du noir, me paraît plutôt être l'ours de Russie, ou ours brun d'Europe, qui aura gagné l'Amérique par le Kamtschatka, où son espèce y est très repandue.

L'ours polaire ne se rencontre guère que sur les côtes glacées de l'océan Arctique. Il ne s'éloigne jamais de plus de cent mètres de la mer.

Le grizzly, par sa force, son courage et sa férocité, occupe le premier rang dans la famille des ours : c'est le roi de son espèce, sans en excepter son confrère l'ours blanc du Nord. Nous aurons plus tard à parler de lui. Quant à présent nous n'avons affaire qu'à l'ours noir; et comme tout ce que l'on sait de l'ours roux montre que ses habitudes sont semblables en tout point à celles de son congénère plus foncé, on peut appliquer aux deux espèces ce que nous allons dire de l'une d'elles.

On prétend généralement que l'ours noir (*ursus americanus*) a beaucoup de ressemblance avec l'ours brun d'Europe. Quant à moi, je n'en vois aucune, et je trouve au contraire entre eux assez de différence pour en faire deux espèces distinctes et séparées. Le premier a une dent molaire de plus que l'autre ; en outre, le profil de l'ours noir n'est ni aussi busqué ni aussi convexe que celui de l'ours brun. On pourrait encore signaler nombre de différences du même genre ; ils ne se ressemblent que par leurs mœurs et leurs habitudes.

L'ours noir est répandu sur tout le continent américain ; il peut supporter tous les climats et sait trouver sa nourriture sous toutes les latitudes. Il est également chez lui dans les régions glacées du Canada et dans les terres marécageuses de la brûlante Louisiane. On le trouve sur les rivages de l'Atlantique et sur ceux du Pacifique ; il habite les forêts épaisses aussi bien que les pays rocheux et entièrement dépourvus d'arbres. Il préfère cependant les régions boisées, et c'est là qu'on le rencontre le plus souvent.

Avant la colonisation de l'Amérique par les blancs, les ours noirs s'y rencontraient en grand nombre. Depuis cette époque on les a beaucoup chassés pour leur fourrure ; aussi leur nombre diminue-t-il chaque jour. Depuis un siècle les compagnies des fourreurs ont reçu des chasseurs blancs et des Indiens des milliers et des milliers de leurs fourrures.

On trouve encore des ours dans les parties sauvages et désertes ; on en rencontre même de temps en temps dans les parties habitées depuis longtemps et dans les districts éloignés et montagneux. Il est vraiment étonnant qu'on ne les ait pas fait disparaître complètement des lieux habités, car ils sont tellement gros, qu'on peut toujours les découvrir et les suivre facilement à la piste. De plus il existe entre les colons et les chasseurs amateurs une sorte d'émulation pour les tuer ; d'un autre côté, les femelles ne mettent bas qu'une fois par an et ne produisent que deux petits par portée.

C'est surtout pendant l'hiver, quand la terre est couverte de neige, qu'il serait facile de suivre l'ours et de le détruire ; mais il ne se montre pas pendant toute cette saison de l'année, et reste engourdi dans sa tanière, pour laquelle il choisit ordinairement une grotte ou un trou d'arbre creux. Cet engourdissement n'a lieu pour l'ours que dans les régions tout-à-fait septentrionales, où les hivers sont très rigoureux et où la neige demeure longtemps sur la terre. Dans ces pays il disparaît pendant plusieurs mois et demeure caché dans son obscure tanière, où il vit, au dire des chasseurs, en suçant ses pattes !...

Cette croyance est généralement répandue ; cependant je n'entreprendrai pas de la justifier. Tout ce que je puis assurer, c'est qu'à la fin de l'automne il se retire dans sa tanière *gras comme lard* et qu'il en sort au printemps *maigre comme un clou*.

Il y a encore une autre particularité fort curieuse et qui sert à expliquer les lenteurs de la destruction des ours : c'est qu'on ne peut jamais tuer une femelle pleine, attendu que ces animaux, pendant le temps de la gestation, vivent dans la retraite et ont grand soin de ne pas se montrer. La chose est poussée à tel point, qu'on assure qu'il serait impossible de trouver dans toute l'Amérique un chasseur qui se rappelât avoir tué une femelle pleine soit de l'espèce des ours noirs, soit de celle des grizzlys.

C'est un trait de caractère particulier aux ours; il n'en est pas de même pour les femelles des renards, des loups et des autres animaux, que l'on tue souvent avec toute leur portée, exterminant ainsi d'un seul coup plusieurs individus de la même espèce.

L'ours met bas pendant l'hiver dans l'endroit le plus reculé et le plus sombre de la tanière où elle a passé tout le temps de sa gesta-tion. Quand ses petits sont assez grands pour sortir, c'est elle qui se charge du soin de les conduire dehors et de guider leurs premiers pas; elle veille sur eux avec une sollicitude digne de la plus tendre mère. Quand ils sont attaqués, elle se bat avec un courage héroïque et meurt souvent en les défendant. On assure que, comme la femelle de l'alligator, elle est souvent forcée de défendre sa progéniture con-tre l'appétit vorace du père dénaturé qui veut les dévorer. Mais cette assertion n'est rien moins que prouvée, et je déclare que pour ma part je n'y ajoute aucune foi.

Les ours noirs sont omnivores : ils mangent indifféremment de la viande, du poisson, de la volaille et des légumes; ils aiment toutes les sortes de baies et les fruits doux; ils sont surtout très friands de miel, et grimpent sur les arbres où sont les abeilles pour piller leurs nids et dévorer leur provision. Ils creusent la terre pour y prendre des racines, telles que pommes blanches et navets des prairies; ils avalent gloutonnement les larves des insectes. Dans le sud ils fouil-lent le sable pour y trouver des nids de tortue et d'alligator, dont ils dévorent les œufs. Aux environs des établissements ils s'introduisent dans les champs, et mangent quantité de jeune blé et des pommes de terre; aussi sont-ils très redoutés des cultivateurs. Ils dévorent les cochons et d'autres animaux, qu'ils mangent on peut dire tout vivants, car ils ne prennent pas le temps de les tuer, et les avalent en les mettant en pièces. Quand ils sont poussés par la faim, ils ne dé-daignent pas la chair en putréfaction, et s'attaquent même à certaines autres choses que tous les animaux refusent de manger.

Malgré la variété dégoûtante de sa nourriture, la chair de l'ours noir est très bonne à manger : c'est un régal pour les Indiens et pour les chasseurs blancs, particulièrement ses grosses pattes grasses, qui sont regardées par eux comme des morceaux de choix; c'est sans doute pour cela qu'ils pensent que l'ours s'en nourrit lui-même dans sa retraite en les suçant pendant l'hiver.

Il y a plusieurs manières de prendre l'ours. On le chasse à l'aide de chiens dressés à cet usage. Quand il se voit attaqué de la sorte, et qu'il n'est pas pressé de trop près par ceux qui le poursuivent, il court droit devant lui pendant une dizaine de milles. Cependant lorsqu'il est atteint il se retourne et fait face aux chiens. Malheur alors à celui qui tombe sous sa patte, il est abattu du premier coup. Quoiqu'il semble d'après l'épaisseur de sa forme et la longueur de sa taille qu'il doive se mouvoir difficilement, il n'en est pas moins un coureur plus agile qu'on ne le supposerait. Il atteint facilement un homme à pied, mais les chiens et les chevaux l'attrapent aisément. Quand il voit qu'il ne peut échapper par la course, il se dirige vers un arbre, grimpe aussi haut que possible, et cherche à se cacher au milieu des feuilles. Ce moyen ne lui réussit pas toujours, les limiers qui le suivent à la piste reconnaissent le plus souvent à l'odorat l'arbre qu'il a choisi pour refuge, ils s'y arrêtent et continuent à aboyer jusqu'à l'arrivée des chasseurs. Ceux-ci trouvant l'ours ainsi perché manquent rarement de l'abattre à coups de fusil; s'il n'est que blessé, il se défend alors avec fureur contre les chiens et les chasseurs. Ce n'est que dans cette occasion que l'ours noir se risque à combattre l'homme. Quand ce dernier le laisse tranquille, il ne lui fait jamais rien; mais lorsqu'on le provoque, et surtout quand il est blessé, il devient alors un adversaire dangereux. Il est arrivé plus d'une fois que des chasseurs ont été cruellement mutilés et déchirés par lui, et qu'ils n'ont sauvé leur vie qu'à grand'peine; quelques-uns même ont péri étouffés par l'étreinte puissante de ce formidable lutteur.

On emploie des piéges de différentes espèces pour s'emparer de l'ours noir. Les trappes de bois, les nœuds coulants attachés à de jeunes arbres courbés, les traquenards et les piéges de fer sont indifféremment employés à cet usage. Ces moyens réussissent beaucoup mieux avec l'ours qu'avec le renard, le lynx et le loup.

On ferait un volume des anecdotes et des aventures dans lesquelles l'ours noir joue le principal rôle. Dans les établissements écartés de l'Amérique, on raconte un grand nombre d'histoires sur ses mœurs et ses aventures particulières. Quelques-uns de ces récits sont vrais, quelques autres au contraire sont entachés d'exagération. Mais comme nous n'avons pas le temps de nous y arrêter, je me bornerai aux détails que je viens de vous donner, et qui sont suffisants, je l'espère, pour vous faire prendre une idée exacte des habitudes de cet animal.

La plupart de ces faits furent communiqués par Lucien à ses frères pendant qu'on était en train de préparer le déjeuner; car, si on ne l'a point oublié, les trois frères étaient fort affamés, et le soin de satisfaire leur appétit était ce qu'il y avait de plus pressé pour le moment.

Le déjeuner se composait d'un quartier d'ourson qu'on avait d'abord fait flamber pour le débarrasser du poil, et qu'on avait ensuite

fait rôtir. Nos chasseurs savaient qu'à cet égard la viande de l'ours
est comme celle du porc, et qu'on la gâte en la dépouillant ; c'est
pourquoi, au lieu de l'écorcher, ils préférèrent la griller à la mode
indienne.

Le rôti d'ourson fut mangé de bon appétit. Cette chair était fort
appétissante, tendre et juteuse, tenant à la fois pour le goût de la
viande du porc et de celle du veau. Marengo eut aussi sa part du déjeuner, car on avait rejeté assez de morceaux pour en remplir un
grand panier. Quant aux pattes, qui lui seraient infailliblement reve-
nues s'il se fût agi d'un daim ou d'un buffalo, elles ne lui échurent
point en partage. Nos jeunes chasseurs avaient déjà mangé des pattes
d'ours, et se réservaient pour eux-mêmes cette partie délicate de
l'animal.

Après le déjeuner on fit boire les chevaux et la mule, puis les
frères se réunirent pour tenir conseil et décider ce qu'ils avaient à
faire.

Leur situation était bien changée depuis la veille. La majeure
partie de leurs provisions, viandes sèches, farines et cafés, avaient
été semées çà et là sur la prairie pendant la fuite de Jeannette, et les
javalies les avaient sans doute dévorées ou détruites. Ils ne devaient
donc désormais compter que sur leurs fusils pour les remplacer. Leur
tente avait aussi disparu dans la bagarre ; mais cette perte les cha-
grinait peu, car on était au milieu de l'été, et ils n'étaient pas gens
à s'effrayer de la perspective de coucher en plein air.

La privation de café leur était autrement sensible : c'est un objet
de luxe à bon droit prisé par les voyageurs. Mais, après tout, il n'y
avait pas de remède, et Basile fit observer très judicieusement qu'il
fallait se résigner à s'en passer. D'ailleurs, on ne pouvait pas manquer de rencontrer bientôt les buffalos, et les chasseurs ne s'aperçoivent plus guère de toutes les autres privations lorsqu'ils ont en
abondance de délicieuses tranches de bosse de bison.

Les trois jeunes gens se réjouissaient fort en pensant que la région
des buffalos ne devait plus être éloignée, et espéraient qu'en continuant toujours vers l'ouest ils découvriraient bientôt les grands troupeaux de ces animaux. Ils résolurent d'agir avec prudence ; ils avaient
entendu dire que plusieurs parties de la prairie étaient presque entièrement dépourvues de gibier ; c'était l'occasion de ne pas négliger
la provision de bonne viande mise à leur disposition par la mort de
l'ourse : aussi s'arrêtèrent-ils au projet de la faire sécher et de la
charger sur Jeannette, en place du fardeau dont elle s'était débarrassée.

En conséquence, Basile et François se mirent à la découper, pendant que Lucien ramassait du bois sec pour allumer un grand feu.
Ils avaient l'intention de rester là jusqu'au lendemain, la préparation
de la viande d'ours devant leur prendre un jour entier.

L'ourse fut bientôt dépouillée et coupée en tranches, car c'est ainsi que l'on s'y prend pour sécher la viande et la mettre en état d'être conservée sans sel. Pour arriver à ce résultat, on se contente ordinairement de la suspendre sur des perches ou sur des cordes exposées à un soleil ardent. De cette manière elle sèche suffisamment en trois jours et ne court plus risque de se gâter. Mais nos aventuriers, ne voulant pas être retenus si longtemps, adoptèrent un autre mode de séchage, qui consistait à la suspendre au-dessus du feu.

Cette méthode est des plus simples. On creuse en terre un trou peu profond au-dessus duquel on dispose des branches vertes mises en travers parallèlement entre elles ; on remplit ensuite ce trou de cendre chaude et de charbon à moitié consumé, de manière à produire une grande chaleur. Les choses ainsi préparées, on étale sur les branches, comme sur un gril, des tranches assez minces pour être séchées et à moitié rôties du même coup. C'est là tout.

La viande ainsi préparée se conserve pendant plusieurs mois : ce moyen est employé par les Indiens et les chasseurs lorsqu'ils n'ont pas le temps de faire sécher régulièrement leur viande.

Le second ourson fut flambé et découpé en biftecks et en côtelettes sans être dépouillé, puis il fut rôti comme son frère, afin d'être prêt à être mangé tout de suite, car nos jeunes gens avaient l'intention de le servir à table quelques heures après.

Pendant que la viande séchait, Basile fit fondre une certaine quantité de graisse dans un petit chaudron, dernier débris qui leur restât de toute leur batterie de cuisine, et avec cette graisse d'ours, dont l'origine était incontestable, il frotta les jambes de la pauvre Jeannette, si maltraitées par les javalies. L'application de cet onguent soulagea beaucoup la malheureuse bête, qui depuis sa rencontre avec les cochons sauvages paraissait souffrir considérablement.

XX. — AVENTURE NOCTURNE.

Quand la nuit arriva, les jeunes chasseurs se couchèrent et s'endormirent auprès du feu. Comme l'air avait fraîchi tout-à-coup, ils avaient eu soin de s'étendre les pieds tournés du côté des branches allumées, ainsi que les chasseurs ont l'habitude de le faire quand ils se couchent près de leur feu de bivouac. C'est une excellente précaution, car, en général, quand les pieds sont chauds, tout le reste du corps conserve facilement sa chaleur ; mais lorsqu'au contraire on a froid aux pieds, il est presque impossible de dormir.

Dans le but d'entretenir incessamment le foyer de cendres nouvelles, ils avaient conservé toute la journée un grand feu dont le brasier pétillait encore. La viande était restée tout le jour sur les branches où on l'avait mise à sécher.

Nos jeunes gens n'avaient point pensé qu'il fût nécessaire de veiller à tour de rôle; dans leurs précédentes excursions de chasse au milieu des plaines marécageuses de la Louisiane, ils n'avaient pas pris cette habitude, et ne la regardaient pas comme indispensable. Le seul motif qui porte les voyageurs de la prairie à faire sentinelle pendant les longues nuits, est tout simplement la crainte des Indiens. Et à cet égard les trois frères avaient beaucoup moins d'appréhension qu'on ne pourrait le supposer, car il n'y avait encore eu dans les contrées qu'ils parcouraient aucune hostilité entre les blancs et les Indiens; et d'ailleurs Basile savait qu'en cas de rencontre avec les tribus indiennes, il portait avec lui un talisman qui devait servir de signe de reconnaissance et d'amitié.

Notre petite troupe s'endormit donc sans crainte et sans arrière-pensée; mais il y avait à peine une heure qu'ils se livraient aux douceurs du sommeil, lorsqu'ils furent éveillés par un grognement de Marengo. Ils se levèrent tous trois sur leur séant, et regardèrent avec inquiétude à travers les ténèbres. Mais ils eurent beau regarder, ils n'aperçurent rien d'extraordinaire. Autour d'eux, les grands troncs des arbres et les fils argentés de la mousse d'Espagne brillaient au reflet du feu qui brûlait encore. Plus loin, tout était sombre et silencieux. On n'entendait absolument rien; l'air n'avait pas un seul souffle, les arbres eux-mêmes se taisaient, on eût dit qu'ils étaient endormis. Seulement, sur leur cime, au milieu de leur feuillage, on entendait retentir le chant monotone de la cigale et le cri strident de la grenouille d'arbre (*hyloidea*). On distinguait aussi parmi les cris variés des animaux de nuit, le croassement du crapaud d'arbre (*hyla versicolor*), et du milieu des plantes aquatiques qui bordaient la source voisine, on entendait sortir le joyeux cricri du grillon des savanes (*hylodes gryllus*). Plus haut la petite grenouille verte, cachée dans le feuillage des chênes, faisait retentir les notes sonores de son chant semblable au tintement d'une clochette; mais tous ces bruits n'avaient rien d'extraordinaire : c'étaient les voix de la nuit, et nos chasseurs y étaient accoutumés depuis trop longtemps pour y voir un motif d'alarme. Seuls les cris de l'hyla étaient plus forts et plus répétés que de coutume; ils annonçaient l'approche d'une tempête, dont la sombreur du ciel était d'ailleurs un présage non moins certain.

Ce n'était aucun de ces bruits qui avait pu réveiller Marengo et provoquer le grognement sauvage qui avait effrayé les jeunes gens; aussi continuèrent-ils à prêter une oreille attentive, pour découvrir ce que ce pouvait être.

Sur le front sombre de la forêt se détachaient des points brillants, agités par un mouvement perpétuel; c'étaient des milliers d'insectes luisants, dont les lampes phosphoriques, plus brillantes encore que de coutume, annonçaient aussi par cet éclat l'arrivée prochaine d'une violente tempête.

Pendant que les jeunes chasseurs regardaient de ce côté, l'aspect de plusieurs autres lumières attira leur attention et les décida à saisir leurs armes en toute hâte.

Ces lumières étaient bien différentes de celles produites par les insectes; elles étaient situées beaucoup plus bas, et presque à ras du sol, de forme ronde, avaient une teinte verdâtre, et changeaint de place à chaque instant. De temps à autre, on les voyait s'arrêter, puis elles disparaissaient pour reparaître bientôt à quelques pas plus loin. Le nombre en était grand, et pour sûr ce n'étaient pas des mouches à feu.

Nos chasseurs ne s'y trompèrent point et reconnurent de suite dans ces lumières errantes des yeux d'animaux, de bêtes féroces; mais ils n'en pouvaient deviner davantage, tous trois ignoraient à quels animaux ils avaient affaire. Ce pouvaient être des ours aussi bien que des loups, des panthères aussi bien que des wolverènes. Ils parlaient bas, examinaient les amorces de leurs fusils, et se préparaient à tout événement. Eclairés qu'ils étaient par les lueurs mourantes de leur foyer, ils avaient dû nécessairement être aperçus par ces animaux; du reste Marengo eût suffi pour les faire découvrir, car il continuait à faire entendre de temps à autre le grognement sourd par lequel il avait l'habitude d'avertir de la présence d'un ennemi.

Tout d'un coup les yeux parurent se multiplier, et en même temps on entendit un chien pousser trois aboiements bien distincts. Mais était-ce bien un chien? Non, le hurlement long et plaintif qui suivit fit reconnaître qu'on n'avait point affaire à un chien, mais bien à un loup aboyeur (berking-wolf), le canis latrans des naturalistes.

Un moment après d'autres aboiements se firent entendre; puis d'autres et d'autres encore, jusqu'à ce qu'enfin le bois retentit de tous côtés de hurlements affreux. Ces cris ne semblaient pas provenir d'un seul endroit, mais au contraire venir de partout à la fois, et les enfants en regardant à travers les sombres percées de la forêt, distinguèrent de tous côtés des lumières en mouvement; ils se trouvaient être le centre d'un cercle d'yeux étincelants.

— Bah! s'écria Basile rompant enfin le silence, c'est une troupe de loups de prairies, nous n'avons pas besoin de nous en inquiéter.

Tous trois étaient désormais assurés, ils n'avaient rien à craindre en effet des loups de la prairie, car ces animaux, très féroces quand il s'agit d'attaquer un pauvre daim ou un bison blessé, redoutent la présence de l'homme, et s'enfuient lâchement quand ils lui supposent l'intention de les attaquer; ce qui arrive rarement du reste, car les chasseurs se soucient peu de perdre leur poudre et leurs balles sur ces animaux sans utilité pour eux. Ceux-ci profitent de ce dédain pour les suivre, et viennent souvent se mettre, sans aucun risque pour eux, autour de leur camp et à la portée de leurs fusils.

Le loup de prairie est beaucoup plus petit que tous ses congénères d'Amérique. Il a à peine la taille d'un chien basset, et est aussi rusé que le plus fin des renards anglais ; aussi est-il très difficile de le prendre au piége, et le moyen le plus sûr de s'en emparer, c'est de le forcer en le chassant à cheval avec des chiens.

La robe de cet animal fauve est mélangée de poils gris et blancs. Telle est du moins sa couleur la plus ordinaire ; mais, comme chez beaucoup d'autres animaux, on trouve sous ce rapport chez le loup de prairie de nombreuses différences. Sa queue est forte et touffue, noire au bout, et égale en longueur au tiers de son corps ; il ressemble au chien des Indiens de la prairie. Il est même probable que ceux-ci ne sont que des loups apprivoisés. On trouve cette espèce de loups dans toutes les régions situées entre le Mississipi et l'océan Pacifique, ainsi qu'au sud du Mexique. Ils chassent en troupes comme le chacal, et suivent à la piste le daim, le bison et les autres animaux dont ils cherchent à se rendre maîtres. Ces carnivores n'osent pas attaquer les bisons en troupe, mais ils se réunissent eux-mêmes en bandes pour suivre les troupeaux, et sitôt qu'un traînard se détache, jeune veau ou vieux mâle, peu importe, ils se jettent en masse sur lui et le mettent en pièces.

Ils suivent aussi les troupes de chasseurs et de voyageurs, prennent possession des camps abandonnés, et dévorent avec avidité les débris qu'ils y trouvent. Leur hardiesse va quelquefois jusqu'à s'introduire dans le camp pendant la nuit et à s'emparer des morceaux sur lesquels les chasseurs comptaient pour leur déjeuner du lendemain. Dans ces occasions la colère rend ordinairement le chasseur moins dédaigneux, il devient moins avare de sa poudre et de son plomb, et il poursuit ces voleurs déhontés jusqu'à ce qu'il en ait couché plusieurs sur le gazon.

Cette espèce de loup est sans contredit la plus nombreuse de toutes celles répandues en Amérique ; c'est pour cela même que cette famille, qui compte tant de bouches à nourrir et tant d'estomacs à satisfaire, compte aussi beaucoup de ses enfants condamnés à des jeûnes trop longtemps prolongés et trop souvent répétés. Quand ces animaux sont poussés par la faim, ils se décident à manger des fruits, des racines et des légumes, mais ils n'avalent ces substances qu'à la dernière extrémité et pour ne pas mourir d'inanition, car ils sont essentiellement carnivores.

Le nom sous lequel on désigne vulgairement cette espèce de loups leur vient de ce qu'on les rencontre surtout dans les grandes prairies de l'ouest, où l'on trouve aussi d'ailleurs toutes les autres espèces de loups américains. On les appelle aussi quelquefois loups aboyeurs

parce que, comme nous l'avons dit, les deux ou trois premiers sons
de leur hurlement ressemblent à l'aboiement d'un chien. Ce hurlement finit cependant d'une manière toute différente, et se termine
par un hurlement prolongé et extrêmement désagréable à l'oreille.

— Eh bien! dit Lucien en réponse à l'observation de Basile, je ne
suis pas fâché d'avoir affaire à des loups de cette espèce, nous n'a-
vons rien à craindre. J'avais peur que ce ne fussent nos amis les javalies qui s'imaginaient de nous rendre une petite visite.

— Malgré tout, dit Basile, la présence de ces messieurs n'a rien
d'agréable, et nous voilà forcés de veiller toute la nuit à la garde de
la viande, sans quoi ces maudits chacals ne nous en laisseront pas
miette pour demain.

— Tu as raison, reprit Lucien, mais nous n'avons pas besoin de
veiller tous à la fois; va donc dormir avec François pendant que je
ferai sentinelle.

— Non pas, répondit Basile, dormez plutôt toi et François, c'est
moi qui monterai la garde.

— Mes chers frères, dit François à son tour, je n'ai nullement envie
de dormir; laissez-moi faire le guet, et je vous promets de tenir ces
pillards à distance.

— Non, non, pas François, pas François! moi! moi! dirent en
même temps les deux aînés.

Il fallut cependant s'entendre, et l'on convint enfin que Basile
monterait la garde pendant une couple d'heures environ, jusqu'à ce
qu'il se sentît fatigué; alors il devait éveiller Lucien, qui se ferait
plus tard remplacer lui-même par François. Les choses ainsi réglées,
les deux plus jeunes frères se roulèrent dans leur couverture, tandis
que Basile s'assit à l'écart tantôt contemplant le feu, tantôt cherchant
à percer du regard les profondeurs de l'obscurité.

Lucien s'endormit bientôt, et malgré ses affirmations François ne
tarda pas à faire de même. Ils ronflaient comme des sabots. C'est
qu'en effet ils étaient fatigués, s'étant levés de bonne heure la veille,
et ayant travaillé toute la journée pour préparer la viande d'ours. Ce
fut grâce à cette disposition qu'ils purent trouver le sommeil au milieu d'un concert de hurlements capable de tenir en éveil le plus
déterminé buveur d'opium. Basile n'était pas moins las que ses
frères, et il éprouva bientôt combien il est difficile de résister au
sommeil lorsqu'on tombe d'envie de dormir.

Les yeux des loups continuaient à briller de toutes parts; mais
Basile n'était pas homme à s'en effrayer, il ne redoutait pas plus les
loups qu'un troupeau de lièvres. L'odeur de la chair d'ours avait sans
doute attiré ces gloutons de plusieurs milles à la ronde, et la bande
qui suivait nos chasseurs depuis quelques jours s'en était augmentée
d'autant. Basile, qui ne les perdait pas de vue, s'aperçut qu'ils de-
venaient plus hardis et qu'ils se rapprochaient à chaque instant de

lui. A la fin quelques-uns arrivèrent à la place assez éloignée du feu
où étaient demeurés les os de l'ours. Ils s'emparèrent de ces reliefs,
et Basile put voir malgré l'obscurité une quantité d'autres loups qui
s'élançaient de tous côtés pour partager la proie. Les os craquaient
sous leurs dents, et la masse mouvante se disputait en grognant les
restes du squelette. Ce fut bientôt fait. Les os furent nettoyés en un
clin d'œil; alors les loups les abandonnèrent, et s'éparpillèrent de
tous côtés comme auparavant.

Basile pensa que s'il ne voulait pas les voir arriver sur lui il fallait
attiser le feu. En conséquence, il se leva, et jeta quelques brassées
de bois sur les tisons enflammés. La flamme s'élança rapide et brillante, et vint se refléter dans une douzaine de paires d'yeux jaunes
braqués tout autour de lui. Cette circonstance continua à le tenir
éveillé pendant quelque temps; mais la fatigue l'emportant sur tout
autre sentiment, il reprit sa place auprès du feu, et commença à tomber dans une espèce d'engourdissement. Bientôt le sommeil alourdit
sa paupière, et sa tête retomba sur sa poitrine en s'inclinant molle-
ment de gauche à droite et de droite à gauche. Il faisait tous ses
efforts pour combattre l'envie de dormir, et chaque fois qu'il ouvrait
les yeux il remarquait que les loups se rapprochaient de plus en
plus de la provision de viande. Il aurait bien pu tirer sur eux et en
tuer ainsi quelques-uns; c'était un moyen de les tenir au moins
quelque temps à l'écart; mais il désirait épargner ses munitions, et
ne voulait pas troubler le sommeil de ses frères.

Comme il méditait sur la meilleure manière de se tenir éveillé, une
idée lui vint. Il se frotta les yeux, et se dressa aussitôt sur ses pieds
pour la mettre à exécution.

— Bah! se dit-il en appuyant son fusil contre le pied d'un arbre,
je crois que j'ai ce qu'il me faut, et je vais pouvoir dormir en dépit
de ces braillards! Comment n'ai-je pas pensé à cela plus tôt?

Tout en raisonnant ainsi il prit un lasso, et, s'avançant vers la provision de viandes sèches, plaça tous les morceaux sur un des bouts
de la corde, en fit un paquet bien serré, et jeta l'autre bout du lasso
par-dessus une branche; de manière que ce bout pendait de l'autre
côté, et pouvait être facilement atteint : alors il tira la corde, et le
paquet s'éleva en l'air. Basile le laissa suspendu à une dizaine de
pieds de terre en attachant à un tronc d'arbre l'extrémité libre du
lasso.

— Maintenant, mes bons amis, dit-il en s'adressant plaisamment
aux loups, vous pouvez rôder et hurler à pleine poitrine tant que cela
vous fera plaisir; mais vous ne me priverez pas de mon repos pendant cinq minutes de plus, je vous en donne ma parole. Ce disant, il
se recoucha et s'enveloppa dans sa couverture. Ah! ah! continua-
t-il en riant à la vue de plusieurs loups qui s'avançaient et regardaient en l'air le paquet de viande suspendu, ah! messieurs les loups,

vous comptez l'attraper, eh bien! je vous le souhaite! Là-dessus, bonne nuit!

Cinq minutes après notre homme ronflait aussi fort que ses frères.

Tout fin que Basile croyait être, il ne le fut pas dans cette circonstance autant que les loups, dont il se moquait. Ceux-ci voyant la sentinelle endormie s'approchèrent de plus en plus, avec une hardiesse toujours croissante. Bientôt une vingtaine d'entre eux se trouvèrent réunis à la place au-dessous de laquelle pendait le paquet de viande. Ils couraient de tous les côtés, et comme ils avaient le nez en l'air ils se jetaient souvent les uns sur les autres, mais sans faire de bruit cependant ni jeter un seul cri, dans la crainte de réveiller le dormeur. Quelques-uns, les plus vieux et partant les plus sages, s'assirent philosophiquement, les yeux fixés sur l'objet tentateur, mais sans faire aucun effort pour atteindre le paquet, qu'ils savaient bien être au-delà de leur portée. Quelques autres sautaient pour éprouver leur force; mais les plus agiles parvenaient seulement à approcher leur museau à quelques pouces de la viande, qui, de la sorte sentie de plus près, ne faisait qu'exciter encore leur féroce appétit. Un d'eux, le meilleur sauteur de la bande, finit à force de peine par attraper un petit morceau de viande qui pendait plus bas que le paquet. Sa victoire ne lui profita guère, car à peine il avait touché terre avec la viande entre les dents que les autres se mirent à sa poursuite, et lui donnèrent une chasse si violente qu'il fut forcé d'abandonner sa proie et de se sauver à toutes jambes. Ce premier succès enhardit les autres, qui recommencèrent à sauter de plus belle, mais sans aucun nouveau résultat.

Pendant ce temps, les plus vieux étaient demeurés assis. Leurs corps se reposaient, mais leurs cervelles travaillaient. Ils venaient de trouver une idée superbe. Quelques-uns d'entre eux coururent vers le tronc de l'arbre auquel le lasso était attaché, le saisirent avec leurs dents et se mirent à le ronger. Ce fut chose bientôt faite. Les dents aiguisées par la faim étaient tranchantes comme des rasoirs, et en moins de deux minutes la masse pesante tomba avec un bruit sourd sur les épaules de l'un d'eux, qui se mit à hurler de frayeur.

Marengo, qui avait été témoin de toute cette scène, aboya plus fort que jamais, et le tintamarre finit par réveiller nos trois dormeurs. Basile vit de suite de quoi il s'agissait; il se leva, prit son fusil et courut sur les loups suivi de Lucien et de François.

Ils s'élancèrent ensemble au milieu du sauvage troupeau, faisant feu tout en courant et frappant de droite et de gauche avec la crosse de leurs fusils. Les animaux effrayés prirent la fuite, et s'éparpillèrent dans toutes les directions. La perte se borna pour nos chasseurs à quelques lambeaux de viande que les fuyards emportaient dans leurs dents. Les pertes de l'ennemi furent plus considérables : deux loups furent tués à balle ; un troisième criblé de plomb par François fut pris et mis en pièces par Marengo.

On eut bientôt ramassé la viande. Basile, quoique un peu mortifié de l'insuccès de son expédient, ne voulut point cependant y renoncer. Il rattacha la viande avec le lasso, et la suspendit de nouveau ; mais cette fois il eut soin d'attacher l'extrémité du lasso à la plus haute branche de l'arbre, et comme les loups ne savent pas grimper, on se regarda comme certain d'avoir mis dorénavant la provision de viande hors de la portée de ces rusés coquins.

Aussi, après avoir remis du bois sur le feu, nos héros reprirent leurs couvertures, persuadés que rien ne viendrait troubler leur sommeil jusqu'au lendemain matin.

XXI. — LE CERCLE DE FEU.

Mais combien leur espérance était vaine ; ils ne savaient pas ce qui les attendait : ils étaient réservés à une épreuve bien autrement rude encore que celle par laquelle ils avient déjà passé.

Les loups continuaient à hurler autour du camp, et leurs yeux brillaient toujours dans l'obscurité ; mais cela n'eût pas été de nature à empêcher les enfants de dormir, si une autre voix bien différente de celle des loups n'avait attiré leur attention. Ils la distinguèrent au milieu des autres hurlements et la reconnurent facilement, car il était impossible de s'y méprendre. Cette voix ressemblait au cri d'un chat en fureur ; mais elle était à la fois beaucoup plus forte et plus stridente : c'était le rugissement du couguard.

Les jeunes chasseurs, comme je l'ai dit, le reconnurent aussitôt, car ces terribles accents leur étaient familiers pour les avoir entendus plusieurs fois dans les forêts de la Louisiane ; et bien qu'ils n'eussent jamais été exposés aux attaques de cet animal, ils avaient appris à redouter sa force et sa férocité.

Ce rugissement les effraya. Il n'y avait en cela rien d'étonnant, car il a plus d'une fois terrifié des hommes plus éprouvés que les fils du colonel Landi.

Au moment où ce cri frappa leurs oreilles pour la première fois, il semblait faible et éloigné, et n'était guère plus fort que le miaulement d'un jeune chat. L'animal était évidemment fort loin dans la forêt ; mais ils savaient que le couguard n'avait pas besoin de beaucoup de temps pour traverser l'espace qui le séparait encore de leur camp. Ils écoutèrent. Un second cri se fit entendre ; il était plus rapproché que le premier. Les trois frères se levèrent et écoutèrent de nouveau. Le troisième cri leur parut plus éloigné ; mais c'était le résultat d'une fausse appréciation de leur part : ils oubliaient que par suite de leur changement de position, leurs oreilles se trouvaient beaucoup moins rapprochées du sol.

Ils demeurèrent un moment immobiles et muets, en proie à la plus vive terreur, et incertains sur ce qu'ils avaient à faire.

Basile rompit le premier le silence.

— Montons à cheval, dit-il, et prenons la fuite.

— Mais, répondit Lucien, de quel côté irons-nous ? Ne courons-nous pas risque de nous jeter dans sa gueule ?

C'était assez probable ; car, par une illusion d'acoustique fort singulière, le cri du couguard, comme le rugissement du lion, paraît venir de tous les côtés à la fois, et rien n'est plus difficile que de juger d'après ce cri de la direction de l'animal qui l'a poussé. Cette illusion serait-elle le résultat de la peur chez celui qui entend ces cris ? C'est une question qui reste encore à résoudre.

— Quel parti prendre ? dit alors Basile. Monter sur un arbre ne nous servirait de rien, cet animal grimpe avec l'agilité d'un écureuil. Mais que faire ! voyons, Lucien, que faire ?

Celui-ci ne répondait rien, il paraissait réfléchir.

— Je me souviens, dit-il enfin, avoir lu que le couguard ne traverse pas le feu ; il en est ainsi de la plupart des animaux, mais il y a cependant des exceptions. Essayons toujours de ce moyen ; mais, chut, écoutez !

Nouveau moment de silence. Le couguard répétait son cri sauvage ; il était encore à une grande distance.

— Vous entendez, continua Lucien, il n'est pas encore près d'ici ; peut-être ne vient-il pas de ce côté. Le plus prudent est pourtant de nous préparer à le recevoir pendant que nous avons encore le temps. Allons, mes amis, essayons du cercle de feu.

Basile et François n'avaient pas besoin d'une plus longue explication ; ils avaient compris le dessein de Lucien, et les trois frères jetant bas leurs fusils, se précipitèrent au milieu des arbres et se mirent à ramasser le bois sec à pleines brassées. Heureusement il s'en trouvait en abondance près de là. Quelques arbres morts étaient tombés depuis longtemps, et leurs branches brisées en morceaux couvraient la terre de nombreux débris excellents pour faire du feu. Le grand foyer brûlait encore, il servit à allumer le reste ; aussi en quelques minutes un grand cercle de feux se touchant presque les uns les autres dardait de tous côtés des lueurs brillantes. Les enfants n'avaient pas perdu de temps, il y allait pour eux de l'existence, et ils durent s'applaudir de leur activité, car les cris du couguard, qu'ils avaient entendus par intervalles de plus en plus forts chaque fois, résonnaient maintenant sur la lisière de la forêt et dominaient tous les autres bruits de la nuit. Chose étrange, le hurlement des loups

avait cessé tout-à-coup ; ces animaux ne donnaient plus signe de vie,
mais un autre bruit se faisait entendre : les chevaux effrayés piéti-
naient avec fureur, et faisaient entendre des hennissements sourds et
plaintifs. Ce fut seulement alors que les jeunes gens se rappelèrent
les pauvres bêtes, que la présence du danger leur avait fait oublier ;
mais il était trop tard pour aller à leur secours, le couguard n'était
plus qu'à quelques centaines de pas du camp.

Tous les trois se placèrent en compagnie de Marengo au milieu du
cercle de feu. Par un hasard providentiel il ne faisait pas de vent, pas
un souffle, et la fumée, qui s'élevait verticalement, leur permettait
de respirer au milieu de leur retraite ardente.

Debout, et le fusil à la main, ils attendaient. Tout autour d'eux,
les feux flamboyaient en pétillant avec bruit ; mais les terribles accents du couguard, qui se rapprochaient sans cesse, couvraient l'explosion des nœuds du bois et le sifflement des gaz qui s'en échappaient.

Il n'était maintenant que trop facile de deviner de quel côté s'a-
vançait la bête féroce ; car, à travers les flammes et la fumée, les
eunes gens p uvaient distinguer son corps jaunâtre, semblable à
celui d'un chat géant, qui se mouvait autour de l'arbre où le paquet
de viande restait toujours suspendu. Pour comble d'horreur, les enfants ne tardèrent pas à s'apercevoir qu'ils avaient affaire non pas à
un seul couguard, mais à un couple de ces terribles animaux ; ils
rôdaient en se croisant autour de la viande, sur laquelle leurs yeux
demeuraient fixés avec un air de convoitise féroce.

Les chasseurs reconnurent alors la faute qu'ils avaient commise en
négligeant de couper la courroie qui retenait la viande. Dans ce cas,
les couguards, trouvant à leur portée une proie facile, l'auraient sans
doute dévorée et se seraient peut-être éloignés après avoir satisfait
leur appétit. Mais, hélas ! il était trop tard pour y penser.

Pendant quelques minutes, les deux bêtes féroces continuèrent
leurs évolutions les yeux toujours fixés sur l'objet tentateur qui pendait au-dessus d'eux. A plusieurs reprises ils s'élancèrent pour le
saisir ; mais leurs efforts n'aboutirent à rien, et ils durent y renoncer.
L'un d'eux monta alors sur l'arbre où l'on avait attaché le lasso ; ses
griffes grincèrent en s'accrochant à l'écorce, et l'arbre fut bientôt
escaladé. Il gagna rapidement la branche à laquelle pendait la viande
d'ours, et la secoua fortement à plusieurs reprises. A chaque nouvelle
secousse il regardait en bas pour voir si la proie tombait ; l'inutilité
de ses efforts le dégoûta bien vite, et il descendit sur la branche où
le lasso était attaché, la saisit dans ses griffes et l'agita violemment,
mais sans plus de succès.

Plus adroit que les loups pour monter à l'arbre, il n'avait pas leur
finesse de conception, sans quoi il lui eût été facile de faire tomber
la viande en coupant la corde avec les dents ; mais cette idée exigeait

un développement d'intelligence dont sa cervelle n'était pas douée apparemment. Aussi, après maints efforts inutiles, il descendit de l'arbre et revint à terre l'air très désappointé rejoindre son compagnon, qui, pendant tout ce temps, était demeuré simple spectateur.

Cette manœuvre avait employé près d'une heure. Pendant ce temps, les enfants placés au milieu du cercle de feu se trouvaient dans la position la plus difficile, car ils avaient fait leur cercle trop étroit, et la chaleur devenait plus grande à mesure que les branches se changeaient en charbons enflammés. Ils étaient déjà presque à moitié rôtis. La place qu'ils occupaient menaçait de devenir une fournaise ardente, dans laquelle ils seraient infailliblement consumés.

La fumée s'était en partie dissipée, et ils pouvaient suivre tous les mouvements des couguards; mais la chaleur terrible à laquelle ils étaient exposés devenait plus terrible pour eux que les animaux féroces. Peu s'en fallut qu'ils ne s'élançassent hors de leur cercle ardent pour livrer bataille à leurs ennemis. La sueur leur sortait par tous les pores, et leurs fusils leur brûlaient les mains comme des barres de fer rouge.

— Je ne puis pas supporter cela plus longtemps! s'écria Basile; faisons feu, et sortons de ce brasier. En avant! allons, en avant!

Lucien le retint.

— Patience, mon frère, lui dit-il, ils vont peut-être s'en aller.

Au moment où Lucien prononçait ces mots, les couguards, qui semblaient avoir renoncé à la viande d'ours, s'approchèrent doucement du feu. Ils marchaient lentement, comme un chat qui guette une proie. De temps à autre des sons étranges sortaient de leur gorge, semblables à la petite toux d'un poitrinaire. Quelquefois aussi ils faisaient entendre un autre bruit qui étonna bien plus encore nos chasseurs : ce bruit imitait le ronron d'un chat que l'on caresse; mais il était beaucoup plus prononcé, et si fort qu'au milieu du silence qui régnait alors dans la forêt, on aurait pu l'entendre à une très grande distance : ceux qui étaient tout près ne l'entendaient que trop.

Les deux bêtes féroces semblaient s'encourager l'une l'autre à s'approcher du feu, et continuaient à s'avancer lentement en rampant et en remuant la queue. Quand elles furent arrivées à quelques pieds du foyer, elles s'arrêtèrent, se baissèrent, et s'étendirent presque de tout leur long sur le sol : elles se préparaient évidemment à s'élancer. Leur aspect était de nature à inspirer de la crainte aux plus braves. Les lueurs ardentes du grand foyer tombaient en plein sur elles, et faisaient ressortir toute l'effrayante beauté de leur terrible personne. On voyait distinctement leurs griffes, leurs dents à moitié découvertes, et même l'iris brillant de leurs yeux étincelants. C'était, je vous le répète, mes amis, à faire dresser les cheveux sur la tête.

Nos héros les considéraient pourtant avec moins d'effroi : c'est que leur position devenait de plus en plus intolérable, et leur faisait envisager tout autre danger comme moins redoutable que celui du cercle de feu, fût-ce même les griffes d'un couguard.

— Je n'y tiens plus ! s'écria Basile, nous allons être entièrement rôtis. Vous, frères, chargez-vous de celui-ci ; je vais viser l'autre. Allons, vous y êtes ; attention... Feu !

Au même moment les trois coups partirent avec tant d'ensemble, qu'on n'entendit qu'une seule détonation, et les trois frères sautèrent par-dessus le rempart de feu.

On ne sut que plus tard ce qu'il était advenu des coups de fusil tirés par Lucien et François ; quant à Basile, il n'avait pas manqué le sien. Il avait blessé le couguard mâle, qui, au moment où nos jeunes gens sortaient du cercle embrasé, s'y élança furieux et s'y tordit bientôt dans les douleurs de l'agonie. Marengo se jeta sur lui, mais tout deux ayant roulé sur les cendres rouges, le chien en eut bientôt assez et courut rejoindre ses maîtres. Le couguard, abandonné à lui-même, cessa bientôt de s'agiter et demeura étendu sur le sol, mort selon toute apparence.

Mais qu'était devenu l'autre ?

Nos jeunes gens regardèrent de tous côtés et prêtèrent l'oreille ; un nouveau bruit venait éclaircir leurs doutes : c'était le piétinement et le hennissement des chevaux dominés par les cris de détresse de la mule Jeannette. Le bruit dura quelques instants, puis tout rentra dans le silence.

— Pauvre Jeannette ! pensèrent-ils, l'autre couguard l'a dévorée. Allons, il faudra nous passer d'elle.

Ils furent tenus éveillés jusqu'au jour par la crainte que le couguard ne revînt chercher son compagnon. La pluie, qui avait commencé depuis quelque temps, tombait par torrents et avait éteint les feux. Il était inutile de chercher à les rallumer, et ils se contentèrent de s'envelopper dans leurs couvertures en s'abritant de leur mieux sous les arbres.

L'aube parut enfin. Quelle ne fut pas leur surprise et leur joie en voyant Jeannette qui paissait tranquillement au bout de sa longe, ayant à côté d'elle le corps du couguard étendu mort à terre. La bête féroce avait été atteinte par les balles, mais ce n'était pas là, comme on put bientôt le constater, la cause de sa mort, car le corps était écrasé et avait les côtes brisées. La position dans laquelle l'animal fut retrouvé permit d'expliquer cette fin mystérieuse : il était étendu au pied d'un grand arbre contre lequel il avait dû être écrasé. Dans sa retraite il s'était sans doute précipité sur Jeannette, et celle-ci, en se débattant pour échapper à cette étreinte mortelle, s'était dans l'obscurité violemment jetée contre l'arbre. Le couguard s'était trouvé pris entre le tronc et la mule, et avait été étouffé et tué sur place.

Ce qui prouvait encore que les choses avaient dû se passer ainsi, c'étaient des empreintes de griffes laissées par la bête féroce sur la croupe et les épaules de Jeannette. Une blessure profonde à la gorge indiquait la place où les dents s'étaient enfoncées. Il était fort heureux pour la mule qu'elle eût heurté l'arbre en se débattant; autrement le couguard ne l'aurait lâchée qu'après avoir sucé tout le sang de ses veines. Car c'est ainsi que ces animaux s'y prennent toujours pour tuer leur proie.

Quoiqu'il fît alors grand jour, nos chasseurs fatigués d'une nuit passée presque tout entière sans sommeil, se seraient volontiers reposés; mais ils ne jugèrent pas prudent de le faire. L'endroit de la forêt où ils se trouvaient paraissait plein de bêtes dangereuses, et ils résolurent de lever le camp et de s'éloigner autant que possible de cette place avant la nuit. Ils se trouvaient en effet sur un cours d'eau bordé de bois, un des affluents de la Trinité, et comme à cette époque de l'année cette dernière rivière était débordée, tous les animaux sauvages, ours, couguards, loups, lynx et javalies, chassés des bas-fonds par l'inondation, erraient dans les forêts adjacentes, plus affamés et plus féroces encore qu'à l'ordinaire.

Après avoir sellé leurs chevaux et attaché sur le dos de Jeannette leurs peaux, leurs couvertures et leurs provisions de viande, nos trois aventuriers reprirent leur route vers l'ouest. Après quelques milles ils se trouvèrent sur la lisière des bois, et se lancèrent de nouveau sur la plaine sans bornes de la prairie.

XXII. — LA BUTTE.

La route suivie par nos jeunes chasseurs traversait un de ces charmants paysages que l'on ne rencontre que dans cette partie du Sud: *une prairie de fleurs.* Ils voyageaient littéralement au milieu des fleurs; de toutes parts, à droite, à gauche, devant, derrière, ce n'étaient que des fleurs, toujours des fleurs. Aussi loin que la vue pouvait s'étendre, on apercevait sur la prairie comme un riche tapis émaillé des plus brillantes couleurs. Les larges fleurs de l'hélianthe étalaient l'or de leur disque resplendissant, les mauves rouges se balançaient gracieusement au milieu des euphorbes et des lupins pourpres. Là se rencontraient encore les fleurs de l'althéa sauvage aux teintes rosées et le payot de Californie, dont les grosses fleurs se détachaient au milieu de la verdure comme autant de globes de feu, tandis que plus bas les modestes violettes cachaient à moitié dans les herbes l'azur de leurs pétales odorants.

Un soleil magnifique éclairait ce charmant tableau; la pluie de la nuit avait lavé les fleurs et semblait encore avoir ajouté à leur éclat et à leur parfum. Fleurs animées, des papillons voltigeaient par myriades au-dessus des fleurs où se reposaient délicieusement dans leurs calices embaumés. Quelques-uns de ces papillons avaient des proportions colossales, et étalaient au soleil de grandes ailes velou-tées, tachetées ou rayées de nuances aussi variées que magnifiques. La grande mouche-araignée volait aussi autour des fleurs, tantôt im-mobile sur ses ailes bourdonnantes, tantôt s'élançant d'un point à l'autre de ce jardin sans bornes. L'abeille et l'oiseau-mouche buti-naient le suc des fleurs, et de temps à autre des perdrix et des coqs de bruyère s'envolaient sous les pieds des chevaux. François parvint à tuer une paire de ces oiseaux, et les plaça derrière sa selle.

Nos voyageurs chevauchaient au travers de cette moisson de fleurs, et plus d'une corolle embaumée périt écrasée sous le sabot de leurs chevaux, qui parfois disparaissaient jusqu'aux épaules au mi-lieu de ces grandes tiges droites et serrées comme les épis d'un champ de blé. De temps en temps ils traversaient des champs d'hélianthe dont les larges disques, en frottant contre leurs jambes, les couvraient d'une poussière d'or.

C'était, je vous le répète, un magnifique paysage que nos jeunes chasseurs eussent beaucoup admiré en toute autre circonstance; mais la fatigue et le besoin de sommeil ne leur permettaient guère de jouir de cette vue délicieuse.

Le parfum des fleurs sembla d'abord les reposer et les rafraîchir; mais bientôt ils en furent comme enivrés, et sous l'influence narco-tique de ces odeurs ils se sentirent plus accablés et plus engourdis que jamais.

Ils avaient bien envie de s'arrêter et de dresser leur camp; mais il n'y avait pas d'eau, et sans eau point de campement. Il n'y avait pas non plus d'herbes pour leurs chevaux, car dans ces sortes de prairies l'herbe est excessivement rare; les fleurs prennent possession du sol, et ne laissent place à aucune autre végétation. Les voyageurs se virent donc forcés, en dépit de leur fatigue, de marcher jusqu'à ce qu'ils eussent rencontré de l'eau et de l'herbe, deux choses indispen-sables pour un campement de nuit.

Pendant dix milles ils continuèrent de la sorte; à la fin les fleurs commencèrent à devenir plus rares, et le jardin fit peu à peu place à la prairie proprement dite. Après deux ou trois autres milles, nos aventuriers se trouvaient sur le bord d'un petit cours d'eau, qui ser-pentait à travers la plaine entre deux rives complètement dépour-vues d'arbres, à l'exception de quelques saules. Ce fut avec une grande satisfaction qu'ils s'y arrêtèrent dans le dessein d'y passer la nuit. Ils mirent pied à terre, et leurs chevaux s'attaquèrent avec une sorte de rage frénétique aux grandes herbes au milieu desquelles on les avait attachés.

Nos trois héros tombaient de fatigue, et se fussent volontiers endormis; mais la faim les tourmentait au moins autant que le sommeil, et comme c'était là le premier besoin à satisfaire, ils se mirent à l'œuvre pour préparer leur souper.

Les saules étaient verts et brûlaient difficilement, mais la persévérance vient à bout de tout, et ils finirent par faire du feu. Les coqs de bruyère furent mis dans la marmite, et grâce à quelques oignons de prairie et à quelques navets sauvages ramassés par Lucien le long de la route, les deux volatiles formèrent un plat qui n'était pas du tout à dédaigner. La provision de viande d'ours fut respectée, sauf un petit morceau, qui avec les têtes et avec les autres abattis des coqs de bruyère formèrent le repas de Marengo.

Leur appétit satisfait, les chasseurs étendirent sur l'herbe leurs peaux de buffle, se roulèrent dans leurs couvertures et s'endormirent bientôt d'un profond sommeil. Cette nuit rien ne vint les troubler; ils entendirent bien avant de s'endormir les hurlements des loups qui vaguaient sur la prairie, dans le voisinage de leur camp; mais ils étaient accoutumés à ces sortes de sérénades et ne s'en inquiétaient guère. Aussi, tant que la nuit fut longue, dormirent-ils tout d'un somme.

Ils ne s'éveillèrent qu'à la pointe du jour, entièrement reposés de leurs fatigues passées. Leur premier soin fut de mener leurs chevaux à l'eau, puis ils s'occupèrent de leur déjeuner, qui se composait exclusivement de viande d'ours. En toute circonstance la viande d'ours forme une nourriture qui n'est pas sans mérite; mais pour des appétits comme les leurs, c'était un mets véritablement succulent. En moins de rien ils en eurent dévoré près d'une livre chacun. La gaieté était revenue; Marengo partageait la joie de ses maîtres, et semblait oublier les accrocs faits à sa peau par les couguards; Jeannette faisait comme tout le monde, et se trémoussait gaiement tout en broutant et chassant les mouches. Basile lui avait appliqué aux jambes une nouvelle couche de graisse d'ours, et les blessures faites par le couguard étaient en train de se cicatriser.

Comme on avait besoin de se refaire, il fut arrêté qu'on passerait le jour et la nuit suivante dans ce délicieux campement. Au matin, chacun se trouvant frais et dispos, on se remit en route et l'on atteignit, peu de jours après, les *cross-timbers* (bois de croix), célèbre massif d'arbres qui ont si longtemps mis en défaut la sagacité des naturalistes. On n'y voyait aucun indice du voisinage des bisons; aussi nos voyageurs ne s'y arrêtèrent que peu de temps, et continuèrent à marcher vers l'ouest, en traversant les nombreux cours d'eau qui vont se jeter dans le Brazos.

Trois jours après avoir quitté la région des cross-timbers, ils s'arrêtaient et dressaient leur tente sur le bord d'un petit ruisseau qui serpentait dans la prairie, sans aucun arbre sur ses rives ; mais nos voyageurs pouvaient se passer de bois pour faire du feu, ayant à leur disposition un combustible dont la découverte leur rendit les plus grands services pendant toute la marche de ce jour : c'était la plante désignée par les trappeurs sous les noms de *bois de vache* ou *copeaux de buffalos*. La présence de cette herbe indique presque toujours celle des buffalos eux-mêmes : qu'on juge s'ils étaient heureux !

Ils étaient donc enfin arrivés dans la région des bisons, et devaient s'attendre à les rencontrer d'un moment à l'autre.

Le lendemain, dès la pointe du jour, nos chasseurs se levèrent et jetèrent de tous côtés sur la prairie un coup d'œil interrogateur ; mais aucun bison n'était encore en vue. On ne voyait rien que le ciel et une vaste plaine verte dépouillée d'arbres, qui s'étendait jusqu'aux limites de l'horizon. Un seul objet venait sur un point briser le rayon visuel, c'était un de ces monticules ou éminences désignés dans la langue des chasseurs sous le nom de *buttes*. Cette butte, la seule qu'on pût apercevoir, paraissait située à dix ou onze milles du camp. Ses flancs escarpés se dressaient au-dessus du niveau de la prairie comme une falaise à pic s'élève au-dessus de la mer ; elle se trouvait placée juste sur le prolongement de la ligne suivie jusque-là par nos voyageurs.

— Si nous gagnions cette éminence ? se dirent-ils entre eux.

— Je ne vois rien de mieux à faire, ajouta Basile ; nous avons autant de chances de rencontrer les bisons de ce côté que de tout autre. Nous n'avons plus rien qui puisse nous guider ; il faut donc nous confier à notre étoile ; puisse-t-elle bientôt nous conduire à eux ou les amener à nous, ce qui à mon avis est tout-à-fait la même chose.

— Eh bien ! dit François toujours impatient, montons à cheval et gagnons la butte ; peut-être y trouverons-nous enfin ce que nous cherchons.

— Oui, mais si nous manquons d'eau là-bas ? fit observer le prudent Lucien.

— Cela n'est pas probable, répondit François, et je parierais qu'il y a de l'eau là-bas. L'eau se rencontre toujours au pied des montagnes, et cette butte-là me fait tout l'effet d'une véritable montagne, je suis sûr que l'eau s'y trouve en abondance.

— D'ailleurs, si nous n'en trouvons pas, dit Basile à son tour, nous serons toujours à même de revenir ici.

— Mes chers frères, fit doucement Lucien, savez-vous bien à quelle distance nous sommes de cette éminence ?

— Mais à dix milles, je pense, dit Basile.

— Oh ! tout au plus, ajouta François.

— Mettez-en trente, et ce sera bien juste encore, dit Lucien sans s'émouvoir.

— Trente milles ! trente milles ! s'écrièrent les deux autres. Oh ! Lucien, tu veux te moquer de nous ; on la toucherait presque avec la main, cette butte.

— C'est une illusion de vos sens abusés, répondit le jeune savant. Vous calculez ici la distance comme vous feriez dans l'atmosphère beaucoup plus dense de la Louisiane. Réfléchissez donc que vous êtes maintenant à près de quatre mille pieds au-dessus du niveau de la mer, et que l'atmosphère qui vous entoure est la plus pure et la plus transparente qu'il y ait au monde. Dans ces régions élevées la force de l'œil augmente, et la vue est ici double de ce qu'elle est sur les rives du Mississipi. Cette butte, que vous croyez tout au plus à dix milles d'ici, me paraît à moi éloignée de quinze, d'où je conclus qu'en réalité nous devons en être séparés par trente bons milles au moins.

— C'est impossible, s'écria Basile les yeux fixés sur la butte, je distingue les crevasses du rocher, et je crois même voir les arbres qui croissent sur son sommet.

— Eh bien ! continua Lucien, je parie malgré tout que tu reconnaîtras toi-même, avant qu'il soit peu, que je ne me trompe pas de beaucoup. Mais allons-y, puisque tel est votre désir. Je pense, comme François, que nous y trouverons de l'eau. Faites attention cependant qu'il nous faudra marcher toute la journée, et que nous devrons nous estimer très heureux si nous pouvons y arriver avant la nuit ; ainsi prenez vos précautions en conséquence.

La prudence de Lucien n'était pas exagérée ; au contraire, elle péchait en cette occasion par insuffisance : cela tenait à ce qu'il lui manquait encore l'expérience des prairies. Si lui ou ses frères en avaient eu davantage, ils y auraient regardé à deux fois avant de s'aventurer si témérairement en avant, en laissant l'eau derrière eux ; ils auraient su qu'entreprendre un long trajet sans la certitude de trouver de l'eau au bout du voyage, c'est courir un danger que les vieux chasseurs eux-mêmes se décident rarement à affronter. Ceux-ci connaissent par expérience le danger de se trouver sans eau au milieu de la prairie ; pour eux ce danger est plus redoutable que la rencontre de l'ours gris, de la panthère, du wolverène, ou même des Indiens ennemis. L'horreur de la soif est à leurs yeux la chose la plus à craindre.

Nos jeunes chasseurs n'éprouvaient cette crainte qu'à un faible degré. Ils avaient bien sans doute entendu parler des souffrances que le manque d'eau fait endurer aux voyageurs des prairies ; mais comme tous les gens qui vivent tranquillement chez eux entourés de sources, de puits et de cours d'eau, avec des citernes, des réservoirs, des canaux, des cuves, des bassins, des jets d'eau et des fontaines constamment en mouvement, ils ne savaient pas apprécier la mesure de ces souffrances, et peut-être étaient-ils, comme beaucoup d'incrédules, portés à ajouter peu de foi à des récits sur des choses passées en-dehors de leur observation, et qu'ils étaient tout disposés à traiter de chimères ou d'exagérations.

Combien de gens, qui croiront aisément que leur chat peut ouvrir avec sa patte le loquet d'une porte, que leur cochon peut apprendre à jouer aux cartes, et que leur chien peut accomplir une foule de merveilles supposant plus que de l'instinct; combien de gens, dis-je, secoueront la tête d'un air incrédule quand on leur dira que l'opossum échappe à ses ennemis en se tenant suspendu par la queue à une branche, que le bighorne franchit un précipice en se laissant tomber sur ses cornes, ou que les singes rouges savent faire un pont au-dessus d'une rivière en s'attachant les uns aux autres par l'extrémité de leur queue.

— Oh! c'est une absurdité, s'écrieront-ils, cela est trop extraordinaire pour être vrai.

Et pourtant s'ils comparaient ces choses aux tours que peuvent accomplir leurs chats ou leurs chiens, ou même les petits serins qui voltigent dans leur appartement, elles cesseraient de leur paraître étranges ou invraisemblables.

On accueille toujours avec défiance et incrédulité les choses qui viennent de loin ou de longtemps, tandis que les faits habituels, souvent bien plus étonnants, n'excitent ni la curiosité ni le doute. Qui pense maintenant à s'étonner des propriétés du fil électrique? cela est aujourd'hui reçu et partant semble une chose toute simple; cependant il fut un temps où on n'aurait pu proclamer cette vérité sans encourir la risée générale; il fut même une époque où la révélation d'une pareille merveille eût pu coûter la vie ou tout au moins la liberté. Qu'on se rappelle Galilée!

Je disais donc que les personnes qui ne sortent pas de chez elles ne savent pas ce que c'est que la soif, car le chez-soi est un lieu où l'on ne manque jamais d'eau; aussi ne peuvent-elles comprendre ce que c'est que de se trouver dans le désert sans cet élément nécessaire... Mais je le sais, moi, et c'est, je vous le jure, une terrible chose.

Nos jeunes chasseurs n'avaient qu'une faible idée de ces horribles souffrances. Jusqu'ici leur route ne leur avait fait traverser que des régions bien pourvues d'eau; ils n'avaient jamais parcouru plus de dix ou douze milles sans rencontrer quelques ruisseaux bordés d'arbres qui leur avaient indiqué de loin le lieu vers lequel ils devaient se diriger pour asseoir leur campement. Mais qu'ils connaissaient peu la nature du pays qui s'ouvrait maintenant devant eux! ils ignoraient qu'ils entraient dans les plaines désertes, les immenses steppes arides qui s'étendent jusqu'au pied des montagnes Rocheuses, ces Cordillères des Andes septentrionales.

François, téméraire et impétueux, ne pensait jamais au danger.

Basile, fort et courageux, le méprisait; Lucien seul avait quelques inquiétudes, non par timidité naturelle, mais parce que ses conversations ou ses lectures l'avaient instruit davantage à ce sujet.

Quoi qu'il en fût d'ailleurs de leurs sentiments à cet égard, ils désiraient tous trois également visiter l'étrange éminence poussée presque comme un arbre géant au milieu de la plaine; ce désir était naturel, et plus d'une fois l'Indien sauvage et le trappeur se sont détournés de leur route poussés par une curiosité semblable.

On fit donc boire les chevaux, on leur mit la selle, on chargea Jeannette, et nos trois aventuriers, la gourde bien remplie d'eau fraîche, sautèrent en selle et prirent le chemin de la butte.

XXIII. — CHASSE AU CHEVAL SAUVAGE.

— Il doit y avoir des bisons dans le voisinage, dit Basile en regardant à terre au fur et à mesure qu'il s'avançait vers la butte. Voici des herbes qui paraissent fraîchement tondues, il n'y a certes pas longtemps qu'elles ont été broutées; d'ailleurs regardez de ce côté, voici une route de bisons toute couverte de leurs empreintes.

En parlant ainsi, Basile montrait à ses frères une espèce de sillon creux tracé sur le sol de la prairie, et qui se prolongeait aussi loin que la vue pouvait s'étendre.

On eût pris ce sillon pour le lit desséché d'un cours d'eau, si des empreintes nombreuses de pieds de buffles imprimées sur le sol n'eussent indiqué, ainsi que l'avait dit Basile, que c'était une route de bisons conduisant sans doute à quelque rivière ou abreuvoir. Ce sillon était si profond, que nos voyageurs, qui s'y étaient engagés, avaient la tête au niveau du sol de la prairie. Il devait avoir été creusé par l'eau des grandes pluies, qui avaient eu toute facilité d'entraîner à la rivière la terre, d'abord pétrie et détachée par les sabots des bisons.

De temps en temps ces animaux suivent par milliers ces sortes de routes; ils les prennent quand ils émigrent à la recherche de nouveaux pâturages ou de cours d'eau, sachant par expérience qu'elles les y conduisent tout droit.

Nos chasseurs ne suivirent pas longtemps ce chemin creux; ils n'étaient pas certains qu'il les mènerait à l'endroit où étaient alors les bisons; et comme d'un autre côté ils voulaient visiter la butte, ils sortirent de la route pour se diriger vers ce dernier point.

— Regardez donc, dit tout-à-coup François, qu'est-ce que cela? Et en parlant ainsi il désignait à ses frères plusieurs trous circulaires où l'herbe de la prairie était couchée et foulée.

— Tiens! dit Basile, ce sont des puits à buffalos. En voici même qui sont tout frais.

— Des puits à buffalos! s'écria François. Qu'entends-tu par là, Basile, s'il te plaît?

— Comment, fit Basile, tu n'as jamais entendu parler de cela! Eh bien! ce sont des places où les bisons se couchent et se vautrent, comme font les chevaux et les bœufs de nos étables.

— Ah! c'est cela, dit François. Mais pourquoi se roulent-ils ainsi?

— Pour le coup, voilà ce que j'ignore. Mais demande à Lucien, il en sait peut-être plus que moi.

— Quelques-uns, dit Lucien prenant la parole sur cette interpellation, prétendent que le bison agit ainsi dans le but de se débarrasser des mouches et des autres insectes qui le tourmentent. D'autres, sans en chercher plus long, assurent qu'il fait cela pour s'amuser.

— Ah! ah! fit en riant François, ces bisons ont de singuliers amusements!

— Il y a encore, continua Lucien, une explication plus curieuse que tout cela. Certaines gens veulent que les bisons fassent ces trous pour que l'eau de pluie s'y amasse et qu'ils y trouvent de quoi boire à leur retour.

— Ah! ah! fit François en riant toujours de plus en plus fort, voilà, mes chers frères, ce que je ne croirai jamais.

— Je n'ai pas non plus la prétention de te le faire croire, reprit Lucien; cette hypothèse ne me paraît pas plus fondée qu'à toi, et je ne crois pas que le bison possède assez de prévision et d'intelligence pour prendre une pareille précaution; aussi je vous donne cette explication pour ce qu'elle vaut. Il est certain néanmoins que pendant les pluies ces trous s'emplissent d'eau; cette eau s'y conserve souvent pendant plusieurs jours, et les bisons qui rencontrent ces puits ne manquent pas de s'y abreuver. Il est donc vrai jusqu'à un certain point de dire que les buffalos creusent ainsi leurs puits eux-mêmes. Ces puits sont souvent utiles à d'autres animaux qu'à ceux qui les ont faits, et il est arrivé plusieurs fois que les trappeurs ou les Indiens perdus dans ces solitudes ont dû leur salut à ces singuliers réservoirs, sans lesquels ils seraient infailliblement morts de fatigue et de soif.

— Comme ils sont ronds! dit François, ce sont vraiment des cercles parfaits. Sait-on comment les buffalos s'y prennent pour leur donner une forme aussi régulière?

— Ils s'étendent à terre de toute leur longueur, et tournent sur eux-mêmes comme le ferait une roue de voiture sur son moyeu. A l'aide de leurs épaules voûtées, qui leur servent de pivot, et de leurs jambes, dont ils se font des leviers, ils tournent avec une grande rapidité et cela pendant des demi-heures entières sans s'arrêter. Nul doute qu'ils n'agissent ainsi pour se gratter, car, malgré l'épaisseur de leurs crins et la solidité de leur cuir, ils sont très incommodés par les insectes parasites ; il est probable qu'ils font aussi cela pour s'amuser, et qu'ils trouvent plaisir à cet exercice. Vous n'êtes pas sans avoir vu souvent des chevaux occupés de la sorte, ne vous ont-ils pas paru y prendre plaisir ?

— Oui, vraiment, dit François, et je suis très convaincu que les chevaux se roulent par goût.

— Eh bien ! pourquoi n'en serait-il pas de même pour les bisons ? Outre qu'ils sont enchantés de se débarrasser des insectes qui les rongent, ils éprouvent probablement une certaine jouissance à mettre leurs flancs échauffés en contact avec la terre fraîche. Il est vrai que cela n'est pas sans inconvénient pour leur toilette, et ils sont quelquefois si sales et si couverts de boue, qu'on ne saurait dire de quelle couleur est leur poil.

— J'espère pourtant bien, dit François, que nous ne tarderons pas à en rencontrer un avec une peau blanche, car c'est une peau blanche qu'il nous faut.

Tout en discourant de la sorte, nos jeunes chasseurs continuaient à s'avancer vers la butte. Ils avaient fait à peu près dix milles quand Basile, dont le regard perçant interrogeait toujours la prairie, poussa une brusque exclamation et arrêta son cheval sur place. Ses frères imitèrent son exemple.

— Qu'as-tu donc vu ? lui dit Lucien.

— Je n'en sais trop rien, répondit Basile, mais pour sûr il y a quelque chose là-bas, à l'extrémité de la prairie ; regarde au sud, ne vois-tu pas ?

— Oui, répondit Lucien, j'aperçois quelque chose qui me fait assez l'effet d'un bouquet de petits arbres.

— Non, ce ne sont pas des arbres ; il n'y a qu'un instant je voyais un de ces objets tout-à-fait séparé des autres, maintenant je ne l'aperçois plus ; si cet objet a disparu, c'est qu'il remue, et s'il remue ce ne peut être qu'un animal. Mais de quelle espèce ? voilà la question.

— J'espère que ce sont des bisons, dit François en se dressant sur ses étriers pour voir de plus loin ; mais son poney n'était pas de taille, et maître François ne pouvant rien voir, dut, par conséquent, se dispenser d'émettre son opinion sur cette importante question.

— Irons-nous à leur rencontre ? demanda Lucien en s'adressant à Basile.

— Je crois qu'ils viennent eux-mêmes de notre côté, répliqua ce dernier. Les voici maintenant qui paraissent occuper à l'horizon un espace plus grand. Cela tient sans doute à ce qu'ils sont plus rapprochés de nous. Seraient-ce, en effet, des bisons? Mais non, aussi vrai que je vis, ce sont des cavaliers, qui sait, peut-être des Indiens à cheval.

— Qui te porte à croire cela? demanda Lucien non sans quelque inquiétude.

— C'est que j'ai vu une ombre se dessiner entre le ciel et moi, et autant que j'ai pu en juger à cette grande distance, je crois que c'était la forme d'un cheval; mais, tiens, juge plutôt par toi-même : en voici une autre là-bas.

— Tu as raison, dit Lucien, c'est bien réellement un cheval; mais vois donc, il n'y a pas de cavalier; non vraiment, il n'y a personne sur son dos. Voici encore là-bas un autre cheval, il est sans cavalier comme le premier. Ah! j'y suis maintenant, ce sont des mustangs.

— Des mustangs! répéta François; à la bonne heure, voilà une fameuse rencontre!

On ne tarda pas à reconnaître que Lucien avait raison : c'était en effet un troupeau de mustangs ou chevaux sauvages. Basile, de son côté, ne s'était pas trompé en assurant qu'ils venaient de leur côté, car peu d'instants après on les aperçut très distinctement à la distance d'un mille au plus. Ils continuaient à s'avancer au galop. Ils étaient serrés les uns contre les autres comme une troupe de cavalerie; l'un d'eux, à quelque distance en avant, remplissait évidemment l'office de chef. De temps à autre un des mustangs sortait des rangs, courait un instant à part, puis bientôt rejoignait ses compagnons, avec lesquels il continuait sa marche.

C'était un beau spectacle que ces animaux s'avançant fièrement au galop en faisant résonner la terre sous leurs pas agiles et cadencés; on eût dit un escadron de cavalerie faisant une charge à fond de train.

Ce ne fut qu'à un demi-mille du groupe formé par les trois frères que les chevaux purent s'apercevoir pour la première fois de leur présence. Tout-à-coup le mustang placé en tête de la troupe s'arrêta brusquement, leva la tête en hennissant et demeura immobile. Les soldats imitèrent à l'instant l'exemple de leur capitaine. Celui-ci était toujours à quelques pas en avant, tandis que ceux qui le suivaient présentaient leurs poitrails alignés sur une même ligne, et formaient un front compacte comme un escadron de cavalerie en ordre de bataille.

La troupe demeura ainsi immobile pendant quelques secondes, puis le chef poussa un hennissement retentissant comme la note d'un clairon, fit un quart de tour à droite et partit au grand galop. Toute la troupe répondit à cet appel, et, tournant tout-à-coup dans la même direction, s'élança sur les pas de son chef. Cette manœuvre fut

exécutée avec une rapidité et une précision telles que l'on eût à
peine pu en exiger autant d'un régiment de cavalerie.

Nos chasseurs crurent que les chevaux étaient partis pour toujours, et qu'ils allaient leur fausser compagnie sans s'approcher davantage. Ils étaient très contrariés de ce départ, car ils avaient le
plus grand désir de voir de près ces nobles animaux.

Dans la crainte d'alarmer les mustangs, ils avaient eu soin tous
trois de mettre pied à terre et de se tenir en partie cachés derrière
leurs propres chevaux, qu'ils étaient obligés de maintenir fortement,
car ceux-ci se montraient fort effrayés par le bruit produit par le
galop des chevaux sauvages, semblable en effet à un tremblement
de terre.

Au bout de quelques instants les mustangs arrivèrent en face des
chasseurs et leur présentèrent le flanc. Ceux-ci s'aperçurent avec
joie que leur troupe ne s'en allait pas, mais continuait à galoper en
décrivant un cercle dont leur petit groupe formait le centre.

Ce cercle avait à peine un demi-mille de diamètre, et les mustangs
paraissaient se rapprocher peu à peu du centre. C'est qu'en effet ils
ne suivaient pas tout-à-fait la circonférence d'un cercle, mais décrivaient une courbe en spirale qui se rapprochait insensiblement du
point central.

Nos jeunes gens les voyaient alors distinctement; c'était un spectacle magnifique! La troupe se composait de deux cents chevaux environ, mais tous si différents de couleur qu'on eût eu de la peine à
en trouver deux semblables. Il y en avait de noirs, de blancs, de bais
et de rouans ; quelques-uns étaient bruns, d'autres alezans, d'autres
gris de fer, beaucoup étaient mouchetés et tachetés comme des chiens
de chasse. Tous avaient de longues queues et des crinières flottantes
dont les flots ondoyants agités par la rapidité de la course ajoutaient
encore à la grâce et à la beauté de leur aspect. C'était en vérité magnifique à voir, et nos jeunes chasseurs, tout en suivant des yeux
cette troupe mouvante lancée dans sa course circulaire, sentaient
leur cœur battre d'émotion.

Les regards des trois frères se concentrèrent bientôt sur un seul,
celui de la tête. C'est qu'aussi jamais rien de plus beau n'avait frappé
leurs yeux. Basile, pour qui un beau cheval était préférable à tout,
était presque en extase devant cette superbe créature. Et de fait il
avait de quoi admirer, car il eût été difficile de concevoir un animal
présentant un ensemble plus parfait. C'était le plus grand du troupeau, bien qu'il n'atteignît pas cependant la taille d'un cheval anglais. Son poitrail large et bien accusé, ses yeux à fleur de tête, ses
flancs arrondis, ses hanches bien marquées, ses jambes fines et rondes, ses sabots petits et bien faits, étaient autant d'indices de sa race.
C'était, à n'en pas douter, un arabe andalou descendant de ces nobles
coursiers qui avaient porté les premiers conquérants du Mexique. Un

amateur n'aurait pas pu demander à ses formes plus d'ensemble et de proportion, et Basile, qui en cela était un connaisseur émérite, avait tout d'abord exprimé son admiration.

Le mustang était tout blanc, blanc comme la neige des montagnes. Pendant qu'il galopait, ses naseaux ouverts et enflammés fumaient comme une fournaise, ses yeux étaient fixes, sa crinière s'agitait d'un côté à l'autre de son cou, s'étendant depuis la tête jusqu'au garrot, et sa longue queue flottait horizontalement derrière lui comme un panache de soie.

A la vue de cette noble créature, Basile se sentit pris d'un désir irrésistible, il pensait à s'en emparer coûte que coûte. Son propre cheval était incontestablement un des plus beaux qui eussent jamais porté la selle; mais Basile, en véritable amateur, ne pouvait voir un beau cheval sans le convoiter aussitôt, et jamais désir plus ardent ne s'était encore emparé de son âme. En quelques secondes ce désir devint de la passion, et atteignit un tel degré d'intensité que Basile eût donné tout au monde, Black-Hawk excepté peut-être, pour se rendre maître du cheval blanc de la prairie.

Mais, m'allez-vous dire sans doute, c'était pour Basile chose bien facile que de s'emparer de ce noble animal; n'était-il pas monté sur un cheval presque aussi rapide que le vent, et ne savait-il pas manier le lasso mieux qu'un véritable gaucho? Sans doute. Pourtant l'entreprise n'était pas sans de grandes difficultés, et Basile le savait bien. Il eût pu facilement atteindre un des chevaux de la bande et le prendre avec son lasso; mais capturer le chef, c'était une autre affaire; jamais coup pareil n'a été accompli sur les prairies, même par les Indiens. Basile l'avait entendu dire plusieurs fois, et pourtant il n'en était pas moins résolu à tenter l'aventure, confiant qu'il était dans la vitesse de Black-Hawk et dans la solidité de ses jambes.

Il communiqua son projet à ses frères en leur parlant tout bas dans la crainte d'effrayer les mustangs, qui s'étaient rapprochés de plus en plus et se trouvaient maintenant tout près d'eux. Lucien essaya de le dissuader, lui donnant pour raison que cela les éloignait de leur route et amènerait peut-être une séparation.

Basile n'était point en état de s'arrêter à ces objections.

— Ne craignez rien, dit-il, Lucien et François n'ont qu'à gagner la butte, je les y rejoindrai, peut-être même y serai-je avant eux. Mon cher Lucien, continua-t-il, n'ajoute pas un mot, ce serait peine perdue, il faut que j'aie ce cheval et je l'aurai, dussé-je pour l'attraper faire cinquante milles au galop.

Tout en parlant ainsi Basile s'approcha de l'étrier gauche de sa selle, prit son lasso à la main et se tint tout prêt à monter; Lucien comprit que tous ses avis seraient fort mal reçus et jugea que le mieux serait de se taire. François grillait du désir de suivre Basile, mais la petite taille de son poney rendait cette idée trop absurde pour lui donner aucune suite.

Les chevaux sauvages continuaient toujours leur manége de temps en temps; à un signal de leur chef ils s'arrêtaient court, tournaient sur eux-mêmes et demeuraient immobiles en faisant face au petit groupe. Ils restaient dans cette position pendant quelques secondes, la tête levée, regardant avec étonnement les usurpateurs inconnus de leur domaine; quelques-uns d'eux frappaient la terre du pied et soufflaient par les naseaux comme pour exprimer la colère, puis le chef poussait son hennissement sonore et tout le troupeau reprenait sa course en décrivant des cercles comme auparavant.

Ils arrivèrent ainsi à environ trois cents pas de la place occupée par les chasseurs; là ils s'arrêtèrent une dernière fois, et manifestèrent l'intention évidente de ne pas aller plus loin; ils se montraient au contraire disposés à fuir à la première alarme. Après une halte plus longue que les précédentes, ils reprirent enfin leur course et se mirent à décrire non plus une spirale, mais un cercle parfait, tournant autour des chasseurs comme si leur curiosité n'eût pas été entièrement satisfaite. Pendant leur dernière halte, ou du moins celle qu'il crut devoir être la dernière, Basile répéta à ses frères sa recommandation de se diriger vers la butte, puis il mit tranquillement le pied dans l'étrier et sauta légèrement en selle. Ce mouvement fit tressaillir les mustangs; mais avant qu'ils eussent pu faire volte-face le jeune chasseur avait donné de l'éperon dans le ventre de son cheval et avait déjà fait plusieurs bonds sur la prairie. L'impétueux jeune homme ne s'inquiétait pas du troupeau ni de la direction qu'il pouvait prendre, ses yeux ne voyaient que le chef blanc, sur lequel il se dirigeait au grand galop de Black-Hawk.

A la vue de ce mouvement imprévu, le chef du troupeau demeura un instant immobile et comme frappé de stupeur; mais revenant bien vite à lui-même, il fit entendre un hennissement tout différent de ceux qu'il avait poussés jusqu'alors, fit demi-tour à droite et partit au grand galop, suivi du reste de la troupe. Quand les derniers passèrent devant Basile, celui-ci n'en était pas séparé par plus d'une quinzaine de pas; quelques bonds suffirent pour diminuer encore cette distance, et il se trouva si près d'eux, qu'il aurait pu facilement lancer son lasso sur l'un d'entre eux. L'obligation où il fut de tourner pour suivre leur direction lui fit perdre un peu de ses avantages; mais il eut bientôt regagné sa distance, et donna de l'éperon en obliquant légèrement sur un des flancs du troupeau. Il ne voulait pas se jeter au milieu, cela pouvait être dangereux, ou tout au moins ne pouvait qu'entraver son élan; son but était de gagner la tête du troupeau, et de trouver un moyen de séparer le chef des autres chevaux. C'était en effet par là qu'il fallait commencer, et ce fut aussi pour atteindre ce résultat qu'il employa toute son énergie.

Les chevaux sauvages continuaient à fuir de toute la vitesse de leurs jambes, suivis par le hardi chasseur, lancé en apparence au hasard, mais dirigeant habilement la course de son cheval; son lasso pendait au pommeau de sa selle, il n'y avait pas encore touché, le moment de s'en servir n'étant point encore arrivé.

Les chevaux sauvages tenaient toujours le devant; mais l'intrépide chasseur se rapprochait de plus en plus. Déjà plusieurs milles le séparaient de son point de départ : quelques minutes lui avaient suffi pour disparaître à la vue de ceux qu'il avait laissés en arrière.

La troupe s'était disloquée; les mustangs ne couraient plus en ligne, mais se dirigeaient au hasard, chacun prenant la place que lui assignait le hasard ou plutôt la vitesse de ses jambes. Bien loin en avant de tous fuyait comme un météore le chef blanc comme la neige.

Les derniers mustangs furent bientôt dépassés. Chacun d'eux se détournait de la route et rebroussait chemin aussitôt qu'il voyait devant lui le grand cheval noir qui portait sur son dos l'étrange objet cause de leur terreur; tous l'un après l'autre finirent par être dépassés et distancés par Black-Hawk, et Basile n'eut plus devant lui que le cheval blanc, la prairie verte et le ciel bleu. Dans la rapidité de sa course, il ne prenait pas le temps de regarder en arrière; s'il eût tourné la tête, il aurait vu les mustangs éparpillés de tous côtés sur la prairie; mais peu lui importait, l'objet unique de ses préoccupations, la proie qu'il convoitait, était encore devant lui; et sans daigner jeter un regard aux fuyards, il appuya de nouveau l'éperon pour accélérer encore la course de son cheval.

L'éperon n'était cependant pas nécessaire, car Black-Hawk semblait comprendre que son honneur était engagé dans la lutte, et le noble animal déployait toute son énergie. De son côté le cheval sauvage jugeait que sa vie ou tout au moins sa liberté dépendait de son agilité, et l'instinct de sa conservation lui donnait des ailes.

En un mot, poursuivant et poursuivi couraient comme le vent.

Au moment où ils se trouvèrent séparés du troupeau, ils n'étaient pas éloignés l'un de l'autre de plus de quatre cents pas. Au bout de quelques milles franchis au galop, cette distance restait la même, ou du moins ne paraissait pas sensiblement diminuée. La direction qu'ils suivaient était aussi droite qu'un jet de flèche; il était évident d'après cela que le mustang avait l'habitude de confier son salut à la vitesse de ses jambes.

Dans une course de ce genre, l'avantage est ordinairement pour celui qui poursuit; car l'autre, toujours inquiet et sur le qui-vive, est entraîné à regarder souvent en arrière. Ce mouvement le rend moins sûr du terrain qui est devant lui, lui fait perdre l'attitude favorable à la vitesse, et le conduit quelquefois à butter; telle était la position du cheval sauvage : il ne bronchait pas, ses pieds étaient trop sûrs pour cela, mais de temps à autre il tournait la tête de côté, jusqu'à ce que son grand œil noir découvrît l'ennemi qui le suivait; cela retardait jusqu'à un certain point la vitesse de sa course, et ce n'était que dans ces moments, et grâce à ces circonstances, que Basile parvenait à gagner un peu sur lui. On doit penser que les preuves que le coursier donnait en cette occasion de ses qualités supérieures ne rendaient pas le jeune chasseur moins ardent à sa poursuite.

Si Basile gagnait du terrain, ce n'était que peu à peu et après une longue chasse. La distance qui les séparait était encore de deux cents pas au moins. Le jeune chasseur, cédant à l'impatience qui le dominait, enfonça de nouveau ses éperons dans le ventre de son cheval : il voulait tenter un dernier effort. On eût dit que le mustang avait compris l'intention de son ennemi, car il sembla fuir plus rapidement que jamais. Tout-à-coup Basile remarqua que cet animal, au lieu de suivre une ligne droite comme auparavant, paraissait aller de côté et d'autre et décrire une ligne brisée. Basile regarda à terre pour découvrir le motif de cette manœuvre, et ce ne fut pas sans étonnement qu'il s'aperçut que le sol était inégal et parsemé de petites éminences, qui se répétaient de distance en distance aussi loin que la vue pouvait s'étendre. Le mustang galopait maintenant au milieu de ces buttes, et telle était évidemment la cause qui lui avait fait prendre des allures si étranges. Basile avait à peine eu le temps de faire cette observation, que son cheval se déroba tout-à-coup sous lui, et tomba sur la prairie la tête la première.

Le cavalier fut lancé hors de la selle. Heureusement qu'il ne se fit pas beaucoup de mal et qu'il fut bientôt relevé. Black-Hawk se releva presque en même temps que son maître, mais demeura immobile, les flancs baignés de sueur et agités par la difficulté de sa respiration, qui les creusait et les gonflait tour à tour. L'arabe n'était plus en état de galoper. D'ailleurs, eût-il été tout frais, Basile comprit que la chasse était terminée. Les petites éminences qu'il venait d'observer couvraient la prairie à perte de vue, et le cheval sauvage, sans en paraître gêné, continuait sa fuite avec autant de rapidité qu'auparavant. Quand le chasseur se retrouva sur ses pieds, le fuyard était au moins à un quart de mille en avant. Ce fut alors qu'il fit entendre un hennissement éclatant, un véritable cri de triomphe : sa fuite avait été heureuse, il se sentait maintenant hors de danger.

Basile en fut vivement contrarié. Il comprit qu'une plus longue poursuite serait non-seulement inutile, mais dangereuse ; car, bien que ce fût la première fois qu'il vît ces petites éminences, il les connaissait pour en avoir entendu parler, et n'ignorait pas le danger d'une course rapide sur un pareil terrain. D'ailleurs la leçon ne s'était pas fait attendre ; car il venait à peine d'y entrer quand son cheval s'abattit, pour se relever heureusement sans fracture ni foulure. Il savait qu'un second accident du même genre pouvait lui être plus fatal, et il n'avait nulle envie de courir les chances d'une nouvelle chute ; il ne voulait pas risquer de perdre son cher Black-Hawk pour courir après le cheval blanc, même avec la certitude de l'atteindre. D'ailleurs, il n'y avait rien de moins certain que cette capture, et il pouvait très bien arriver au contraire qu'en s'obstinant à cette chasse il perdît son propre cheval au lieu d'en gagner un second, et alors dans quelle horrible position ne se trouverait-il pas? Sa chute avait un peu refroidi l'ardeur de ses esprits, et il se résigna d'assez bonne grâce à abandonner sa poursuite et à laisser le mustang s'enfuir tout seul. Ce ne fut pourtant pas sans un soupir de regret qu'après l'avoir suivi des yeux pendant quelques minutes, il vit dans un vague lointain le superbe animal se perdre comme un nuage blanc dans le bleu pâle de l'horizon.

Il fallait maintenant songer à rejoindre ses compagnons. Mais quelle direction prendre? Le jeune chasseur pour se guider chercha des yeux la butte où il leur avait donné rendez-vous ; et, à son grand étonnement, il la vit se dresser devant lui beaucoup plus près que quand il l'avait aperçue en compagnie de ses frères. Il avait galopé tout le temps vers ce point; mais sa préoccupation ne lui avait pas permis de s'en rendre compte.

— Lucien et François doivent être derrière moi, se dit-il, et ils ne tarderont guère à arriver. Je n'ai donc rien de mieux à faire que de les attendre.

Ce fut dans cette intention qu'il s'assit sur l'un des petits monticules en laissant son cheval errer en liberté.

XXIV. — LA CITÉ DES CHIENS.

Black-Hawk s'éloigna pour chercher de l'herbe, car elle était rare à cette place, et le peu qu'il y en avait avait été rongé jusqu'au ras de terre comme si des milliers de lapins avaient passé par là. Basile n'empêcha pas son cheval de s'éloigner, il le savait trop bien dressé pour prendre la fuite, et il était sûr de le faire revenir à lui au premier coup de sifflet. Il resta donc tranquillement assis tantôt les yeux tournés vers l'orient, tantôt essayant de tuer le temps en examinant les petites et singulières éminences situées du côté opposé. Il y en avait des milliers; elles couvraient littéralement la terre au nord, au sud et à l'ouest. De ces trois côtés l'œil ne découvrait pas autre chose; elles étaient en forme de cônes tronqués, et avaient à leur base trois pieds de diamètre et deux seulement à leur extrémité supérieure. Figurez-vous de très grosses taupinières. Près du sommet de chacune de ces buttes on voyait un trou rond comme ceux que font les rats : c'était l'entrée de la demeure; et bien que les côtés et les sommets de ces buttes fussent recouverts d'un gazon vert, qui faisait supposer que leur construction remontait à une date déjà éloignée, on ne voyait pas un seul brin d'herbe autour du trou que nous venons de signaler.

Les habitants de ces singulières demeures ne tardèrent pas à se montrer; ils avaient été d'abord effrayés par le bruit du galop des chevaux, et s'étaient cachés à leur approche ; mais, tout étant rentré dans le silence, ils s'aventurèrent à sortir. On vit d'abord un petit museau paraître à une ouverture, puis un deuxième, puis un troisième, puis encore un autre, jusqu'à ce que de chaque trou sortît une tête et deux yeux brillants qui regardaient au-dehors. Peu à peu les propriétaires de ces têtes devinrent plus hardis : ils quittèrent le seuil de leur porte, et ces étranges créatures finirent par se montrer par centaines. Leur robe était d'un brun tirant sur le rouge, à l'exception de la poitrine et du ventre, qui étaient d'un blanc sale. Leur taille était à peu près celle de l'écureuil gris commun. Ils tenaient à la fois dans leur ensemble de l'écureuil, de la belette et du rat, trois espèces d'animaux avec lesquels ils avaient certains rapports sans ressembler particulièrement à aucune d'elles. Ils appartenaient en effet à une classe d'animaux bien distincte, celle des marmottes connues sous la dénomination familière de *chiens de prairie* (*arctomys ludoviciana*). Leur queue mince et sans poil les distinguait complètement des écureuils; d'ailleurs leur corps n'avait ni la grâce ni la légèreté particulières à ces derniers.

En peu d'instants le sommet de chaque éminence se trouva garni de deux ou trois de ces animaux, car chaque demeure recélait plusieurs habitants; quelques-uns reposaient sur leurs quatre pattes, tandis que d'autres se dressaient sur leurs pattes de derrière seulement, et s'y tenaient debout comme des singes ou de petits ours, remuant la queue et poussant des jappements réitérés assez semblables au cri des petits chiens de carton qui servent de jouets aux enfants. Il faut que ce soit ce cri qui leur ait fait donner le nom de chiens de prairie, car ils n'ont d'ailleurs aucune ressemblance avec l'espèce canine.

Comme toutes les marmottes, dont la famille est très nombreuse, les chiens de prairie sont d'innocentes petites bêtes qui se nourrissent d'herbes, de graines et de racines; ils mangent très peu, et leur sobriété phénoménale est encore un sujet d'étonnement pour les naturalistes. Leurs grandes villes près des montagnes Rocheuses sont généralement situées dans des plaines arides et presque dépourvues d'herbe ; cependant on ne les rencontre presque jamais à plus d'un demi-mille de leur habitation. Comment donc des milliers de ces animaux trouvent-ils moyen de subsister avec la petite quantité d'herbe qui peut pousser dans des pâturages à la fois si peu fertiles et si peu étendus? C'est un problème qui est encore à résoudre. On n'a pas non plus encore expliqué le motif qui les détermine à choisir pour y fixer leur demeure les plaines desséchées de préférence aux prairies plus fertiles. Ces questions seront sans doute résolues plus tard par quelque savant historien observateur de la nature.

Basile remarqua non sans surprise que les marmottes n'étaient pas les seuls habitants de leur ville; d'autres créatures se trouvaient au même lieu, et semblaient également y être parfaitement chez elles : c'étaient des *hiboux blancs*, gros à peu près comme des pigeons, et d'une espèce que nos chasseurs n'avaient pas encore eu l'occasion de rencontrer. Ces oiseaux étaient ceux qu'on désigne sous le nom de *hiboux à terriers* (*strix cunicularia*) et qui diffèrent sous plusieurs rapports de leur cousin le hibou de nuit, habitant des ruines et des bois sombres. Ces petits hiboux s'avançaient silencieusement en s'aidant de leurs ailes ou restaient debout sur le faîte des taupinières, où de loin on pouvait les prendre pour des marmottes. Indépendamment des marmottes et des hiboux, on voyait encore d'autres créatures vivantes : c'étaient de petits lézards qui couraient avec agilité de côté et d'autre, et une autre bête hideuse également de l'espèce du lézard qui s'avançait en rampant entre les autres animaux; ce dernier animal était la grenouille à cornes (*agama cornuta*). Ce reptile était nouveau pour Basile, et ce ne fut pas sans un profond dégoût et même sans une sorte d'effroi qu'il aperçut son corps affreux couleur de terre moitié crapaud moitié lézard, avec des protubérances semblables à des épines sur la tête, le dos et les épaules. Là se trouvait aussi la petite tortue de terre (*cistuda*), se traînant sur le sol et regardant avec précaution par les ouvertures de son écaille en forme de boîte.

Mais la plus effrayante de toutes ces créatures était le serpent à sonnettes des champs, qu'on voyait enroulé sur lui-même, prenant un bain de soleil ou se glissant furtivement entre les monticules à la recherche de sa proie. Basile remarqua que cette espèce de reptile différait, tant par la forme que par la couleur, du serpent à sonnettes qu'il avait déjà vu; du reste il avait les mêmes allures et le même aspect repoussant : c'était le *crotalus tergeminus*, que l'on rencontre seulement sur les terrains verts et stériles habités par les marmottes de prairie. Basile ne put s'empêcher de faire une série de réflexions sur cette singulière réunion de créatures si variées. Était-ce une société d'amis, ou ne formait-elle pas plutôt au contraire une chaîne de destruction dont les anneaux faisaient leur proie les uns les autres? Il était difficile de les supposer tous amis : les marmottes se nourrissaient d'herbe, les lézards d'insectes et de grillons qui fourmillaient aux alentours. Cette nourriture suffisait aussi pour la tortue. Mais que mangeaient les hiboux et les serpents?

Ces questions embarrassaient Basile : il ne pouvait y trouver une solution satisfaisante ; cela le fit tout naturellement penser à Lucien, qui connaissait mieux que lui la nature et les mœurs de ces divers animaux. Sa pensée une fois ramenée vers Lucien et François, il commença à se préoccuper d'eux, car deux heures s'étaient écoulées, et ceux-ci ne paraissaient pas encore. L'inquiétude commençait à le gagner, et il allait partir à leur recherche, quand il aperçut du côté de l'est un petit groupe qu'il reconnut bien vite et à sa grande joie. Une demi-heure après les trois frères se saluaient mutuellement de leurs cris joyeux. Lucien et François voyageaient en toute hâte depuis le matin en suivant les traces de Basile : on peut juger par là de l'espace de terrain parcouru par celui-ci dans sa course effrénée. Les nouveaux venus virent d'un coup d'œil que le cheval sauvage avait échappé, et Basile les eut bientôt mis au courant en leur racontant en peu de mots sa chasse et la manière dont elle s'était terminée.

Comme le soleil commençait à baisser, et que la butte paraissait encore éloignée, on ne fit qu'une halte fort courte, juste le temps de manger un morceau de viande et de donner une accolade aux gourdes, qui, en raison de l'intensité de la chaleur, étaient déjà plus d'à moitié vides. De leur côté les chevaux et la mule commençaient à souffrir de la soif, il n'y avait donc pas de temps à perdre, et nos voyageurs se remirent en selle dans l'intention de continuer leur route.

François avait le premier enfourché son cheval.

— Voyons, dit-il, que ferons-nous? Traverserons-nous la cité des chiens, ou bien en ferons-nous le tour?

C'était en effet une difficulté. La cité des chiens, comme l'appelait François, se trouvait précisément entre nos voyageurs et la butte. Leur chemin direct était donc de la traverser, mais cette voie n'était pas sans inconvénient, les accidents étaient à craindre; pour les éviter, il fallait marcher doucement et faire des zigzags, ce qui devait retarder d'autant le moment de l'arrivée. D'un autre côté, tourner l'obstacle, c'était s'allonger de plusieurs milles, peut-être même de beaucoup plus, car les villes de chiens sont ordinairement disséminées sur un très grand espace de terrain.

— Prenons un peu au sud, dit Lucien ; peut-être de ce côté en trouverons-nous plus vite la fin.

Sur cet avis on tourna la tête des chevaux vers le sud, et l'on s'avança dans cette direction.

On chemina de la sorte sur la lisière de la ville pendant plus de deux milles sans en apercevoir le bout.

— Je crois, dit Lucien, que nous avons pris du mauvais côté; nous aurions mieux fait de tourner au nord, et maintenant il faut traverser : qu'en pensez-vous, mes amis?

Les deux autres y consentirent, car rien n'est plus désagréable que de se condamner à des détours et à des circuits, quand on a devant soi le but de son voyage. Ils tournèrent donc de nouveau le nez de leurs chevaux vers la butte, et la caravane se remit en route au travers des petites éminences. On n'avançait qu'avec prudence et lenteur. A leur approche, les petits chiens se sauvaient vers leur maison en remuant la queue et en aboyant contre les usurpateurs de leur demeure, puis on les voyait disparaître dans leurs trous. Lorsque la petite troupe s'était éloignée d'une centaine de pas, les marmottes reparaissaient en poussant un cri assez semblable à un accès de toux, de sorte que lorsque nos chasseurs furent engagés au centre de la ville ils entendirent de tous côtés un concert peu harmonieux d'aboiements aussi aigus que discordants.

Les hibous faisaient retraite devant eux comme les marmottes; ils s'envolaient sous le pied des chevaux, et allaient se poser un peu plus loin; puis, se croyant poursuivis, ils partaient de nouveau et allaient se poser plus loin encore pour se mettre hors de vue. Quelques-uns préféraient se cacher dans les terriers comme les marmottes; de leur côté, les serpents à sonnettes, les lézards et les agamas se réfugiaient aussi dans les trous. Ce qu'il y avait de plus singulier, c'est que tous ces animaux, marmottes, hiboux, serpents, lézards et agamas se réfugiaient souvent pêle-mêle dans le même trou, circonstance que nos voyageurs furent à même de constater plus d'une fois pendant le cours de leur trajet.

Tout naturellement la conversation roula sur les différents incidents du voyage, et Lucien ajouta quelques faits à ceux que Basile avait déjà observés.

— Si nous avions le temps, dit-il, de déblayer un de ces trous, nous verrions qu'ils descendent perpendiculairement jusqu'à deux ou trois pieds; ils prennent alors une direction oblique, et aboutissent à quelques pieds plus loin à une petite chambre, qui est la véritable demeure de la marmotte. Je dis la véritable demeure, parce que ces monticules coniques n'en sont à proprement parler que l'entrée; ils sont formés au moyen de la terre que la marmotte a retirée du fond en creusant sa chambre. Comme vous le voyez, cette terre n'est pas restée en tas irrégulier, comme celle qu'on rencontre aux abords des terriers de rats et de lapins. Les marmottes, au contraire, en font une construction très soignée et en battent la surface extérieure avec leurs pattes, de manière à la rendre ferme et unie, puis elles y laissent pousser l'herbe, afin d'avoir un revêtement extérieur capable de protéger leur demeure contre l'invasion de la pluie. Il est évident que ces animaux agissent ainsi avec connaissance de cause, et qu'ils montrent dans l'édification de leurs maisons autant d'intelligence que les castors. Les marmottes aiment à jouer et à se chauffer au soleil sur la petite plate-forme qui domine ces monticules; il est probable aussi qu'elles se servent de cette position élevée comme d'un observatoire, d'où elles peuvent apercevoir leurs ennemis et se ménager le temps de se mettre en sûreté.

— Mais, fit observer François, parmi ces monticules j'en aperçois plusieurs qui paraissent entièrement ruinés ; voyez là-bas, en voici plusieurs qui sont tout effondrés par la pluie ; d'où vient cela ?

— Les monticules que tu nous signales, répondit Lucien, sont ceux habités par les hiboux. Voici précisément un de ces oiseaux qui entre dans ce monticule là-bas. L'opinion généralement admise, c'est que les hiboux chassent les marmottes de leurs trous, et s'en emparent pour y établir leur propre demeure ; mais, comme vous le voyez, ces usurpateurs ne tiennent pas leur conquête en très bon état. Tous leurs besoins se bornent à un trou où ils trouvent de quoi s'abriter, aussi laissent-ils les ouvrages extérieurs dans un entier abandon. Si vous avez vu les hiboux chercher un refuge avec le chien dans le même trou, il faut mettre cela sur le compte de la frayeur causée par notre subite apparition, car les choses ne se passent pas ainsi à l'habitude : les marmottes ont leur domicile et les hiboux le leur ; et, comme je vous le faisais remarquer, ces derniers n'habitent que les trous en ruines.

— Les hiboux ne mangent-ils pas les marmottes ? demanda Basile. Les grands hiboux des bois mangent des animaux aussi gros que ceux-là ; j'en ai vu tuer des lapins à la nuit tombante.

— Les hiboux à terriers ne font pas de même, répondit le jeune naturaliste, ou du moins on le suppose, car, après avoir ouvert plusieurs de ces hiboux, on ne leur a trouvé dans l'estomac que des insectes tels que ceux que nous voyons sur la prairie. Pour mon compte, je suis assez porté à croire que dans l'occasion les hiboux ne dédaignent pas de faire un repas aux dépens des lézards et des grenouilles à cornes. Mais c'est une opinion à moi à laquelle je ne pourrais apporter aucune preuve, sinon qu'il est constaté que les animaux de cette espèce se nourrissent de ces reptiles.

— Et de quoi vivent les serpents à sonnettes, demanda François, que mangent-ils ?

— Ah ! répondit Lucien, c'est là l'embarras des naturalistes. Quelques-uns prétendent que ces reptiles sont les tyrans de ces petites républiques, et qu'ils dévorent les vieilles marmottes ; mais cela n'est guère admissible, par la raison que ces serpents ne sont pas assez gros pour les avaler. Quant aux jeunes marmottes, c'est autre chose, et on en a trouvé à plusieurs reprises dans l'estomac de ces reptiles.

— Oh ! alors, dit François, ils ne doivent pas jeûner, et je suppose qu'ils en prennent à leur aise ; s'ils mangent les jeunes marmottes, qui les empêche d'en tuer autant qu'il leur plaît, puisqu'ils peuvent entrer dans les trous aussi facilement que les marmottes elles-mêmes.

— C'est vrai, répondit Lucien, mais pas aussi agilement, à beaucoup près; peut-être aussi ces dernières ont-elles le moyen de leur échapper à l'intérieur. Le serpent à sonnettes rampe très lentement, et d'ailleurs ne frappe sa proie que lorsqu'il est enroulé autour d'elle. Il est peut-être plus difficile pour lui de s'en emparer dans ces galeries souterraines, et il ne serait pas impossible que les vieilles marmottes aient quelques moyens de défense pour elles et leurs petits contre les attaques de ces bêtes venimeuses.

Au surplus, on est assez mal renseigné jusqu'à présent sur le compte de ces marmottes. L'éloignement des pays où on les rencontre les place en-dehors de l'observation des naturalistes, et ceux qui les ont visités dans leurs villes n'ont pas eu le temps de les examiner avec tout le soin nécessaire. Ce sont des animaux timides et prudents qui se laissent rarement approcher à portée de fusil, c'est pourquoi on les tue rarement. De plus, la solidité et la profondeur de leur terrier rend leur capture très difficile; il faudrait un travail considérable pour creuser leur retraite, et on n'obtiendrait en retour que des peaux peu estimées et une chair peu succulente. Aussi, grâce à cette réunion de circonstances, sont-elles rarement attaquées par les chasseurs.

— Sont-elles mangeables? demanda François.

— Oui, répondit Lucien. Les Indiens sont même très friands de leur chair, et s'en régalent lorsqu'ils peuvent s'en procurer sans grande peine; mais il faut ajouter qu'ils sont peu difficiles dans le choix de leurs mets, et que toute créature vivante leur est bonne pour assouvir leur appétit.

— Pendant l'hiver, quand l'herbe vient à manquer, de quoi se nourrissent les marmottes? demanda François.

— Elles dorment alors, et tu connais le proverbe : *Qui dort dîne.* Elles se construisent dans leur chambre souterraine des nids fort curieux. Ces nids, faits d'herbes et de racines, sont de forme ronde, et les matériaux qui les composent sont si solidement entrelacés qu'on pourrait se servir de ces nids en guise de boule pour jouer aux quilles. Ce nid n'est percé que d'un petit trou, juste assez large pour y passer le doigt; encore la marmotte, après y être rentrée, a-t-elle grand soin de le refermer, en ne laissant que l'espace nécessaire pour donner passage à l'air dont elle a besoin pour ne pas étouffer. Ces animaux, comme leurs congénères des Alpes, passent l'hiver dans une sorte de sommeil ou plutôt d'engourdissement, et ce n'est que rarement et par accident qu'on les trouve pendant cette saison hors de leurs terriers.

XXV. — UNE NUIT DANS LE DÉSERT.

Tout en causant ainsi, les jeunes chasseurs continuaient leur route
en se tenant autant que possible à distance des monticules, de peur
que les pieds de leurs chevaux n'enfonçassent dans le terrain miné
par les marmottes. Ils avaient parcouru au moins cinq bons milles,
et cependant le village des chiens s'étendait encore à perte de vue
devant eux, et leurs aboiements se faisaient entendre de tous côtés,
tandis que les hiboux continuaient à s'envoler silencieusement et que
les serpents à sonnettes se glissaient en rampant dans les rues tor-
tueuses de la ville souterraine.

Le soleil était près de se coucher quand ils sortirent des limites de
la ville et pénétrèrent dans la plaine stérile et rocailleuse. Leur conversation prit alors un ton plus sérieux; leur pensée était devenue
plus triste. Ils avaient épuisé toute leur provision d'eau, car la chaleur et la poussière les avaient beaucoup altérés, et le liquide
échauffé de leur gourde les avait à peine soulagés; ils commençaient
à sentir les cruelles étreintes de la soif. La butte paraissait encore à
une grande distance, à dix milles au moins; qu'adviendrait-il si en y
arrivant ils n'y trouvaient pas d'eau? Cette pensée, jointe aux souffrances qu'ils enduraient déjà, les remplissait d'appréhension et de
terreur.

Basile comprit alors toute l'imprudence de sa conduite et combien
il avait eu tort de mépriser les sages avis de Lucien; mais il était trop
tard pour s'abandonner au regret, cette vaine ressource des gens qui
agissent à l'étourdie.

L'important était donc de gagner la butte aussi promptement que
possible, car la nuit venait à grands pas, et s'ils se laissaient envelopper par l'obscurité avant d'avoir atteint leur but, ils couraient
grand risque de marcher toute la nuit à l'aventure, sans savoir de
quel côté se diriger.

Sous l'influence de cette crainte, ils hâtèrent leur marche, mais
malheureusement leurs bêtes, fatiguées d'une longue course et
épuisées par la soif, ne pouvaient prendre une allure bien vive.

Ils avaient fait environ trois milles depuis qu'ils avaient quitté la
ville des chiens, quand ils se trouvèrent arrêtés à leur grande consternation par un nouvel obstacle. La prairie s'ouvrait devant eux
et formait une de ces larges crevasses que l'on rencontre souvent sur
les hauts plateaux de l'Amérique. C'était une *barranca* d'au moins
mille pieds de profondeur, d'une largeur à peu près égale, et dont
les bords étaient taillés à pic et hérissés de rochers aigus. Cette bar-

ranca traversait juste la route suivie par nos voyageurs, et s'étendait à plusieurs milles à gauche et à droite, tantôt en ligne droite, tantôt en décrivant des courbes et des zigzags. En arrivant sur ses bords, nos voyageurs comprirent d'un coup d'œil qu'il était impossible de la traverser. Ses flancs étaient, comme nous l'avons dit, coupés à pic des deux côtés et hérissés de rochers qui surplombaient au-dessus de l'abîme. Pas une seule goutte d'eau pour égayer l'horreur de ce sombre paysage; d'ailleurs quand il y en aurait eu, il leur eût été impossible de songer à l'atteindre; le fond du précipice était desséché et obstrué de fragments de rochers qui s'étaient détachés de ses bords.

Cette nouvelle difficulté prit nos voyageurs à l'improviste; ils ne s'y étaient point attendus, aussi échangèrent-ils entre eux des regards consternés, incertains du parti qu'ils devaient prendre.

Ils se consultèrent pendant quelques instants; suivraient-ils les bords de la barranca pour y découvrir un passage, ou plutôt ne feraient-ils pas mieux de revenir sur leurs pas, et de regagner le cours d'eau qu'ils avaient quitté le matin même. Ce dernier parti n'était pas rassurant, il y avait danger ou tout au moins perte de temps à traverser pendant la nuit la ville des marmottes; puis rien n'est décourageant en voyage comme de retourner sur ses pas, surtout quand, comme nos voyageurs, on a fait une aussi longue traite. Ce dernier moyen fut donc abandonné, et toujours persuadés qu'ils trouveraient de l'eau près de la butte, nos trois héros se résolurent à chercher le passage qui devait les conduire de l'autre côté de la barranca.

Ce fut dans cette intention qu'ils se remirent en route et suivirent le bord du précipice.

Ils prirent le côté qui leur parut conduire en amont, espérant ainsi atteindre plus tôt un endroit où la crevasse serait moins profonde. Ils firent ainsi plusieurs milles ayant toujours devant eux l'abîme béant avec ses rochers escarpés et sans rencontrer aucun indice de passage. Le soleil avait disparu, la nuit était maintenant noire et profonde; ils s'arrêtèrent, n'osant aller plus loin ni même retourner sur leurs pas, dans la crainte de rencontrer quelque angle saillant de l'abîme et de s'y précipiter, faute d'y voir, la tête la première. Ils descendirent de leurs chevaux et se laissèrent tomber sur la prairie accablés de fatigue et presque fous de désespoir.

Je n'essayerai point de vous dépeindre les angoisses de cette longue et terrible nuit. Ils ne purent trouver un moment de sommeil, car les ardeurs de la soif et l'incertitude de ce qui les attendait les tinrent éveillés pendant toute la nuit. Ils ne prirent même pas la peine de mettre leurs chevaux au piquet, car il n'y avait pas un brin d'herbe aux environs. Ils passèrent toute la nuit assis avec la bride dans le bras. Leurs pauvres chevaux souffraient comme eux de la faim et de la soif, et la mule Jeannette poussait de temps à autre un hennissement plaintif qui faisait peine à entendre.

Dès que le jour parut, ils se remirent en selle et continuèrent à suivre le bord de la barranca. Cette route les forçait à mille détours, et pour comble de terreur ils s'aperçurent que s'il fallait revenir en arrière ils ne pourraient reconnaître la direction de leur point de départ qu'en revenant peu à peu sur leurs propres traces. Le soleil entièrement caché sous les nuages ne pouvait leur servir à diriger leur course, et nos chasseurs n'auraient pas été capables de retrouver le ruisseau qu'ils avaient quitté la veille, quand bien même ils eussent eu la force de retourner jusque-là.

Tout en continuant à avancer, ils se consultaient sur ce qu'ils avaient de mieux à faire, quand ils rencontrèrent sur leurs pas une route de bisons qui traversait leur chemin. Elle était couverte de traces qui paraissaient toutes fraîches encore. Ils la saluèrent avec de joyeuses exclamations, persuadés qu'ils étaient qu'elle aboutissait à un endroit où il leur serait possible de traverser la barranca ; ils n'hésitèrent donc pas à y pénétrer, et se mirent à la suivre d'un pas déterminé en la descendant. Ils ne s'étaient pas trompés dans leur prévision. Cette route les mena en tournant au fond de la barranca, et les fit remonter du côté opposé sur la prairie, où ils eurent le bonheur de se retrouver bientôt sains et saufs.

C'était un premier résultat ; mais leurs souffrances n'étaient pas encore terminées, ils les ressentaient au contraire plus intolérables que jamais. L'atmosphère était plus échauffée que celle d'une fournaise ; le sol desséché et friable se soulevait sous les sabots de leurs chevaux en nuages de poussière qui les aveuglaient et les suffoquaient à la fois, et leur faisaient souvent perdre de vue la butte vers laquelle ils se dirigeaient. Malgré leur fatigue, il n'y avait pas à songer à faire halte, car le repos c'était la mort ; ils continuaient donc leur route, désespérés, à peine capables de se tenir en selle et même de se parler, car l'intensité de la soif leur avait presque ôté l'usage de la parole.

Le soleil était près de se coucher quand les trois voyageurs, épuisés, haletants, suffoqués et affaissés sur leur selle, atteignirent le pied de l'éminence. Il était temps ; les chevaux ployaient sous le poids de leurs cavaliers, et étaient près de s'abattre.

Les trois frères jetèrent autour d'eux des regards où se peignaient les sentiments contraires qui agitaient alors leur âme : l'espoir et la terreur.

La butte qu'ils avaient eu tant de peine à atteindre était une grosse masse grisâtre et hérissée de rochers présentant de tous côtés un aspect d'une sécheresse effrayante.

— Oh ! mes amis, s'il n'y avait pas d'eau !

Cette exclamation était à peine proférée, que la mule Jeannette,

qui jusque-là s'était traînée à l'arrière de la troupe, partit au galop
en poussant un hennissement sonore. Jeannette, je crois l'avoir dit,
était une vieille voyageuse des prairies, et en cette qualité flairait
l'eau d'aussi loin qu'un loup aurait pu sentir un bison mort depuis
huit jours

En la voyant faire, les autres animaux s'élancèrent comme elle, et
un moment après, la caravane tournait un angle du rocher et voyait
se dérouler devant elle un spectacle vraiment enchanteur : c'était
une pelouse verte avec de l'herbe et des saules, et au milieu un ruisseau d'eau claire et limpide.

XXVI. — LES ANTILOPES.

De l'eau ! comprenez-vous bien, de l'eau ! L'instant d'après, cavaliers, chevaux, mule et chien, tous étanchaient leur soif ardente
dans ce courant cent fois béni.

La butte était une de ces masses singulières que l'on rencontre
parfois au milieu du grand désert de l'Amérique. Ce n'était ni une
montagne ni même une colline ; elle différait par sa configuration de
l'une comme de l'autre ; c'était un vaste amas de terre et de rochers
aux flancs coupés à pic, et terminé au sommet par une surface plane
et unie. En un mot, c'était une de ces éminences que les Hispano-
Américains désignent sous le nom de *mesas* (tables), probablement à
cause du plateau qui les termine.

Ces sortes de monts sont le plus souvent argileux, et se rencontrent en assez grand nombre sur le haut Missouri et dans le vaste
désert qui s'étend au nord du Del Norte. On en rencontre quelquefois plusieurs placés l'un à côté de l'autre, littéralement côte à côte,
de telle sorte qu'on serait tenté de croire que leurs différents sommets, situés au même niveau, ont dans le principe appartenu à une
même surface, et qu'ils n'ont été séparés que plus tard soit par les
eaux de pluie, soit par toute autre cause, qui, en entraînant les terres,
n'ont laissé que des pointes isolées de rochers, reposant toutes sur
une même base. Ceux qui n'ont vu que des collines arrondies ou des
montagnes terminées par des pics aigus sont surpris par l'aspect de
ces monts élevés et plats qui constituent pour les géologues un sujet
d'études fort intéressantes.

Le sommet de celle au pied de laquelle se trouvaient nos trois
aventuriers présentait une superficie plane d'environ vingt à trente
acres, et ses flancs verticaux s'élevaient à près de deux cents pieds
au-dessus du niveau de la prairie environnante. Cette masse n'était
pas entièrement nue, on y voyait quelques pins clairsemés ; des

pignons et des cèdres rabougris sortaient des fissures des rochers, côte à côte avec des agaves, des palmiers yucca et des cactus, qui donnaient à l'ensemble un aspect des plus pittoresques.

Après avoir satisfait leur soif, nos voyageurs s'installèrent à cette place pour réparer leurs forces et celles de leurs animaux épuisés : c'était en effet de beaucoup le plus pressé ; ils avaient d'ailleurs autour d'eux les trois choses essentielles à leur campement : l'eau, le bois et l'herbe. Ils commencèrent par abattre quelques-uns des pignons qui croissaient au pied de la butte, et allumèrent un grand feu. Ils avaient encore de la viande d'ours séchée pour plusieurs jours ; à bien prendre, il ne leur manquait rien. Cependant ils s'aperçurent bientôt que la nature, toujours prodigue, avait mis jusque dans ces régions arides des arbres et des végétaux utiles à la nourriture de l'homme. Les pignons fournissaient leurs cônes farineux, les agaves offraient leurs racines succulentes, et les navets de prairie se trouvaient en grande quantité sur les bords du ruisseau. Ils rencontrèrent aussi une petite plante avec des fleurs blanches en forme de lis ; ils la reconnurent pour le *sego* des Indiens (*calochortus lutens*), dont les racines portent des tubercules gros comme des noix, excellents à manger quand ils sont cuits.

Lucien, qui connaissait toutes ces plantes, promit à ses frères pour le lendemain un dîner des mieux ordonnés ; pour le moment ils étaient trop accablés de fatigue et de sommeil pour s'inquiéter beaucoup du choix des mets. La viande d'ours suffisait à des estomacs affamés comme les leurs, et n'avait besoin pour être appréciée d'aucune espèce d'assaisonnement. Après s'être lavés dans le ruisseau pour se débarrasser de la poussière qui les couvrait, ils mangèrent leur frugal repas, et s'endormirent bientôt pour ne faire qu'un somme pendant tout le reste de la nuit.

On pourrait croire qu'après une marche aussi pénible ils se réveillèrent encore un peu fatigués ; il n'en fut rien cependant, et le lendemain matin les trouva frais et dispos · ce que Lucien attribua à l'influence bienfaisante de l'atmosphère à la fois sèche et légère ; et Lucien avait raison, car, quoiqu'ils fussent sur un sol aride, ils étaient cependant sous un des climats les plus sains du monde entier. C'est une vérité que pourraient certifier au besoin tant de malades attaqués de la poitrine, qui, entrés dans les prairies avec les pommettes rouges, et en proie à de fréquents accès de toux, en sont revenus, après un séjour de quelques mois, aussi forts et aussi bien portants que jamais.

Nos trois chasseurs étaient donc aussi vifs que des abeilles, et leur première pensée fut pour le déjeuner. Il s'agissait de le préparer. On ramassa d'abord une pleine casquette de noix de pignon, dont Lucien entendait parfaitement la préparation. Ces noix, ajoutées à la viande d'ours, constituaient un excellent déjeuner de chasseurs. En prévision de leur dîner, ils arrachèrent une certaine quantité de segos et de navets de prairie. Ils découvrirent aussi une espèce de mauve désignée en botanique sous le nom de *malva involucrata*, dont les racines longues et coniques ressemblent à celles du panais, tant par la forme que par le goût. Tous ces légumes furent mis dans la marmite avec la viande d'ours, et de la sorte nos gourmets eurent sur leur table jambon, navets, panais et yames; car la racine de segos, préparée de cette manière, se rapproche beaucoup, pour le goût, de l'yame ou patate douce (*convolvulus batatas*). On ne supposera pas, je pense, que nos jeunes aventuriers dînèrent immédiatement après le déjeuner. Un long intervalle de temps s'écoula entre les deux repas; ils l'employèrent à laver, nettoyer et mettre en ordre leurs hardes et leurs fourniments, car tout avait bien souffert de l'embarras des jours précédents. Tout en vaquant à ces diverses occupations, ils jetaient de temps à autre un regard interrogateur sur la prairie, mais sans rien voir qui ressemblât aux bisons; au surplus, ils se souciaient assez peu d'en rencontrer tout de suite, car leurs montures avaient besoin de se reposer et de se refaire avant de reprendre leurs pénibles travaux. Ces braves bêtes profitèrent de la halte au moins autant que leurs maîtres; il y avait sur les bords du ruisseau une grande quantité d'herbes nourrissantes, et il ne leur fallait, pour être heureuses, que de l'herbe et de l'eau claire. Il n'y avait pas jusqu'à Jeannette qui ne parût toute joyeuse d'être sortie des vastes forêts et de n'avoir plus à craindre ni la griffe des panthères ni la dent des javalies.

Longtemps avant la nuit nos jeunes gens avaient terminé tous leurs petits travaux : les selles, les brides et les lassos étaient complètement réparés et mis au sec sur le rocher; les fusils avaient été démontés, essuyés et nettoyés pièce à pièce, chien, platine et canon; les chevaux avaient été lavés au ruisseau, et les chevilles de Jeannette avaient reçu une nouvelle application de graisse d'ours; si cette fameuse pommade a, comme l'assurent les parfumeurs, la propriété de faire pousser barbe, cheveux et poil, il faut croire que le poil dut repousser promptement sur les jambes de Jeannette. N'ayant plus rien à faire, nos chasseurs s'assirent sur trois grosses pierres au bord du ruisseau, et se mirent à causer de leurs aventures passées et de leurs espérances à venir. Le fameux buffalo blanc, objet principal de leur expédition, ne fut pas oublié, comme on doit bien le penser. Leur esprit se reporta aussi avec attendrissement sur leur bon vieux père; ils se réjouissaient d'avance du plaisir qu'il aurait à entendre le récit de leurs aventures. Hugot eut aussi une part dans leur souvenir, et François rit de tout son cœur en se rappelant maints et maints tours qu'il avait joués jadis au brave petit brigadier.

Pendant qu'ils causaient de la sorte, leurs yeux furent attirés par quelques objets qui paraissaient sur la prairie.

— Ah ! s'écria François, quelle bande de loups !

Les loups se rencontrent à chaque pas dans ces contrées, et à ce moment même on en voyait plusieurs assis dans la prairie, à deux ou trois cents pas du camp. C'étaient ceux qui depuis plusieurs jours suivaient la marche de la petite caravane.

— Les animaux que nous voyons là-bas ne sont pas des loups, s'écria joyeusement Basile; cela vaut mieux, je crois que ce sont des daims

— Non, mon frère, répondit Lucien, ce sont des antilopes.

Ce renseignement fit lever Basile et François, qui coururent à leurs fusils. Basile était très désireux d'abattre une antilope, car il n'avait jamais eu l'occasion de tuer un seul de ces animaux, n'en ayant jamais rencontré, par l'excellente raison qu'ils ne fréquentent pas le voisinage du Mississipi. Par une singularité difficile à expliquer, les parages qu'ils préfèrent sont les déserts arides qui s'étendent au pied des Montagnes Rocheuses, région où l'herbe est rare et où l'eau manque presque absolument. C'est même le seul ruminant que l'on rencontre dans certaines parties de ces contrées. On le voit souvent si loin de l'eau, que quelques naturalistes assurent qu'il peut vivre sans cet élément indispensable. Ces naturalistes oublient sans doute que ce qui constituerait pour eux une énorme distance de l'eau n'est pour l'antilope qu'un parcours de quelques minutes, je dirai presque un temps de vol, car la course rapide de ce léger animal ressemble plutôt au vol d'un oiseau qu'au galop d'un quadrupède.

L'antilope a beaucoup de rapport avec le daim; cependant ce dernier animal manque de la vésicule du fiel, qui se trouve au contraire chez les antilopes, ce qui constitue une première différence. Il en existe une seconde dans les cornes; celles du daim sont formées d'une substance solide qui tient plus de l'os que de la corne véritable, tandis que celles de l'antilope se rapprochent beaucoup de celles du bouc. Tels sont les principaux points de dissemblance. Sous presque tous les autres rapports ces deux espèces se ressemblent. Les naturalistes prétendent qu'il n'existe qu'une espèce d'antilope dans l'Amérique du Nord, c'est celle qu'ils désignent sous le nom d'*antilope americana*, et que les chasseurs appellent *corne fourchue* (pronghorned). Lorsque la faune du Mexique sera mieux connue, je crois qu'on en trouvera au moins une autre.

C'est seulement dans les grandes prairies de l'ouest, dans ces déserts désignés par les Américains sous le nom intraduisible de *far west* que l'on rencontre l'antilope à cornes fourches. C'est de toutes les créatures vivantes la plus timide et la plus farouche, aussi le chasseur ne réussit-il à l'approcher que par ruse et à force d'adresse. Les Indiens qui se réunissent en troupe pour les chasser parviennent quelquefois à cerner tout un troupeau et à le pousser dans un marais; mais dans ces circonstances mêmes ces animaux trouvent dans leur agilité les moyens d'échapper à leurs ennemis. Cette chasse est si pénible et si fatigante qu'on s'y expose rarement, et ce n'est guère qu'à défaut d'autre gibier que les chasseurs se mettent à la poursuite de l'antilope; le procédé le plus facile pour s'emparer d'une antilope est de la forcer à se jeter à l'eau. Ses jambes grêles et ses pieds délicats en font un triste nageur; les Indiens mettent à profit cette particularité, et parviennent quelquefois à détruire des troupeaux entiers d'antilopes, pendant qu'ils sont en train de passer à la nage les grands cours d'eau des prairies.

Malgré sa timidité, l'antilope est aussi curieuse que notre mère Eve. Elle se décide souvent à approcher ses ennemis les plus dangereux dans le seul but de satisfaire sa curiosité. Nos chasseurs étaient destinés à assister à une singulière représentation de ce genre.

Basile et François avaient saisi leurs fusils, mais continuaient cependant à demeurer à leur place; il ne leur eût en effet servi de rien de s'avancer vers les antilopes, car il n'y avait pas même un bouquet d'herbes derrière lequel ils pussent s'abriter et échapper à la défiance de ces cauteleuses et timides créatures. Ils demeurèrent donc immobiles, espérant que ces animaux se dirigeraient du côté de la source et viendraient se livrer eux-mêmes. C'était bien pensé. Le troupeau, composé d'une vingtaine d'antilopes, s'avançait dans la prairie dans la direction de la butte. Elles marchaient sur une seule file, leur chef en tête, comme des Indiens sur leur sentier de guerre. Elles furent bientôt assez près pour permettre aux chasseurs de distinguer toutes les parties de leur corps, leur dos fauve, leur flanc et leur ventre blancs, leur crinière courte et droite, leurs jambes délicates et leur museau long et pointu. Ils apercevaient jusqu'aux petites taches noires placées en arrière de leurs joues, et d'où émane cette odeur désagréable qui leur est commune avec le bouc ordinaire. C'est à cause de cette odeur sans doute que dans leur langage rude et ennemi de toute périphrase, les trappeurs désignent ordinairement sous le nom de boucs ces animaux si gracieux.

Nos jeunes chasseurs, qui s'étaient cachés derrière un bouquet de saules, purent observer à leur aise toutes ces particularités. Ils remarquèrent aussi qu'un seul de ces animaux était porteur de cornes; c'était celui de devant, un mâle leur guide et leur chef de file, tous les autres étaient des femelles ou des jeunes. Les antilopes en approchant ne parurent point faire attention aux chevaux, qui broutaient dans la plaine à quelque distance de la direction qu'elles suivaient. Elles les prenaient sans doute pour des mustangs, et, les considérant comme des amis, ne s'inquiétaient nullement de leur présence.

Elles arrivèrent enfin auprès du ruisseau à l'endroit même où il débouchait sur la prairie. Cependant au lieu d'y descendre pour y boire elles se mirent à remonter vers sa source avec l'intention évidente de se procurer une eau plus pure et plus rafraîchissante. Pendant ce temps nos jeunes chasseurs, toujours cachés au milieu des saules, ne perdaient pas un de leurs mouvements, et tenant toujours leur fusil à la main, étaient bien déterminés à s'en servir aussitôt que le troupeau se trouverait à bonne portée.

Les antilopes approchaient toujours, et déjà ne se trouvaient plus qu'à trois cents pas des chasseurs, quand tout d'un coup ceux-ci virent le chef de file couper brusquement à droite et prendre une direction diamétralement opposée à l'eau.

Pourquoi ce mouvement? En regardant dans la nouvelle direction suivie par le troupeau, on apercevait à terre plusieurs objets velus, de couleur fauve, d'assez vilain aspect, et qu'on eût pu prendre de loin pour des renards endormis. Ce n'en était pas cependant, c'étaient des animaux plus rusés peut-être encore, des loups de prairie parfaitement éveillés, et qui ne feignaient le sommeil que pour tromper la défiance de la proie qu'ils convoitaient. Par surcroît de précaution ils s'étaient couchés sur le gazon, et tenaient leur tête si complètement cachée sous leur queue touffue, qu'il fallait les connaître de longue main pour déterminer à quelle classe d'êtres ils appartenaient; mais leur ruse n'était pas de nature à tromper nos jeunes gens, qui reconnurent en eux, au premier coup d'œil, les loups qu'ils avaient remarqués sur la prairie quelques instants auparavant. Ils étaient en tout une douzaine couchés en file, et si rapprochés les uns des autres que leurs corps se touchaient et paraissaient former une suite non interrompue d'objets réunis. Ils gardaient l'immobilité la plus complète.

C'était ce groupe qui avait attiré l'attention du chef du troupeau d'antilopes, et maintenant l'animal curieux se dirigeait directement de ce côté.

Très désireux de voir le dénoûment de cette rencontre, nos chasseurs continuèrent à se tenir cois derrière leur rideau.

Toutes les antilopes avaient imité le mouvement opéré par leur chef, et le suivaient dans la nouvelle direction comme des soldats marchant sur une seule ligne.

Elles s'avançaient doucement le cou tendu et les yeux fixés sur les objets étranges qui étaient devant elles. Quand elles ne furent plus qu'à une centaine de pas des loups, le chef de file s'arrêta et renifla l'air. Immédiatement les autres imitèrent son exemple ; mais comme les loups s'étaient placés sous le vent, la finesse d'odorat particulière aux antilopes ne put en cette circonstance leur servir de rien ; elles avancèrent donc encore quelques pas, s'arrêtèrent de nouveau, reniflèrent comme la première fois, puis se remirent en marche. Cette manœuvre fut répétée à plusieurs reprises dans l'espace de quelques minutes : il était évident que la crainte et la curiosité se livraient combat dans le sein de ces animaux. Tantôt c'était la crainte qui prenait le dessus, et l'on voyait les antilopes trembler et tressaillir comme au moment de prendre la fuite ; tantôt c'était la curiosité qui l'emportait à son tour, et un nouveau pas en avant était la conséquence de ce triomphe momentané.

Les charmantes bêtes avancèrent de la sorte jusqu'à ce que la tête du chef se trouva seulement à quelques pas des loups, qui pendant tout ce temps continuaient à demeurer immobiles comme un chat qui guette une souris. On ne voyait remuer aucune partie de leur corps, à l'exception des longs poils de leur queue, que le souffle de la bise agitait légèrement ; mais ce petit mouvement n'avait rien d'effrayant et ne faisait au contraire qu'exciter plus vivement la curiosité des antilopes.

Tout-à-coup le chef du troupeau parut être pris d'un accès d'audace : c'était un vieux mâle, que pourrait-il avoir à craindre, agile et vigoureux comme il était, de créatures qui paraissaient incapables de se mouvoir, et qui ne présentaient aux yeux ni tête, ni dents, ni griffes ? Bien certainement c'étaient des objets inanimés, et il se proposait de décider la question en faisant un dernier pas et en posant le nez sur un d'eux.

Probablement qu'il obéissait aussi à un certain sentiment d'orgueil et de vanité, et qu'il éprouvait le besoin de faire admirer son courage aux antilopes qui le suivaient, et qui pour la plupart étaient des femelles. Il ne pouvait pas se montrer poltron en leur présence, et, bien déterminé à une rodomontade, il s'approcha courageusement jusqu'à ce que son museau pointu vint toucher le poil d'un des loups.

Celui-ci, qui sous le voile de sa queue n'avait pas cessé de l'observer, et qui n'attendait que cette occasion, fut aussitôt sur ses pattes et s'élança à la gorge de l'antilope. Ses camarades se découvrant au même instant suivirent son exemple ; un moment après, le pauvre mâle gisait sur le sol, et était déchiré à belles dents par toute la bande vorace.

Le troupeau effrayé se débanda et prit la fuite dans toutes les directions. Quelques antilopes passèrent auprès des chasseurs, mais elles filaient en bondissant avec une rapidité telle que pas un coup ne porta. La triple décharge eut pour effet d'exciter encore la fuite du troupeau, et quelques instants après toutes les antilopes avaient disparu, à l'exception du chef, qui avait payé pour toutes, et qui finissait d'expirer sous la dent meurtrière de ses cruels ennemis.

— En tout cas, dit Basile en désignant le mâle, en voilà un qui ne nous échappera pas ; chargeons nos fusils, et après avoir laissé aux loups le temps de le tuer tout-à-fait, dispersons ces affreux pillards.

— Grand merci à eux, ajouta François ; sans la ruse de messieurs les loups, nous n'aurions peut-être pas eu de venaison fraîche pour notre souper; après tout, ils nous devaient bien cela : nous leur avons été assez utiles pendant notre voyage, ils peuvent bien nous rendre au moins une fois la pareille.

—En ce cas, dit Lucien chargeant les loups avec ses frères, dépêchons-nous d'intervenir, car du train qu'y vont ces gloutons, ils auront bientôt mis notre gibier en pièces; regardez plutôt.

A ces paroles de Lucien, tous les yeux se tournèrent du côté des loups; ceux-ci se précipitaient sur le corps de l'antilope tantôt en masse, tantôt les uns après les autres; leurs mâchoires étaient déjà teintes de sang, et leur queue s'agitait en tous sens par un mouvement aussi rapide que répété. Les chasseurs se dépêchèrent de recharger leurs fusils, craignant, comme Lucien l'avait dit, que les loups n'endommageassent leur gibier. En moins d'une minute les balles étaient dans les canons et les capsules sur les cheminées. Cela fait, ils s'élancèrent à la course. Marengo les précédait le cou tendu, la gueule béante et prêt à livrer bataille à toute la bande.

Ils n'étaient guère séparés des loups de plus de quatre cents pas; quand ils se virent à bonne portée de fusil, ils s'arrêtèrent tous trois, mirent en joue et firent feu en même temps. La triple décharge eut un succès complet; deux loups roulèrent sur le gazon, les autres lâchèrent leur proie et s'enfuirent à toutes jambes à travers la prairie. Les jeunes gens s'approchèrent. Marengo sauta sur un des loups blessés et l'étrangla, l'autre fut achevé à coups de crosse de fusil.

On chercha l'antilope, mais ce fut en vain; on ne voyait plus à la place où était tombée la pauvre bête que quelques lambeaux de peau déchiquetée, une tête cornue, des côtes dénudées et des os à moitié rongés. C'était tout ce qui restait de l'antilope à cornes fourchues. Quelques minutes avaient suffi pour anéantir le charmant animal qui peu d'instants auparavant bondissait sur la prairie tout fier de sa force, de sa grâce et de sa légèreté.

Les chasseurs contemplèrent ces restes avec désappointement et même avec chagrin; car, bien qu'ils eussent de la viande d'ours en quantité suffisante, ils avaient compté pour leur souper sur une pièce de venaison fraîche, et au lieu de cela ils ne trouvaient que des morceaux dégoûtants, souillés de terre et de bave, et dont il était impossible de tirer aucun parti.

Il fallait être Marengo pour oser mettre la dent dans de pareils reliefs; aussi nos chasseurs revinrent tristement au camp, et reprirent leurs places sur leurs pierres, laissant le brave chien s'accommoder des restes dédaignés par ses maîtres.

XXVII. — LA CURIOSITÉ PERD LES... ANTILOPES.

Ils y étaient à peine depuis cinq minutes, que leur attention fut de nouveau attirée sur la prairie. Un second troupeau d'antilopes était en vue. Tout extraordinaire que cela pût paraître, cela était cependant. C'étaient réellement des antilopes qui, comme les premières, se dirigeaient vers la source. Ce n'était pas le même troupeau; il n'y avait pas à s'y méprendre, car cette nouvelle bande était beaucoup plus nombreuse que la première, et l'on y voyait plusieurs mâles, reconnaissables à leurs cornes fourchues.

On chargea de nouveau les fusils, et l'on rappela Marengo, qui aurait pu effrayer ces animaux.

Ce sécond troupeau marchait comme le premier sur une seule file et sous la conduite d'un mâle de haute taille; il comptait trente têtes au moins. Il était évident que les antilopes, après avoir pâturé toute la journée sur quelque plaine éloignée, se dirigeaient maintenant vers l'eau avec l'intention de s'y désaltérer avant de prendre leur repos de nuit.

A cinq ou six cents pas de la source, les antilopes obliquèrent légèrement à gauche et gagnèrent le lit du ruisseau, puis, après s'être désaltérées, regagnèrent le bord et se mirent à brouter. Nos chasseurs, voyant qu'il n'entrait pas dans leur intention de s'approcher davantage soit de la butte, soit du bosquet de saules où ils étaient postés, en furent tout désappointés. Ils avaient de nouveau compté sur un morceau de venaison pour leur souper, et ils voyaient avec peine les chances devenir de plus en plus faibles.

Au lieu de s'approcher, les antilopes s'éloignaient d'eux en broutant. Espérer les approcher, c'eût été folie, car il n'y avait aucun couvert pour se mettre à l'abri, il fallait donc se résigner à les laisser aller comme elles étaient venues.

A ce moment Basile se rappela un expédient dont il avait entendu parler aux vieux chasseurs, et que la singulière conduite du premier troupeau à l'égard des loups venait de lui remettre en mémoire. Il résolut donc de tenter l'aventure et d'essayer d'attraper au moins une antilope; c'est pourquoi, tout en faisant signe à ses frères de demeurer tranquilles, il prit une de leurs couvertures rouges; puis, après avoir coupé un jeune arbre long et fourchu et l'avoir aiguisé en pointe à l'un de ses bouts, il étendit la couverture dessus, et commença à s'avancer sur le terrain découvert, tenant son fusil d'une main et de l'autre la branche d'arbre. Il allait ainsi pas à pas, ayant toujours soin de placer la couverture entre lui et les antilopes, de manière que son corps fût entièrement caché à leurs yeux. Il n'eut pas fait de la sorte dix pas que toute l'attention du troupeau fut attirée de son côté; alors il ficha la branche en terre, étendit bien la couverture sur la fourche et s'agenouilla derrière ce rideau.

Un objet aussi extraordinaire par la forme et par la couleur ne pouvait manquer d'exciter vivement la curiosité de nos antilopes. Elles cessèrent aussitôt de brouter, et commencèrent à s'approcher, s'arrêtant de minute en minute, puis reprenant leur marche en avant. Elles n'avançaient pas sur une seule file, comme avait fait le premier troupeau; l'un des mâles prit d'abord la tête, puis bientôt un autre le dépassa. C'était une véritable concurrence, chacun tenait à faire preuve de son courage.

Un gros bouc ne tarda pas à se trouver à bonne portée de fusil. Basile, à moitié couché dans l'herbe, saisit le moment favorable, visa en pleine poitrine, et fit feu.

Le bouc sauta sur le coup, mais, au grand désappointement du chasseur, il tourna rapidement de bout en bout, et prit la fuite, ainsi que tout le troupeau, qui s'était éparpillé au loin en entendant la détonation de l'arme à feu.

Basile était tout étonné; il avait visé avec soin, et il était rare que dans cette circonstance son arme lui fît défaut. Il crut d'abord avoir manqué son coup, et voyant l'antilope s'enfuir avec toute la rapidité d'un animal sain et sauf, il mit sa mésaventure sur le compte de la précipitation avec laquelle il avait chargé son arme. Il ramassa donc sa couverture, et revint vers ses frères avec l'air tout décontenancé.

— Regardez donc là-bas! s'écria François, dont les yeux n'avaient pas quitté les antilopes en fuite, voyez-vous comme les loups courent après?

— Ah! s'écria Lucien, il faut que Basile ait blessé le bouc, car autrement les loups ne perdraient pas leur temps à courir après eux. Voyez-les! ils sont lancés sur sa piste comme des limiers.

Lucien avait raison, les loups ne poursuivent pas d'ordinaire les antilopes, ils savent trop bien que ce serait peine inutile; mais ces rusées créatures ont un instinct merveilleux pour reconnaître si le gibier est blessé; ils s'y trompent moins rarement que le chasseur, et il est arrivé plus d'une fois qu'ils ont réussi à atteindre des antilopes que les chasseurs croyaient n'avoir pas même touchées. Il était donc évident que Basile avait blessé l'animal, mais le coup n'avait probablement atteint que les chairs, et les loups suivaient l'antilope à la piste dans l'espoir que la perte du sang amènerait bientôt l'épuisement.

Basile eut alors une nouvelle idée, il pensa qu'il pourrait peut-être arriver à temps pour l'hallali. Dans cette intention il courut à son cheval, le détacha, sauta dessus sans lui mettre la selle, et le lança au galop à la suite des loups qu'il tenait en vue. L'antilope sur laquelle il avait tiré était toujours devant les loups, mais bien loin derrière le troupeau ; sa course était évidemment lourde et pénible.

Il en coûta au jeune chasseur un temps de galop de cinq milles, au bout desquels il vit les loups atteindre l'antilope blessée et l'abattre sur la prairie. Un demi-mille le séparait encore du groupe, il n'y avait pas de temps à perdre. Il excita l'ardeur de Black-Hawk, et en moins de rien arriva sur le terrain. Le galop du cheval fit écarter les loups, mais le chasseur arrivait encore trop tard, le corps de l'antilope était en pièces et plus d'à moitié dévoré. Basile ne retrouva que quelques lambeaux de peau et des os à moitié dépouillés de leur chair.

A cette vue, le chasseur désappointé poussa une exclamation qui ressemblait beaucoup à un juron français, et revint sur ses pas l'oreille basse, en donnant de bon cœur tous les loups au diable.

François fit le second dans ce concert de malédictions, car maître François commençait à avoir assez de la viande d'ours, et était véritablement furieux de voir lui échapper pour la seconde fois de la journée le bon souper de viande fraîche sur lequel il avait compté.

Lucien leur ayant cependant assuré que d'après ce qu'il avait entendu dire, la viande d'antilope ne constituait pas un merveilleux régal, cela diminua un peu leurs regrets et leur mauvaise humeur ; d'ailleurs il fallait savoir faire contre mauvaise fortune bon cœur ; on avait faim, et chacun fit honneur au souper, composé d'une bonne étuvée de viande d'ours et de pommes de pignon préparée par Lucien à la manière indienne, mets qui en définitive n'était pas tant à dédaigner.

Quand ils eurent fini de dîner et rapproché leurs chevaux du camp, afin de les avoir sous la main en cas d'alerte, ils se roulèrent dans leurs couvertures et ne tardèrent pas à s'endormir d'un sommeil rafraîchissant.

XXVIII. — DÉROUTE DES CIMMARONS.

Il ne devait pas leur être permis de dormir cette nuit-là tout d'un somme.

A deux ou trois fois différentes leurs chevaux, effrayés sans doute par l'approche de quelque bête féroce, bondirent à l'extrémité de leurs cordes. Les chasseurs crurent d'abord avoir affaire à des loups ; mais Marengo, qui d'ordinaire ne s'inquiétait nullement de ces sortes d'animaux, montrait des symptômes non équivoques de crainte et de fureur, et poussait de temps à autre des hurlements sauvages, sans oser toutefois s'écarter du camp.

De son côté, la mule Jeannette se rapprochait du feu, autant du moins que le lui permettait la longueur de sa corde, et nos jeunes aventuriers la voyaient trembler de tout son corps comme à l'approche d'un ennemi bien connu. C'est qu'en effet on distinguait parfois au milieu des hurlements des loups un son étrange et tout-à-fait différent.

C'était une sorte de ronflement prolongé faible et plaintif. Toutes les fois que ce bruit se faisait entendre, Jeannette tressaillait, et Marengo se rapprochait en rampant.

— Serait-ce le cri du couguard, ou, chose plus effrayante encore, le grognement de l'ours gris? se demandaient nos trois frères non sans une vive inquiétude.

Cette dernière hypothèse n'était pas impossible, car ils se trouvaient alors dans la région fréquentée par ces terribles animaux et à une place susceptible d'être choisie pour demeure par un d'eux ou même par plusieurs.

Il y avait là de quoi frémir, et la crainte d'avoir pour voisins des hôtes aussi terribles que les ours gris suffisait de reste pour tenir nos chasseurs en éveil.

Dans l'incertitude où ils étaient, ils résolurent de ne pas dormir tous ensemble et de veiller chacun à son tour. Ils remirent du bois sur le feu, dans le but d'activer la flamme, et de pouvoir ainsi surveiller les alentours à bonne distance. Cette précaution prise, deux d'entre eux se rendormirent, tandis que le troisième, assis auprès du foyer, veillait à la sûreté commune et tenait son arme prête contre toute attaque imprévue.

Chacun eut de la sorte deux heures de garde ; au bout de ce temps, le soleil qui vint éclairer l'horizon mit fin à leur inquiétude en leur faisant voir qu'il n'y avait aucun ennemi visible dans leur voisinage.

Ils se levèrent alors, permirent à leurs chevaux de paître en liberté, et après s'être baignés à la source voisine, s'occupèrent des apprêts de leur déjeuner.

La provision de viande séchée commençait à diminuer, les loups en avaient dérobé une bonne partie à leur dernier campement, et il leur en restait tout au plus pour un jour ou deux.

Ils n'étaient pas sans crainte au sujet de leur subsistance future, car la contrée leur semblait tout-à-fait dépourvue de gibier, à l'exception des antilopes, et ils savaient par expérience combien peu il fallait compter sur ces animaux pour figurer sur leur table ; la rencontre des bisons pouvait seule les préserver du risque de mourir de faim. Ils réfléchirent à cette circonstance tout en préparant leur déjeuner, et le résultat de leur réflexion fut de se mettre à la demi-ration de viande d'ours, afin d'économiser le peu qui leur en restait.

Après le déjeuner on tint conseil sur la route à suivre. Fallait-il aller au nord, au sud, ou à l'ouest de la butte? les avis étaient partagés; on finit pourtant par s'entendre, et l'on tomba d'accord qu'avant de s'arrêter à aucune détermination, le mieux était de monter sur le sommet de l'éminence et d'y prendre connaissance du pays environnant. Cet examen pouvait les éclairer sur la meilleure direction à prendre; peut-être aussi que de ce point élevé, qui devait commander une grande étendue de terrain, ils pourraient découvrir les buffalos.

Nos héros jetèrent leurs fusils sur leurs épaules, et laissant leurs couvertures et tous leurs ustensiles près de la source, partirent à pied à la recherche d'un endroit praticable à l'escalade. Ils se dirigèrent d'abord vers le flanc occidental du côté opposé à leur camp, lequel se trouvait à peu près au nord-est de la butte. Plus ils s'avançaient, plus la montagne leur paraissait inaccessible, et ils commençaient à désespérer de trouver un point praticable. Ce n'étaient de toutes parts que d'âpres rochers coupés à pic et s'élevant perpendiculairement sur la plaine comme une muraille de granit; çà et là on rencontrait quelques fragments de rocher évidemment détachés du sommet, et qui avaient roulé jusqu'à la base. Des arbres croissaient sur le plan de la montagne accrochés par les racines aux fissures du rocher. Des pins clair-semés bordaient la crête la plus élevée et étendaient leurs branches au-dessus de la plaine, les aloès, les yuccas et les cactus ajoutaient encore à l'apparence âpre et pittoresque de cette singulière éminence.

Arrivés à l'extrémité occidentale de la butte, un nouveau spectacle frappa les yeux de nos aventuriers. A une grande distance vers l'ouest, ils découvraient comme une rangée de rochers ou de montagnes basses, qui se prolongeaient du nord au sud sur une grande étendue; ces rochers paraissaient semblables à ceux de la butte principale. Ils avaient sous les yeux l'escarpement oriental du fameux *Llano estacado*, connu des Américains du Nord sous le nom de *staked plain* (plaines barrées). Nos jeunes gens avaient souvent entendu parler de cette région des sables, et en reconnurent la configuration au premier coup d'œil. La butte dont ils faisaient le tour était tout simplement une mesa isolée de cette chaîne singulière des montagnes de la prairie. Après avoir examiné quelque temps ces buttes éloignées, nos chasseurs reprirent leur marche, et continuèrent à contourner la partie sud de l'éminence. Les rochers s'élevaient toujours à pic, et n'offraient aucune échancrure où l'on pût se risquer pour tenter l'escalade; au contraire, plus on avançait dans cette direction, plus l'escarpement devenait prononcé. Il y avait même certains endroits où les noirs rochers formaient saillie et surplombaient la plaine, qu'ils couvraient au loin de l'ombre projetée par les gros arbres qui s'élançaient horizontalement de la masse rugueuse.

Les trois frères étaient arrêtés les yeux en l'air, quand plusieurs créatures étranges se montrèrent tout-à-coup sur la crête des rochers placés au-dessus de leur tête ; c'étaient des animaux, mais des animaux tels qu'ils n'en avaient jamais vu de semblables. De la grosseur d'un daim ordinaire, ils étaient aussi à peu près de la même couleur, avec le dos et les flancs fauves ; la gorge, les hanches et le ventre d'un blanc sale ; leur forme différait très peu de celle des daims, et bien que leurs proportions fussent plus fortes, ils leur ressemblaient sous plus d'un rapport. Par la tête et la physionomie, ils se rapprochaient davantage du mouton que de toute autre espèce d'animal ; mais ce qu'il y avait de plus remarquable en eux, c'était sans contredit les cornes dont leur tête était armée. A la conformation singulière de ces appendices, nos chasseurs reconnurent au premier coup d'œil le cimmaron ou mouton sauvage des Montagnes Rocheuses.

Tous les animaux en vue étaient loin d'avoir les mêmes cornes ; elles étaient si dissemblables chez certains d'entre eux, qu'on eût pu croire au premier abord qu'elles appartenaient à deux espèces différentes. Quelques-uns les avaient très courtes, de six à sept pouces tout au plus, partant du frontal et se recourbant légèrement en arrière, avec les extrémités peu écartées. C'étaient les femelles du troupeau. Les cornes des mâles, au contraire, présentaient une apparence toute différente, des dimensions énormes ; elles prenaient naissance juste au-dessus des yeux, se recourbaient d'abord en arrière, puis revenaient en avant jusqu'à toucher presque les mâchoires. Chez quelques-uns, ces cornes avaient près d'un mètre de développement, et presque autant de circonférence à la base, où elles présentaient des anneaux parallèles et séparés entre eux par des rainures profondes comme on en voit sur les cornes des béliers ordinaires. Ces énormes appendices donnaient un aspect étrange et imposant à leurs silhouettes, qui se découpaient sur le bleu du ciel. Le troupeau se composait d'une douzaine d'individus tant mâles que femelles ; mais on distinguait mieux les mâles, qui, plus avancés sur le bord du rocher, regardaient en bas en reniflant l'air avec force.

Nos jeunes chasseurs avaient d'abord été un peu surpris par cette subite apparition, mais ils se remirent vite, et couchèrent les cimmarons en joue. Ils allaient faire feu tous ensemble, quand ceux-ci firent volte-face et disparurent en un clin d'œil, comme s'ils eussent deviné leurs intentions meurtrières.

Les chasseurs restèrent plus d'un quart d'heure à la même place, dans l'espoir que ces animaux se montreraient de nouveau sur le bord du rocher ; mais ce fut en vain qu'ils attendirent, les cimmarons ne revinrent pas. Apparemment leur curiosité était satisfaite, ou peut-être aussi, plus sages sur ce point que les antilopes, ils ne la poussaient pas jusqu'à risquer leur vie pour le seul contentement de cette passion. En désespoir de cause, nos chasseurs durent se rési-

gner à quitter la place, et se mirent de nouveau en quête d'un passage pour gagner le sommet de la butte.

Leur désir d'atteindre ce but s'était accru encore de l'espoir qu'ils
nourrissaient d'y trouver moyen de renouveler, aux dépens des moutons sauvages, les provisions épuisées de leur garde-manger. Tout
en cheminant, ils examinaient les lieux avec un soin minutieux; pas
une fissure, pas une crevasse, pas une ravine n'échappèrent à leur
investigation. Mais toutes leurs peines furent perdues, et ils ne parvinrent point à découvrir sur tout le côté du sud un seul chemin
praticable.

— Il faut pourtant qu'il y ait un moyen pour monter là-haut; ces
moutons y sont bien, et ce n'est pas en volant, je suppose, qu'ils sont
allés jusque-là.

C'était François qui parlait de la sorte.

— Qui sait! répliqua Basile, ces animaux sont peut-être nés sur
ce plateau et ne sont jamais descendus dans la plaine.

— Cela n'est guère probable, répondit Lucien, car je ne crois pas
qu'il y ait beaucoup d'eau sur cette montagne, et les cimmarons
boivent tout aussi bien que les autres animaux. Il faut donc, de toute
nécessité, qu'ils descendent pour aller à la source.

— Alors, c'est comme je le disais, reprit François, il y a un
chemin.

— Sans aucun doute, répondit Lucien, ils ont un chemin à eux.
Mais leur chemin serait-il praticable pour nous? c'est une autre question. Ces animaux, bien qu'ils aient les pieds fourchus et conformés
comme ceux des moutons de nos étables, grimpent comme des chats
et sautent comme des écureuils. Leur légèreté est leur seul moyen
d'échapper aux loups, aux panthères et aux autres bêtes féroces très
friandes de leur chair.

— J'ai entendu dire, ajouta Basile, qu'ils peuvent s'élancer de cent
pieds de haut et retomber sur leurs cornes sans se faire le moindre
mal. Est-ce que c'est vrai, Lucien?

— Les Indiens et les trappeurs l'affirment, et il y a des voyageurs
intelligents qui ont ajouté foi à ces récits. Quant aux naturalistes, ils
n'ont pas encore tranché la question; ce qu'on peut au moins affirmer avec certitude, c'est qu'ils sautent de très haut, qu'ils gravis-
sent sans glisser sur les arêtes les plus étroites des précipices, qu'ils
traversent d'un bond les abîmes les plus effrayants, et qu'ils courent
avec rapidité sur des rebords si étroits qu'un chat oserait à peine les
y suivre. Ils rivalisent avec le chamois des Alpes, et semblent se com-
plaire comme lui au milieu de ces périls. On dirait qu'ils prennent
plaisir à braver le danger, comme un écolier aime à se livrer à de
périlleux exercices d'agilité.

— Ne sont-ce pas ces animaux que les chasseurs désignent sous le
nom de bighornes (grosses cornes)? demanda François.

— Ce sont les mêmes, répondit Lucien. *Cimmaron* est le nom qui leur a été donné par les Espagnols, premiers explorateurs de ces contrées. Les naturalistes les appellent *argalis*, à cause de leur ressemblance avec l'argali ou mouton sauvage d'Europe (*ovis ammon*). Ils ne sont cependant pas de la même espèce, et loin d'être des moutons sauvages, ce sont à mon avis de véritables antilopes, tout aussi bien que le chamois des Alpes ou le daim à cornes fourchues (*prong-horns*) de la prairie. Quelques savants prétendent trouver dans le cimmaron le type de notre mouton ordinaire ; mais, n'en déplaise à ces messieurs, cette théorie me paraît absurde ; car ces deux sortes d'animaux se ressemblent fort peu, si ce n'est par la tête et par les cornes des mâles, et j'avoue pour ma part que je ne vois aucun motif de leur attribuer une origine commune. Aussi, jusqu'à preuve contraire, je continuerai à croire que les bighornes ne sont pas des moutons, mais bien des antilopes, qu'on peut appeler, si l'on veut, antilopes de montagnes pour les distinguer de leurs congénères à cornes fourchues, qui aiment mieux parcourir les plaines, tandis que les bighornes fréquentent de préférence les sommets des montagnes et les rochers escarpés.

Une exclamation de Basile, qui marchait à quelques pas en avant de ses frères, mit fin à cette conversation scientifique. Nos trois jeunes gens se trouvaient en ce moment à l'extrémité orientale de la butte, qui de ce côté présentait un aspect tout différent. On voyait un ravin profond creusé dans le flanc du rocher, et au fond de cette crevasse un sentier escarpé qui semblait conduire au sommet. Cette gorge, encombrée de ronces, de cactus et d'acacias, était en outre embarrassée de fragments de rochers. La pente en paraissait assez douce pour être tentée par un piéton. Près du fond de la ravine on voyait une excavation profonde d'où sortait un ruisseau plus abondant que celui sur les bords duquel nos chasseurs avaient établi leur camp. Au sortir de cette excavation, ce ruisseau se dirigeait vers le sud-est, entre deux rives bordées d'herbes et de saules.

Lorsque les enfants arrivèrent à la source principale du ruisseau, leur attention fut attirée par quelques empreintes fortement marquées sur la terre molle. Ces empreintes étaient d'une forme oblongue, assez semblables à celles laissées par le pied d'un homme, mais avec des proportions beaucoup plus grandes. Des trous profonds creusés par cinq grandes griffes à l'extrémité de chacune d'elles indiquaient l'animal qui les avait faites ; c'étaient des empreintes d'ours gris. Il ne pouvait y avoir à cela le moindre doute, car on voyait distinctement l'empreinte des longs pieds du plantigrade, les tubercules des doigts, et les trous où ses griffes recourbées s'étaient enfoncées de plusieurs pouces dans la terre. Aucun autre animal n'avait pu laisser de telles marques, pas même l'ours noir ou l'ours

brun, dont les griffes sont beaucoup plus petites que celles du monstrueux grizzly des montagnes.

Très alarmés par cette découverte, nos chasseurs hésitèrent quelques instants ; mais comme l'animal qui avait laissé ces traces n'était
pas en vue, leur crainte diminua peu à peu, et ils retrouvèrent assez
de sang-froid pour délibérer sur ce qu'ils avaient à faire.

Fallait-il s'engager dans cette ravine et tenter d'atteindre le sommet de la montagne ? C'était leur intention première, et ils l'auraient
accomplie sans hésitation s'ils n'avaient découvert les traces de
l'ours. Mais cette circonstance modifiait singulièrement la face des
choses. S'il y avait des ours gris dans le voisinage, et cela paraissait
à peu près certain, la ravine était sans contredit la place où l'on
avait le plus de chance de rencontrer ce dangereux animal. L'épaisseur des broussailles et la profondeur des excavations semblables à
des cavernes au milieu des rochers constituaient pour l'ours gris une
résidence de prédilection. Sa caverne pouvait se trouver dans le
ravin même, et c'était une périlleuse rencontre que d'avoir affaire à
lui pendant cette difficile ascension. Mais les jeunes Landi étaient
des garçons pleins de courage, et de plus ils étaient possédés du désir
de monter sur la butte tant pour inspecter le pays environnant que
pour tirer sur les cimmarons. Ce désir l'emporta sur la prudence, et
nos aventuriers, bien résolus à mener à fin ce qu'ils avaient entre-
pris, commencèrent à gravir la montagne, guidés par Basile, qui
tenait la tête de la petite colonne.

L'ascension était rude, nos chasseurs étaient obligés par moments
de s'accrocher aux branches et aux racines ; mais bientôt ils découvrirent un sentier tracé qui se dirigeait vers le sommet de la butte,
et ils se mirent à le suivre. Sans doute c'était un chemin pratiqué
par les cimmarons ou quelques autres animaux habitants de ces lieux
élevés. Cette route était à peine indiquée, et l'on ne pouvait guère la
reconnaître qu'à une légère décoloration du rocher et à quelques
places où la terre plus compacte paraissait avoir été foulée par les
pieds de plusieurs animaux.

Parvenus à un peu plus de moitié chemin, nos chasseurs remarquèrent d'un côté du ravin et tout près de la route qu'ils suivaient
une sorte de crevasse ressemblant à l'entrée d'une grotte. Autour de
cette fissure les rochers avaient une couleur moins foncée, l'herbe
manquait, et le sol paraissait fraîchement piétiné ; circonstance qui
leur fit conjecturer qu'un animal en avait fait son repaire. Ils passèrent devant en silence, montant aussi vite que la nature du terrain
le leur permettait, et jetant en arrière des regards effrayés. En quelques instants ils eurent atteint le rebord de la butte, et, s'y accrochant avec les mains, ils regardèrent avec précaution.

Ils embrassaient du regard tout le sommet du plateau.

Comme ils l'avaient conjecturé, ce plateau était parfaitement uni

et présentait une superficie d'environ vingt à trente ares, sur laquelle
se montraient quelques pins clair-semés avec cinq ou six touffes de
buissons d'acacias de l'espèce connue sous le nom de *mezquite*. Entre
les arbres l'herbe poussait en abondance, et à certaines places de
grosses touffes de grandes plantes mêlées d'aloès et de cactus formaient des sortes de fourrés. Ces fourrés n'existaient qu'à deux ou
trois endroits; le reste de la surface du plateau était découvert et
pouvait être embrassé d'un coup d'œil.

Les chasseurs avaient à peine passé la tête au-dessus du rocher
qu'ils aperçurent le troupeau de cimarrons. Ces derniers étaient en
ce moment près de l'extrémité occidentale du plateau, et, au grand
étonnement de nos chasseurs, ils se livraient à des bonds et à des
sauts désordonnés, comme s'ils eussent été pris de vertige. Ce n'était
pourtant pas qu'ils cherchassent à fuir, car ils n'avaient pas encore
remarqué les jeunes gens, qui, en prenant pied sur le faîte, avaient
eu soin de se cacher prudemment derrière les buissons; au contraire,
ces animaux couraient dans différentes directions en bondissant à
une grande hauteur. Après quelques minutes d'examen, Basile et ses
frères remarquèrent que les porteurs de grandes cornes prenaient
seuls part à cet exercice violent, tandis que les autres broutaient
tranquillement à côté d'eux. Ils comprirent alors que les mâles étaient
engagés dans quelque grande bataille; leur ronflement furieux, le
bruit de leurs cornes qui se heurtaient avec force, étaient autant de
témoignages de l'ardeur qu'ils apportaient à la lutte. On les voyait
s'éloigner les uns des autres à la manière des béliers, puis s'élancer
tête contre tête avec tant de violence, que leurs crânes retentissaient
comme s'ils eussent été brisés. Tantôt c'étaient deux mâles qui se
prenaient à part et engageaient un combat particulier, tantôt aussi
ils s'attaquaient par trois ou quatre confusément, et sans paraître
s'inquiéter du choix de leurs adversaires. Ils semblaient tous être
également ennemis les uns des autres, et, chose étrange! les femelles
ne prenaient en apparence aucun souci de cette bataille. La plupart
broutaient paisiblement; et si parfois elles jetaient un regard sur
leurs maîtres et seigneurs engagés dans le combat, c'était avec un
air d'indifférence et de nonchalance qui montrait assez le peu d'intérêt qu'elles prenaient au résultat.

Nos chasseurs se croyaient sûrs de tenir tout le troupeau comme
dans une trappe; ils n'avaient pour cela, pensaient-ils, qu'à garder
le passage par lequel ils étaient montés, et à chasser tout à leur aise
les bighornes sur le plateau. Il fut donc convenu que Lucien garde-
rait le défilé en compagnie de Marengo, tandis que Basile et François
s'avanceraient pour tirer les premiers coups.

Une fois le plan arrêté, il fut mis sans retard à exécution. L'attention des animaux continuait à être entièrement absorbée par le combat. Basile et François profitèrent de cette circonstance, et s'avan-

cèrent lentement en se tenant cachés autant que possible jusqu'à bonne portée de fusil.

Ils arrivèrent ensemble derrière un bouquet d'acacias, et sur un signal de Basile ils se levèrent et mirent en même temps en joue Leurs coups allaient partir, quand ils virent un des mâles reculer pour prendre de l'élan et disparaître tout-à-coup derrière le rebord du rocher. Ils pensèrent qu'il avait roulé jusqu'au bas, ses jambes étant la dernière partie de son corps qu'ils eussent vue; mais ce n'était pas le moment de réfléchir à cet incident, et nos deux chasseurs firent feu simultanément. Deux des animaux tombèrent atteints par le plomb meurtrier; les autres s'enfuirent en bondissant, coururent vers un point du plateau et s'y arrêtèrent.

Basile et François se dressèrent sur leurs pieds en criant à Lucien de se tenir sur ses gardes; mais, à leur grande surprise, les cimmarons, effrayés de nouveau par leurs cris, et se voyant la retraite coupée, s'élancèrent par-dessus le bord du précipice, et disparurent en un clin d'œil.

— Ils doivent être tous tués, pensèrent Basile et François; et criant à Lucien de venir les trouver, ils se dirigèrent tous trois vers la place d'où ces animaux s'étaient précipités; ils regardèrent en bas, on découvrait toute la plaine, mais il n'y avait pas un seul bighorne.

Qu'étaient devenus ces animaux?

— Là-bas! s'écria François, là-bas! là-bas! voyez donc!

Et l'enfant indiquait du doigt un point éloigné de la prairie où l'on voyait plusieurs objets rougeâtres fuyant comme le vent vers les monticules éloignés du Llano Estacado.

Lucien fit alors remarquer à ses frères plusieurs rebords du rocher qui formaient comme autant de gradins, et dont sans aucun doute les animaux devaient s'être servis pour effectuer leur descente et arriver sains et saufs jusqu'en bas.

Aussitôt que les cimmarons furent hors de vue, les chasseurs retournèrent vers les deux animaux qu'ils avaient abattus et qui demeuraient étendus morts sur le gazon. C'étaient un mâle et une femelle. Ils se préparaient à les dépouiller, quand Basile et François se rappelèrent l'incident qui avait précédé leur coup de feu; et désirant s'assurer si le bighorne était tombé du rocher par accident ou s'il avait sauté avec intention, ils se dirigèrent vers l'endroit où ils l'avaient vu disparaître. En regardant par-dessus le bord, ils découvrirent au-dessous d'eux un arbre violemment agité, et distinguèrent au milieu de ses branches un gros corps de couleur fauve. C'était le cimmaron.

A leur grande surprise, l'animal était suspendu par une de ses immenses cornes, tandis que son corps et ses jambes s'agitaient et se démenaient dans le vide, où elles pendaient de toute leur longueur. Il était évident que sa chute avait eu lieu par accident, et que le hasard seul l'avait fait tomber au milieu des branches d'un pin. La pauvre bête faisait des efforts si désespérés, que c'était pitié de la voir! Mais il n'y avait pas moyen de la dégager de cette position difficile, l'arbre ayant poussé dans un lieu tout-à-fait inaccessible. Basile, pour terminer son agonie, chargea son fusil et lui envoya une balle au cœur. Le coup ne changea rien à la position de l'animal, et son corps continua à demeurer suspendu par la corne qui le retenait aux branches; seulement l'animal cessa de se débattre : il avait été tué sur le coup.

Le pauvre bouc devait demeurer là jusqu'au moment où les vautours affamés l'apercevraient de loin et viendraient déchirer son cadavre.

XXIX. — ASSIÉGÉS PAR LES OURS GRIS.

Les jeunes chasseurs posèrent alors leurs fusils par terre, tirèrent leurs couteaux et se mirent à dépouiller les cimmarons avec une adresse qui eût fait honneur à des bouchers consommés. Ils les coupèrent en morceaux susceptibles d'être facilement transportés au camp, et ne tenant pas à conserver les peaux, dont ils n'espéraient tirer aucun parti, ils les abandonnèrent à la place où ils les avaient jetées.

Aussitôt que la viande fut mise en quartiers, chacun en prit une pièce, qu'il porta vers le ravin avec l'intention de revenir pour chercher le reste. En atteignant le point où le ravin débouchait sur le plateau, ils virent qu'il leur serait bien difficile de descendre avec leur fardeau. Un escarpement, comme on sait, est toujours moins pénible à gravir qu'à descendre, et nos jeunes gens avaient eu bien de la peine à arriver jusqu'au haut. Une idée leur vint : c'était de faire rouler les morceaux en bas jusqu'au fond du ravin; il n'y avait pas d'inconvénient à employer cet expédient, car la viande destinée à être coupée en petites bandes pour être séchée ne risquait pas d'être endommagée; rien ne serait plus facile que d'en enlever ensuite la boue et le sable en la lavant au ruisseau.

Ils se mirent aussitôt à l'œuvre, et lancèrent les morceaux de viande les uns après les autres dans l'abîme, au fond duquel ils les virent tomber au milieu des rochers. Ils retournèrent alors prendre de nouvelles charges de viande pour les apporter près du ravin.

Au moment où ils s'approchaient du bord pour faire suivre à ces quartiers de venaison la même route qu'aux précédents, ils aperçurent quelque chose qui leur fit tomber les morceaux des mains. Audessous d'eux, presque au fond du ravin, s'agitait une masse informe;

c'était un animal monstrueux, qui se promenait au milieu des morceaux de viande. La grande taille de cet animal, ses longs poils d'un gris rougeâtre, et par-dessus tout son aspect féroce, ne permettaient aucun doute sur l'espèce à laquelle il appartenait : il était impossible de s'y méprendre un seul instant ; c'était le monstre redouté des montagnes, le terrible ours gris (*grizzly*).

L'animal qu'ils voyaient à leurs pieds avait environ deux fois la taille de l'ours commun ; il en différait d'ailleurs sous beaucoup d'autres rapports. Ses oreilles étaient plus pointues, ses yeux couleur de sienne brûlée paraissaient plus brillants et plus féroces, sa tête et son museau plus gros lui donnaient une apparence de force bien supérieure ; et du haut du rocher où nos chasseurs étaient placés, ils pouvaient distinguer ses longues griffes en forme de croissant, dont l'extrémité sortait du bout de ses pieds couverts de poils. Au moment où nos jeunes gens arrivaient au-dessus de lui, le monstre venait de déchirer un quartier de cimmaron en petits morceaux qu'il dévorait avec avidité ; il était tellement absorbé dans cette importante opération, qu'il ne les aperçut pas.

Comme nous l'avons dit, la frayeur avait fait tomber le fardeau des mains des trois frères, qui, après avoir regardé quelques instants en bas, retournèrent en toute hâte chercher leurs fusils, dont ils examinèrent avec soin les batteries et les amorces.

Ils avaient eu soin de recharger leurs armes avant de commencer à dépecer les cimmarons. Tout étant en bon état, ils revinrent silencieusement au ravin, et regardèrent par-dessus le bord. La position s'était compliquée. A leur grande consternation, ils s'aperçurent que ce n'était plus à un seul ours qu'ils avaient affaire, mais bien à trois de ces horribles animaux. Un trio d'ours était occupé à manger leur provision de viande.

L'un de ces ours, plus petit que les deux autres, en différait aussi par la couleur ; il était extrêmement noir, et aurait pu passer pour un individu adulte de l'espèce noire. Ce n'était pourtant pas un ours ; ce n'était qu'un gros ourson, dont les deux autres étaient le père et la mère.

Cette monstrueuse famille dévorait à belles dents la viande fraîche en manifestant des signes non équivoques de satisfaction. Les ours paraissaient s'inquiéter fort peu de l'origine de cette provende, et se bornaient à en jouir. De temps à autre ils poussaient de sourds grognements, comme pour exprimer leur satisfaction ; parfois aussi le vieux mâle se fâchait contre l'ourson, quand celui-ci avait l'indiscrétion d'avancer la patte sur le morceau réservé pour la dent paternelle. La femelle au contraire agissait en bonne mère, et chaque fois qu'elle déchirait un quartier de viande, elle prenait soin de placer les morceaux les plus délicats sous le museau de sa noire progéniture, qu'elle excitait à manger par de gentils petits coups de patte.

Ces animaux mangeaient quelquefois debout en tenant la viande entre leurs pattes de devant. A d'autres moments ils plaçaient le morceau sur un rocher, et se couchaient à moitié pour le dévorer à leur aise. Leurs mâchoires et leurs griffes étaient rouges de sang, ce qui ne contribuait pas à diminuer la férocité naturelle de la physionomie de ce redoutable trio.

Nos aventuriers assistaient à ce repas avec un sentiment de profonde terreur, et certes il y avait de quoi avoir peur. Ils avaient entendu raconter sur les ours gris des histoires bien capables d'effrayer des cœurs plus aguerris que les leurs ; ils savaient qu'il n'y avait pas au monde un chasseur assez hardi pour oser, étant à pied, attaquer cet animal, et que, même à cheval et armés de leurs fidèles carabines, les plus aventureux ne s'y hasardaient que lorsqu'ils avaient devant eux un terrain plat, qui leur permettait d'avoir recours au besoin à la vitesse de leur monture. Ils savaient encore qu'il était arrivé plus d'une fois à des chasseurs réunis en troupe nombreuse d'être poursuivis par un seul ours gris, après avoir déchargé toutes leurs armes sur lui ; car on peut loger une vingtaine de balles dans le corps de ce monstrueux carnivore sans parvenir à l'abattre.

La présence des trois ours ravivant dans l'esprit des jeunes gens le souvenir de tous ces récits, on ne doit donc pas s'étonner qu'ils eussent peur ; leur position d'ailleurs était des plus périlleuses. Les ours occupaient le ravin, et c'était le seul endroit par lequel nos chasseurs pussent descendre pour aller rejoindre leurs chevaux. Dans leur recherche du matin ils avaient presque fait le tour de la butte, et avaient reconnu qu'elle était coupée à pic sur tout leur parcours. Ils avaient pu constater depuis que dans l'espace compris entre le ravin et le point de départ la pente de la montagne était également verticale. Comme on le voit, il n'y avait qu'une seule voie pour retourner au camp ; c'était le ravin. Or, cette route était occupée par les ours, et la suivre c'était s'exposer infailliblement à être attaqués par ces redoutables adversaires.

Les jeunes gens échangeaient entre eux des regards terrifiés, et osaient à peine se parler à voix basse. Tous trois comprenaient parfaitement le danger de leur position.

Y avait-il espoir de voir les ours, après s'être repus, abandonner le ravin et laisser la voie libre? Non. La caverne qu'ils avaient remarquée était sans doute leur demeure, et en supposant qu'ils y rentrassent, pouvait-on espérer passer devant sans provoquer une sortie ; et, dans ce cas, comment leur échapper au milieu des rochers et des broussailles? L'un des frères devait immanquablement y périr ; tous trois y resteraient peut-être.

Avait-on chance de voir les ours s'en aller sur la plaine? sans doute il était possible que ces animaux allassent jusqu'au ruisseau, soit pour s'y désaltérer, soit pour un autre motif ; mais dans ce cas même, ils verraient les chasseurs opérer leur descente, et les atteindraient facilement avant que ceux-ci eussent eu le temps de gagner le camp et de grimper sur leurs chevaux. D'ailleurs les chevaux avaient été lâchés sur la prairie, et se trouvaient alors à une grande distance. Il n'y avait dans tout cela rien de bien rassurant; la pensée qui leur vint ensuite ne l'était pas davantage.

Ces bêtes féroces pouvaient bien ne pas être rassasiées par la quantité de viande mise à leur disposition, et avoir l'idée de grimper sur la montagne pour en trouver davantage. Cette dernière perspective était la plus effrayante de toutes; car, en admettant que les ours vinssent sur le plateau, il était impossible d'y demeurer longtemps cachés, et une fois découverts et poursuivis, la lutte ne pouvait être ni longue ni d'un résultat douteux.

La tête remplie de ces terribles appréhensions, les trois frères se baissèrent, et, s'appuyant sur les genoux et sur les mains, se glissèrent sous le buisson d'aloès, et continuèrent à suivre de l'œil les mouvements de leurs ennemis, tout en se communiquant à voix basse les plans de fuite qui se présentaient à leur esprit. Malheureusement tous ces plans reposaient sur le vain espoir que les ours quitteraient un instant le ravin; en-dehors de cette circonstance ils ne trouvaient aucun moyen de se tirer d'affaire.

De temps en temps, Basile manifestait le projet de se servir de son fusil et d'envoyer une balle bien ajustée à l'un de ces monstrueux animaux. François appuyait fort cette motion, mais Lucien s'y opposait de tout son pouvoir. Cela ne pouvait, disait-il, qu'irriter les ours et provoquer une ascension immédiate. D'ailleurs il n'y avait pas de chance d'en abattre un du premier coup et avec une seule balle, à moins de lui traverser la cervelle ou d'envoyer le projectile au cœur, chose très difficile à exécuter, forcés qu'ils étaient par leur position de viser par-dessus le rocher. En admettant même que l'un des trois ours tombât sur le coup, il en resterait encore deux pour venger le défunt; car il n'était pas admissible qu'on les tuât tous trois d'une seule décharge.

Les arguments de Lucien prévalurent. Les frères, rappelés à la prudence, abandonnèrent l'idée de faire feu, et s'en tinrent à observer silencieusement ce qui se passait en bas.

Une demi-heure se passa dans cette terrible attente. Pendant ce temps les ours avaient terminé leur repas, et avaient tout dévoré, jusqu'au plus petit morceau. Etaient-ils rassasiés? Non. Une épaule de mouton ne fait qu'une bouchée pour la voracité d'un ours gris, et cette bouchée semblait n'avoir fait qu'exciter leur appétit. Mis en goût par ce commencement de déjeuner, ils cherchèrent à y donner une suite, et devinant que cette pitance avait dû leur venir d'en haut, ils en conclurent que c'était là qu'ils devaient aller pour trouver le second service. Ils levèrent le nez; les jeunes gens retirèrent aussitôt leur tête derrière les feuilles, mais il était trop tard. Les ours les avaient aperçus et se mirent sans plus de retard à gravir le ravin au galop.

La première pensée de nos chasseurs fut de fuir, et dans cette intention ils se relevèrent subitement; mais Basile, dans un accès de colère, voulut au moins essayer si une balle ne pourrait pas suffire à arrêter la marche de l'ennemi, et par un mouvement rapide comme la pensée, il abaissa son arme et fit feu. Il n'y avait pas à reculer; ses deux frères suivirent son exemple. François déchargea ses deux canons coup sur coup; au même instant on vit un des ours rouler au fond du ravin, c'était le petit : mais le plus gros continuait à monter en grondant; il approchait, et les chasseurs, n'ayant pas le temps de recharger leurs armes, s'enfuirent sur le plateau, sachant à peine quelle direction prendre.

Lorsqu'ils furent au centre de la table, ils s'arrêtèrent pour regarder derrière eux; la tête de l'ours se montrait déjà au-dessus du rocher; l'instant après ils virent le corps apparaître, et l'animal galoper à leur poursuite. Ils avaient d'abord espéré que les morceaux de viande attireraient l'attention de l'ours et le retiendraient au moins quelque temps. Il n'en fut rien, la viande ne se trouvait pas sur son chemin, de plus l'animal paraissait furieux; il avait été blessé et tenait-à se venger. Ce fut un moment terrible; le monstre furieux était à peine à trois cents pas. Quelques secondes encore, il devait les atteindre, et l'un des trois au moins allait devenir sa victime.

C'est dans ces moments suprêmes que les âmes vigoureusement trempées sont le plus aptes à trouver des expédients. Il en était ainsi de Basile. Dans certaines occasions il était emporté, souvent imprudent; mais au moment du danger il devenait froid, réfléchi, et plus calme encore peut-être que son frère le philosophe Lucien. Une idée qui jusqu'alors avait échappé à lui et à ses frères se présenta à son esprit à l'heure même du plus grand péril; il se souvint que l'ours gris est incapable de grimper sur les arbres : ce fut un trait de lumière.

— Aux arbres, aux arbres! s'écria-t-il.

En même temps il embrassa un des pins, et se mit à y grimper aussi vite que possible. Lucien et François imitèrent son exemple, et grimpèrent chacun à l'arbre le plus voisin. Ils n'avaient guère le temps de choisir, car l'ours n'était pas à plus de vingt pas d'eux. Heureusement qu'avant que l'animal eût pu les atteindre ils étaient perchés tous trois sur les pins, aussi haut que la force des branches leur avait permis de s'avancer.

L'ours arrivait au galop. En voyant la place où ses ennemis s'étaient réfugiés, il se mit à courir d'un arbre à l'autre d'un air désappointé et avec des grognements furieux. Il se dressa sur ses pattes de derrière, et essaya d'atteindre les branches inférieures avec ses griffes de devant, comme s'il eût eu l'intention de se hisser à la force des poignets, ou d'abattre l'arbre ; puis, voyant l'inutilité de ses efforts de ce côté, il s'attaqua aux pins les uns après les autres et les secoua violemment en enlevant avec ses griffes de larges plaques d'écorce. Dans sa précipitation, François s'était réfugié sur un arbre de petite dimension ; l'animal prit cet arbre dans ses bras puissants et le remua avec tant de force, que le pauvre enfant eut besoin de se cramponner aux branches pour n'être pas précipité à terre par suite des vibrations imprimées à l'arbre par les efforts désespérés du grizzly.

Mais la frayeur doublait la vigueur de François, et, encouragé par les cris de Basile et de Lucien, il se tint ferme. Au bout de quelque temps, l'ours, voyant qu'il ne pouvait réussir à le faire tomber, abandonna l'arbre, et tourna ses efforts contre ceux où étaient montés les deux autres frères. Le résultat fut le même, si ce n'est qu'il dépouilla le tronc de toute leur écorce, et fit de telles entailles dans le bois avec ses dents et ses griffes, que les jeunes gens tremblèrent un moment qu'il ne lui prît fantaisie d'abattre les arbres en les coupant, ce qu'il eût pu probablement faire sans difficulté. Heureusement, l'ours gris n'a pas une très grande dose d'intelligence, sans quoi il eût employé ce moyen, et c'en était fait de leur existence.

Enfin, lorsque l'animal vit qu'il ne pouvait ni abattre les arbres ni faire tomber les enfants, il abandonna ce dessein, et se mit à marcher d'un arbre à l'autre, d'avant en arrière et d'arrière en avant, comme une sentinelle, en poussant de temps à autre des grognements furieux. Puis, lassé sans doute de cette promenade inutile, il étendit son corps monstrueux par terre, et parut se disposer à dormir.

Pendant ce temps, qu'étaient devenus la femelle et l'ourson ? Etaient-ils tombés tous deux sous les coups de feu ? Ni l'un ni l'autre n'avaient encore paru sur le plateau, que les jeunes gens découvraient entièrement du poste élevé qu'ils occupaient. La femelle et son petit étaient donc encore ensemble dans le ravin ; mais y étaient-ils morts ou vivants, telle était la question. Le chien Marengo, en dépit de ses habitudes courageuses, avait par un sage instinct préféré cette fois la prudence, et, loin d'attaquer l'ours, s'était enfui à une des extrémités du plateau, où il s'était tapi tout tremblant de peur, ayant grand soin de ne pas se montrer.

La situation de nos jeunes chasseurs devenait de plus en plus insupportable, ils n'osaient s'aventurer à descendre des arbres, dans la crainte de tomber dans la gueule du monstre, et pourtant leur posture à califourchon sur les branches minces des pins devenait à chaque instant plus douloureuse et plus incommode ; en outre, la soif commençait à les tourmenter, et devenait de plus en plus intense. Ils n'avaient pas eu la précaution de se munir d'eau à leur départ du camp, le soleil était devenu brûlant, et les premières atteintes de la

soif avaient commencé à se faire sentir au moment où ils dépouil-
laient les cimmarons ; le manque d'eau les faisait maintenant souffrir
plus que toute autre chose, et si l'ours s'obstinait à rester sur le plateau pendant quelque temps encore, ils n'osaient penser sans frémir
à ce qui leur adviendrait ; il leur faudrait ou descendre à terre pour
y devenir la proie du monstre, ou périr lentement et misérablement
de soif à la place où ils se trouvaient.

Terrible alternative !

Ils n'entrevoyaient aucun changement probable dans leur situation.
Au moment de grimper sur les arbres, ils s'étaient débarrassés de
leurs fusils en les jetant par terre : maintenant il était impossible de
descendre pour aller les chercher. Dépourvus de tout secours, ils ne
pouvaient qu'attendre les événements, et comme si le destin eût
voulu ajouter une raillerie cruelle à leur malheur, ils aperçurent
pour la première fois les animaux objet principal de leur lointaine
expédition, les buffalos, à la rencontre desquels ils aspiraient depuis
si longtemps

Bien loin dans le sud-ouest, apparaissait en effet sur la plaine une
masse d'objets de couleur sombre, qui produisaient à cette distance
l'effet d'une foule d'hommes recouverts de vêtements noirs. Ces objets
étaient animés, car on les voyait aller de côté et d'autre, tantôt se
réunissant en masse, tantôt se séparant comme les escadrons d'une
armée irrégulière. Plusieurs milles de la verte prairie étaient tachetés
par leurs énormes silhouettes noires ; il y avait même certains endroits où le sol disparaissait tout-à-fait à la vue sous la multitude
qui le couvrait. Tous ces animaux semblaient se diriger vers le nord,
en suivant les vastes plaines qui s'étendent entre la butte et le Llano
Estacado. Ce n'était point une erreur, car au bout de quelque temps
le chef de l'immense troupeau piqua droit sur la butte, et nos jeunes
chasseurs purent bientôt distinguer les corps velus et les crinières
quasi léonines des buffles qui formaient l'avant-garde de l'émigra-
tion. En toute autre circonstance, cette vue les aurait remplis de joie,
mais alors elle ne faisait que rendre leur position plus intolérable
encore. Les buffalos étaient en route pour le nord, et en supposant
que nos chasseurs pussent échapper au danger présent, il était fort à
craindre qu'ils n'arrivassent pas à temps pour rattraper ces animaux.

Quoique dans le nombre et à la distance où ils se trouvaient ils ne
pussent distinguer s'il y avait un buffalo blanc dans le troupeau, il
leur semblait impossible qu'une aussi grande multitude n'en renfer-
mât pas au moins un, sinon même plusieurs. Tous trois continuaient
à demeurer les yeux fixés sur cette masse d'animaux, qui passaient
en se succédant comme autant de vagues sombres, quand une exclamation ou plutôt un cri de joie s'échappa de la poitrine de Basile,
qui, monté sur un arbre isolé et plus élevé que ceux de ses frères,
dominait toute la partie occidentale de la plaine.

— Regardez! regardez! s'écria-t-il, là-bas, là-bas, au milieu du troupeau, le voilà, ne le voyez-vous pas, mes frères, comme il brille au soleil! C'est bien lui, je ne me trompe pas, c'est le buffalo blanc! Bravo! bravo!

L'émotion de Basile était telle qu'il ne pouvait articuler que des paroles incohérentes. Lorsque ses frères purent distinguer l'objet signalé à leur attention, ils se montrèrent tout aussi émus que lui. Pouvait-il en être autrement, ils avaient devant leurs yeux l'objet même de leur long et périlleux voyage, le *buffalo blanc!* Tous trois poussèrent de vigoureux hourras, et oublièrent pour un moment le péril de leur situation. Mais cet heureux oubli ne fut pas de longue durée, leurs cris réveillèrent le monstre qui dormait au-dessous d'eux; l'ours se leva paresseusement, grogna à plusieurs reprises, et se remit à se promener de long en large en allant d'un arbre à l'autre.

XXX. — ON ÉCHAPPE AUX GRIFFES DE L'OURS.

Cette triste situation se prolongea pendant plusieurs heures, durant lesquelles nos jeunes aventuriers continuèrent à demeurer sur leur incommode perchoir, tantôt observant le féroce geôlier qui veillait infatigable au-dessous de leur prison aérienne, tantôt regardant la plaine, où le sombre troupeau continuait à s'écouler comme une marée qui se retire. Les buffalos passèrent ainsi en se dirigeant vers le nord, jusqu'à ce que les rayons du soleil couchant vinrent se refléter en rouge sur leurs croupes aux teintes brunes. Une fois ou deux les jeunes gens crurent distinguer quelque corps blanc dans la masse du troupeau; mais peut-être se trompaient-ils, car leurs yeux étaient devenus troubles à force de fixer attentivement les mêmes objets, et leur souffrance, de plus en plus intolérable, les rendait indifférents à toute autre chose qu'à leur propre misère. L'espérance avait fait place au désespoir, la soif les étranglait, et la mort était devant leurs yeux. Après s'être promené pendant quelque temps, l'ours se coucha de nouveau, plaça son museau sur ses pattes de devant, et parut se replonger dans le sommeil. Basile n'y put tenir davantage, et résolut de tenter un effort suprême pour échapper à cette position intolérable. Quoi qu'il advînt, c'était un changement à leur position qui ne pouvait être pire.

Il fit un signe à ses frères de ne pas bouger, se laissa glisser au bas de son arbre, puis s'avança en rampant vers sa carabine, sans faire plus de bruit qu'un chat. Il eut le bonheur de s'en emparer et de pouvoir sans accident grimper de nouveau sur son arbre. Le bruit

des branches réveilla le dormeur, qui fut aussitôt sur ses pieds et
s'élança vers l'arbre. Un moment plus tôt, et Basile était perdu, car
l'ours en se dressant contre le tronc de l'arbre toucha presque avec
son museau l'extrémité du pied du jeune homme; mais qu'il s'en
fallût de la largeur du pouce d'une jeune fille ou bien d'un mille, le
but n'en fut pas moins manqué, et Basile échappa. Un instant après
il était assis au milieu des branches, et chargeait tranquillement sa
carabine.

Chose singulière, l'ours parut comprendre ce mouvement, et,
comme s'il eût eu conscience du danger qui le menaçait, il s'éloigna
des arbres.

Pendant qu'il s'en allait, il rencontra pour la première fois les
restes des cimmarons. Il se mit aussitôt à les déchirer et à les dévorer.
Le redoutable animal se trouvait bien encore à portée de carabine,
mais on pouvait le manquer; cependant, comme Basile avait de quoi
charger plusieurs fois son arme, il résolut de le forcer à fuir ou de
l'amener à bonne portée. Ce fut dans cette intention qu'il fit feu, non
sans avoir visé avec soin. La balle frappa l'ours à l'épaule, car on le
vit tourner la tête et mordre sa blessure en hurlant de rage et de
souffrance; mais, ce qu'on croirait à peine, il ne voulut pas encore
interrompre son repas.

Basile rechargea son arme, et fit feu une seconde fois. L'animal
reçut cette nouvelle balle dans la tête, ce qui provoqua chez lui de
nouveaux symptômes de fureur. La chose lui parut apparemment
assez grave pour abandonner sa proie, car il revint au galop au milieu des arbres, et se mit à les secouer avec force les uns après les
autres en essayant de les abattre. Il arriva enfin à l'arbre occupé par
Basile, et l'étreignit avec force. C'était précisément ce que désirait le
jeune chasseur; il avait rechargé son arme à la hâte, et au moment
où l'ours se dressait debout au-dessous des branches, il se pencha
jusqu'à ce que la gueule de sa carabine toucha presque le museau
de l'animal. Il tira la détente, le jet de flamme atteignit la face même
de l'ours, la détonation suivit, et quand les nuages de vapeurs sul-
fureuses se furent dissipés, on vit le corps monstrueux de l'ours se
débattant sur l'herbe au milieu des dernières convulsions de l'agonie.
Le messager de plomb avait accompli sa mission et avait traversé la
cervelle. Quelques instants après, le monstre velu gisait sans mouvement sur la terre.

Les autres jeunes gens descendirent alors des arbres. François et
Lucien coururent ramasser leurs fusils, et tous trois, ayant rechargé
leurs armes avec le plus grand soin, s'avancèrent vers le ravin. Ils ne
s'arrêtèrent point à examiner l'ennemi qu'ils avaient tué; la soif les
pressait, et ils avaient hâte de gagner la source. Ils se croyaient à peu
près sûrs d'avoir tué de leur premier coup de fusil l'ours femelle et
son ourson. Quel fut leur désappointement lorsqu'en regardant au

fond du ravin ils aperçurent l'ourson gisant sans mouvement; et près de lui sa mère, qui le gardait. L'ourson était évidemment mort : c'était un malheur, car la mère ne devait pas alors le quitter un instant, et tous deux se trouvaient juste au milieu du chemin qui conduisait à la plaine. L'ourse se promenait sur le rebord d'un rocher, s'approchait de temps en temps de l'ourson, le remuait avec ses pattes; le flairait à plusieurs reprises, puis poussait un gémissement sourd et plaintif qui faisait mal à entendre.

Les chasseurs reconnurent avec douleur que leur situation était aussi mauvaise que jamais. La retraite leur était coupée par cette mère furieuse, qui pouvait rester là pendant un temps infini. Devaientils tirer sur elle, et courir encore la chance de s'échapper au moyen des arbres? C'était une terrible épreuve à recommencer : la pénible expérience qu'ils venaient de faire les décida contre ce parti.

Mais que faire alors?

Rester jusqu'à la nuit et essayer de passer à la faveur de l'obscurité; peut-être que l'ourse se déciderait à rentrer dans la caverne, et leur fournirait ainsi elle-même l'occasion de s'échapper; mais ce moyen exigeait du temps, et, nous l'avons dit, les trois frères mouraient de soif.

Lucien eut alors une heureuse idée. Il aperçut un cactus qui croissait non loin de là : c'était précisément l'*echino cactus* à grosses boules. Il se rappela avoir entendu dire que ces plantes avaient servi plus d'une fois à désaltérer les voyageurs perdus dans le désert. Il fit part de sa découverte à ses frères, et tous trois tirant leurs couteaux coururent aux plantes. Plusieurs boules furent ouvertes, et leurs fibres fraîches et chargées d'eau furent appliquées sur les lèvres avides; l'effet en fut immédiat, nos chasseurs éprouvèrent un tel soulagement que leurs souffrances furent presque oubliées.

L'ourse occupait toujours le milieu du chemin : tant qu'elle resterait à cette place il n'y avait pas pour eux possibilité de songer à gagner le camp; mais heureusement la soif ne les pressait plus, et ils prirent, n'ayant rien de mieux à faire, le parti d'attendre la nuit, dans l'espoir que l'obscurité amènerait peut-être quelque changement favorable.

La nuit vint bientôt, mais non l'obscurité. La lune, au contraire, brillait de tout son éclat, circonstance fâcheuse qui rendait la descente presque aussi périlleuse que pendant le jour. L'ourse continuait à se plaindre et à gronder, et demeurait toujours auprès de son enfant mort. Le défilé était donc encore gardé. S'ils essayaient de descendre, ils ne pouvaient manquer d'être aperçus par le monstre longtemps avant d'arriver en bas ; l'ourse devait d'ailleurs infailliblement les entendre marcher au milieu des rochers et des buissons. Tout l'avantage serait de son côté, car elle pourrait les attendre et les attaquer à l'improviste; en outre, quand bien même le chemin eût été libre, c'était encore une entreprise périlleuse que de descendre pendant la nuit un ravin aussi escarpé.

Aussi, après en avoir délibéré pendant longtemps, ils résolurent d'attendre le jour.

Ils ne fermèrent pas l'œil de la nuit; ils entendaient leurs chevaux hennir : sans doute les pauvres bêtes se demandaient ce qu'étaient devenus leurs maîtres. Les hennissements de Jeannette se répétaient aussi d'écho en écho. Le hurlement des loups lui répondait. Ces bruits, et plus encore les grondements menaçants de l'ourse, suffisaient de reste pour chasser le sommeil de leurs paupières. Ils n'osaient pas s'endormir, à moins d'aller chercher un refuge sur les arbres, car ils n'étaient pas rassurés sur la conduite de leur ennemie, et craignaient qu'il ne lui prît fantaisie de monter sur le plateau. Cette obligation de prendre pour lit une mince branche de pin de montagne ne tentait personne, et chacun préféra se passer de sommeil.

La nuit fut longue, cependant l'aube finit par paraître. Ses premières lueurs trouvèrent la sentinelle velue à son poste, elle n'avait pas bougé de place, évidemment elle gardait le cadavre de son fils; cela pouvait durer longtemps.

Les jeunes chasseurs, et particulièrement Basile, commençaient à perdre patience, ils avaient faim; il leur restait bien à la vérité quelques morceaux de mouton sauvage qu'ils auraient pu manger, mais ils avaient de plus une soif horrible; le jus de cactus avait calmé leur soif sans l'éteindre, et ils soupiraient après l'eau fraîche de la source. Les buffalos aussi les préoccupaient vivement. Ils étaient partis vers le nord; leur serait-il possible de les rattraper, et, s'ils laissaient échapper cette bonne fortune, retrouveraient-ils jamais une occasion aussi favorable de se procurer l'objet pour la possession duquel ils avaient enduré tant de privations et de souffrances?

Ces diverses pensées occupaient l'esprit de nos jeunes aventuriers; mais le bouillant Basile était plus impatient qu'aucun de ses frères, et il se montrait résolu à essayer de tous les moyens pour sortir de leur donjon et gagner la plaine, où ils devaient trouver l'eau, leurs chevaux et le troupeau de buffalos.

Il proposa de provoquer l'ourse à coups de fusil, dans l'espoir qu'elle les poursuivrait comme avait fait son compagnon, et qu'ils s'en débarrasseraient de la même manière. Ce moyen pouvait réussir sans doute, mais c'était une expérience dangereuse à tenter.

Lucien, qui était plus porté pour les moyens de prudence, proposa que deux d'entre eux fissent le tour du précipice et l'examinassent soigneusement, tandis que le troisième veillerait sur l'ourse; peut-être finirait-on par découvrir quelque chemin conduisant à la plaine.

Cela n'offrait qu'un bien faible espoir; mais comme après tout la

12

chose n'était pas difficile à effectuer et ne devait employer que fort peu de temps, la proposition de Lucien fut acceptée.

— Si nous avions seulement une corde, dit François, nous pourrions nous laisser glisser le long du rocher, et la vieille ourse pourrait, après cela, rester ici pendant l'éternité si cela lui faisait plaisir.

— Ah! s'écria Basile frappé par une idée subite, faut-il que nous soyons stupides! Comment n'avons-nous pas pensé plus tôt à cela? Venez, venez, mes amis! je veux vous conduire en bas en un clin d'œil; suivez-moi.

En prononçant ces derniers mots, Basile se dirigea vers la place où on avait dépecé les bighornes. Arrivé là, il tira son couteau de chasse, étendit une des peaux par terre, et se mit à la découper en lanières. Lucien devina aussitôt son projet et l'aida dans cette opération. François fut envoyé à l'entrée du ravin, avec ordre de surveiller les mouvements de l'ourse.

Au bout de quelques minutes de travail, Basile et Lucien avaient fini de découper les deux peaux. Tout autour d'eux la terre était couverte de longues courroies qu'ils attachèrent solidement les unes aux autres, en ayant soin de placer dans les nœuds des traverses faites avec des branches de sapin; bientôt ils se trouvèrent en possession d'une échelle en cuir cru, de près de cent pieds de long.

Ils se mirent alors en quête d'un point favorable à leur dessein, et choisirent une place près du bord du plateau, où se trouvait un gros pin, au tronc duquel ils attachèrent une des extrémités de leur échelle de cuir; à l'autre bout ils attachèrent Marengo avec les trois fusils, plus une grosse pierre, pour bien s'assurer de la force de la courroie avant d'aventurer leur propre existence; François était venu les rejoindre et les aidait dans ces divers préparatifs.

Ces préliminaires terminés, ils laissèrent couler la corde jusqu'à ce qu'ils vissent le tout reposant en bas sur la prairie.

Ils tendirent alors la corde, dont la pierre, trop lourde pour être remuée par Marengo, servait à fixer sur la prairie l'extrémité inférieure; c'était en quelque sorte une ancre de terre ferme.

François se laissa glisser le premier le long de la corde; opération qui ne lui fut pas trop difficile, grâce aux échelons de bois qui l'empêchèrent de glisser trop rapidement. Lucien le suivit, puis Basile ferma la marche; de sorte qu'en moins d'une demi-heure le plan de fuite avait été conçu, exécuté, et que les trois frères se trouvaient sains et saufs sur le gazon de la prairie.

Ce n'était pas l'occasion de perdre du temps; Marengo fut détaché, et toute la troupe se précipita vers les chevaux. Ceux-ci furent bientôt atteints, bridés et sellés; et nos jeunes chasseurs, certains maintenant de pouvoir les monter quand il leur plairait, respirèrent avec plus de tranquillité. Ils étaient résolus cependant à ne pas rester plus longtemps près de la butte, et à partir aussitôt qu'ils auraient mangé un morceau. On alluma un peu de feu, et l'on fit griller à la hâte une tranche de viande d'ourse ; cela suffit pour apaiser leur faim.

Basile, qui gardait rancune à la vieille ourse, voulait absolument retourner à cheval pour l'attaquer dans le ravin. Lucien, moins emporté et plus sage, eut toutes les peines du monde à le dissuader de ce projet ; enfin il finit par céder, et nos jeunes chasseurs, ayant fini de préparer leurs chevaux, empaquetèrent leurs ustensiles de campement sur le dos de Jeannette, et s'élancèrent à la recherche des aventures.

Les aventures ne devaient pas leur manquer, comme on le verra par la suite, et les ours gris n'étaient pas les ennemis les plus dangereux qu'ils étaient destinés à rencontrer.

Mais n'anticipons pas sur la marche des événements.

XXXI. — LES VAUTOURS ET LEUR ROI.

Ils tournèrent la tête de leurs chevaux vers l'ouest, car leur intention était de s'avancer dans cette direction jusqu'à ce qu'ils eussent rencontré les traces des buffalos ; puis ils prirent au nord afin de suivre la piste de ces animaux et de faire tous leurs efforts pour atteindre le grand troupeau. C'était en effet le meilleur parti qu'ils eussent à prendre.

Au moment où ils tournaient l'extrémité occidentale de la butte, une troupe de gros oiseaux attira leur attention. C'étaient des vautours. Les jeunes gens se rappelèrent alors le cimmaron qui était tombé du haut du rocher, et en levant les yeux ils aperçurent le cadavre qui se balançait toujours à l'arbre auquel il était attaché ; c'était ce cadavre qui avait attiré les vautours.

Ces oiseaux arrivaient de toutes parts et en très grand nombre. On en comptait déjà plus de cent. Les uns fendaient l'air avec leurs grandes ailes ; les autres s'étaient abattus sur le sommet du rocher ou perchés sur les branches des pins, tandis qu'un petit nombre d'entre eux volaient autour du cadavre, et se posaient de temps en temps sur ses membres roidis, dans lesquels ils cherchaient à faire pénétrer leurs becs tranchants et recourbés. Ils étaient déjà parvenus à arracher les yeux de l'animal, mais la peau épaisse résistait encore à leurs coups.

Ces oiseaux étaient plus gros que des corbeaux, de couleur sombre et presque noire ; à une certaine distance ils paraissaient même entièrement noirs, mais en y regardant de plus près on distinguait dans leur plumage un mélange de brun plus prononcé chez les uns que chez les autres. Cette différence était légère, et un observateur superficiel aurait classé tous ces oiseaux dans la même espèce, ce qui eût été une grave erreur; car il y avait là deux espèces bien distinctes, le dindon-busard (*cathartes aura*) et le vautour noir (*cathartes atratus*). Nos chasseurs ne s'y trompèrent pas, ils les connaissaient trop bien pour cela; les uns et les autres étant très communs dans la Louisiane et dans toute la partie sud des Etats-Unis.

J'ai dit qu'un observateur superficiel aurait confondu ces deux espèces. C'est qu'en effet ces deux sortes de vautours sont presque de la même taille et de la même couleur, quoique le noir soit un peu plus foncé que le busard, mais c'est surtout sous d'autres rapports qu'ils diffèrent aux yeux des naturalistes.

Le busard est un oiseau mieux conformé et plus élégant que son congénère; soit qu'il marche, soit qu'il vole, ses mouvements sont beaucoup plus gracieux; ses ailes, beaucoup plus longues et garnies de plumes, sont autrement disposées. Sa queue est plus allongée; sa tête, son cou et ses pattes, dépourvus de plumes, sont recouverts d'une peau rougeâtre ou plutôt couleur de chair, tandis que chez le vautour noir ces mêmes parties présentent un mélange de noir et de gris, apparence qui est causée par la présence d'un duvet noir, mais très rare, sur une peau de couleur blanchâtre.

On les distingue facilement au vol. Celui du vautour noir est lourd, il frappe d'abord l'air de coups d'ailes précipités, puis ses ailes demeurent immobiles pendant une centaine de mètres environ, tandis que sa queue courte, mais très large, se déploie comme un éventail. Le busard au contraire tient ses ailes en repos, dans une position qui est loin d'être horizontale, il les porte très relevées, il parcourt ainsi de longues distances sans un seul battement d'ailes, et, chose extraordinaire, loin de tendre à descendre, comme on pourrait le croire, son vol s'effectue en ligne droite, et décrit même souvent une courbe ascendante. On ignore encore comment il peut monter de cette manière. Quelques personnes supposent qu'il possède la faculté de se gonfler d'air chaud, ce qui lui permet de s'élever comme un ballon, sans l'usage de ses ailes. Cette théorie n'est pas très claire, et me paraît avoir besoin d'être démontrée avant d'être acceptée comme vraie. D'autres disent qu'il est emporté par l'impétuosité de l'élan qu'il a pris en descendant d'une hauteur égale ou plus grande, ce qui expliquerait ce vol par le système des montagnes russes; mais cette théorie n'est pas plus exacte que la première, car on voit souvent le busard s'élever ainsi après un long parcours en ligne horizontale. Une explication qui me paraît plus admissible, c'est qu'il y a dans le vol particulier au busard une application du principe par lequel les sauvages de la Nouvelle-Hollande dirigent leur *boomerangs*, principe qui est au surplus le même que celui au moyen duquel les enfants parviennent à faire faire à une pierre plate lancée sur l'eau des bonds bien connus sous le nom de ricochets. Quoi qu'il en soit, c'est un spectacle fort intéressant que de voir un de ces oiseaux lancé dans l'espace et s'y soutenant à l'aide de ses larges ailes, dont la couleur sombre tranche sur le bleu du ciel; tantôt planant en cercle, tantôt s'élançant comme un trait horizontal, tantôt se dirigeant vers le zénith, et traçant dans son vol les courbes ondulées de l'ogive. Oui, je le répète, mes jeunes amis, c'est un spectacle aussi magnifique qu'attrayant.

Somme toute, le vautour-busard est un oiseau plus noble que le vautour noir; il y a plus de l'aigle en lui. Tous les deux mangent de la chair corrompue, ils ont cela de commun avec tous les vautours; mais le busard se nourrit en outre des serpents, des lézards et des petits quadrupèdes; il attaque les agneaux et les petits cochons quand l'occasion favorable se présente, ce que fait aussi du reste le vautour noir, mais beaucoup plus rarement. D'ailleurs ils ne sont ni l'un ni l'autre bien à craindre sous ce rapport; ce n'est que par exception qu'ils attaquent ces derniers animaux, et pour s'y décider il faut qu'ils y soient poussés par une faim excessive.

Ces deux espèces vivent par groupes, quoiqu'on ne les voie pas toujours réunis en grandes troupes. On rencontre plus particulièrement le busard chassant seul ou en compagnie de deux ou trois de ses pareils. C'est autour des cadavres qu'on les trouve en plus grand nombre; ils s'y réunissent quelquefois par centaines, et dans ces circonstances les vautours noirs se mêlent aux busards, mais ceux-ci n'y sont jamais aussi nombreux que les noirs, qui entrent toujours pour plus des trois quarts dans ces sortes de rassemblements. Le grand nombre de busards isolés que l'on aperçoit dans les hautes régions de l'air a fait croire à certaines gens que cette espèce ne vivait pas en troupe; cependant il est certain qu'un grand nombre d'entre eux se réunissent tous les soirs pour percher sur les mêmes arbres, et on les voit même en plusieurs circonstances se joindre aux vols des vautours noirs. Dans beaucoup de pays le vautour est un oiseau privilégié, on le regarde comme une espèce de policeman économique, auquel on laisse le soin de débarrasser gratis la contrée des cadavres des animaux morts, qui autrement empoisonneraient l'atmosphère. C'est une chose de la plus haute importance dans les pays chauds, et ce n'est guère que dans ces contrées que l'on rencontre le vautour. Quel exemple frappant de la sage prévoyance de la nature! À mesure qu'on s'avance dans les hautes latitudes, vers les régions plus froides, où l'air n'est pas aussi facilement infecté par les matières animales en putréfaction, l'urgence d'enlever les immondices devient beaucoup moins pressante, et l'on ne rencontre plus le vautour que par accident; sa présence est remplacée dans ces pays par celle du corbeau et de la corneille.

Pour prouver que les vautours sont des animaux privilégiés, il suffit d'ouvrir le code d'un grand nombre de nations, qui toutes ont promulgué des lois protectrices de cet oiseau. C'est ainsi que dans l'Amérique anglaise et dans l'Amérique espagnole il est défendu de les tuer, sous peine d'amende; il en résulte qu'ils y sont rarement inquiétés, et par suite ils deviennent familiers au point de se laisser approcher à la distance de quelques pieds. Dans les villes et les villages des États du Sud, ils descendent jusque dans les rues et perchent, pour dormir, sur les toits des maisons; la même chose a lieu dans les villes du Mexique et de l'Amérique du Sud, où les deux espèces se rencontrent.

Quand nos jeunes chasseurs furent arrivés en face des rochers occupés par les vautours, ils s'arrêtèrent, dans l'intention d'observer pendant quelque temps le mouvement de ces oiseaux. Ils étaient curieux de voir comment ils s'y prendraient pour profiter d'une proie aussi singulièrement située que l'était le cadavre du cimmaron. Sans descendre de cheval, ils se placèrent à environ une centaine de pas du rocher; les vautours étaient trop occupés de leur proie pour s'inquiéter de leur présence, et, sans faire attention aux chasseurs, ils continuèrent à descendre, les uns sur l'escarpement supérieur et les autres sur les rochers tombés au pied de la butte, absolument comme si personne ne se fût trouvé là.

— C'est étonnant, fit observer François, comme les busards ressemblent aux poules d'Inde.

— Oui, répondit Lucien, et c'est pour cette raison qu'on leur a donné le nom de *dindons-busards*.

L'observation de François était toute naturelle, car il n'y a peut-être pas deux oiseaux au monde qui, sans être de la même espèce, se ressemblent autant qu'un busard et une poule d'Inde de petite taille, j'entends parler d'une poule d'Inde domestique de l'espèce commune, de la variété noire.

Ces deux volatiles se ressemblent tellement à une certaine distance, qu'il m'est souvent arrivé à moi-même de prendre l'un pour l'autre. Cette ressemblance cependant ne va pas au-delà de l'aspect général de la forme et de la couleur, et ces oiseaux, comme vous pouvez l'imaginer, diffèrent essentiellement sous beaucoup d'autres rapports.

— Les dindons-busards, dit Lucien, me remettent en mémoire une anecdote qui a rapport à un animal de cette espèce.

— Tu devrais bien nous la raconter, repartit vivement François.

— Avec plaisir, répondit Lucien. Elle tend à montrer la supériorité de l'homme blanc sur l'Indien en matière de duplicité, et fournit un exemple remarquable de la justice et de l'honnêteté que les hommes de notre race ont trop souvent observées dans leurs transactions commerciales avec les sauvages.

Voici cette histoire :

Un blanc et un Indien partirent un matin pour la chasse. Il fut convenu entre eux que le soir venu on partagerait le gibier sans avoir égard au nombre de pièces abattues par chacun des chasseurs. La journée ne fut pas heureuse : l'Indien tua un dindon et le blanc un dindon-busard; c'était tout ce qu'ils avaient rencontré. A la nuit chacun apporta son gibier à la masse. Alors se présenta une difficulté : comment faire un partage égal? Chacun connaissait parfaitement le prix d'un bon dindon bien gras, et savait aussi que le busard vaut moins que rien, car il exhale une odeur fétide et repoussante. Ce dernier gibier devait donc être considéré comme nul, et le seul moyen de partager équitablement la chasse, c'était évidemment de couper le dindon en deux parties égales, et d'en prendre chacun la moitié.

Ce n'était pas, à ce qu'il paraît, le compte de l'homme blanc, qui proposa au contraire d'adjuger le dindon à l'un et le busard à l'autre.

— Ce serait dommage, prétendait-il, de gâter ces oiseaux; il vaut bien mieux que nous en ayons chacun un.

— Soit, répondit l'Indien, et que le sort alors décide du droit de choisir.

— Oh! non, repartit le blanc, c'est peine inutile; je ne veux point y regarder avec vous, je prendrai le dindon et je vous laisserai le busard, *ou, si vous préférez, vous prendrez le busard et vous me laisserez le dindon.*

L'Indien hésitait : il voyait bien que dans l'un et l'autre cas le busard lui tombait en partage; mais après tout la proposition du blanc lui semblait juste, et, ne pouvant en trouver le défaut, il consentit, quoique à regret, à l'accepter. C'était ce que voulait le chasseur blanc, qui sans plus de façon chargea le dindon sur son épaule, laissant l'Indien au milieu des bois à jeun, mais libre de souper avec son busard si cela lui convenait.

— Ah! ah! ah! fit François en riant aux éclats, c'était une fameuse bête que ton Indien. Comment pouvait-il se laisser attraper par une ruse aussi grossière?

— Ah! répondit Lucien, ce n'est pas le seul homme de sa race qui ait été trompé par ceux de la nôtre. Il y a eu, je t'assure, plus d'un dollar d'étain donné à ces simples enfants des forêts en échange de leurs fourrures et de leurs pelleteries; il est tel homme que je ne veux pas nommer, car il faut respecter la cendre des morts, dont la fortune colossale n'a pas eu, dit-on, d'autre principe. Peut-être qu'un jour aussi quelque historien attaquera sous ce rapport le caractère du fondateur de la Pensylvanie, car on prétend que le vertueux Penn, après avoir acheté des Indiens un territoire de trois milles carrés, se fit mesurer par ces pauvres gens un carré de trois milles de côté.

J'espère cependant, pour l'honneur du chef de la secte des Amis, que cette histoire est inventée.

— Il me semble, dit François, que c'est un peu renouvelé des Grecs : c'est le même tour que joua Didon avec la peau de taureau.

— Oui, répondit son frère, ce qui prouve que la mauvaise foi n'est l'apanage exclusif ni d'aucun siècle ni d'aucun peuple. Elle a existé dans le passé, nous la trouvons dans le présent, et probablement elle continuera à exister jusqu'au moment où les hommes, de plus en plus éclairés, puiseront leurs inspirations dans un mobile plus noble et plus pur que l'appât du gain. Ce temps, je le crains bien, est encore fort éloigné.

La conversation revint aux vautours.

Le nombre de ces oiseaux s'augmentait à chaque instant ; ils formaient maintenant une troupe de deux cents au moins, et il en arrivait encore de tous les points de l'horizon. Les derniers venus décrivaient d'abord quelques cercles en l'air, puis descendaient et se perchaient sur les arbres et sur les rochers. Quelques-uns restaient les ailes pendantes et la tête enfoncée dans leurs épaules, de telle sorte que leur long cou nu disparaissait entièrement dans leur collier semblable à des fraises goudronnées ; d'autres se tenaient droits les ailes à moitié déployées, et se rejoignant en arrière à la manière des aigles, comme on voit souvent ces derniers oiseaux représentés sur les médailles et sur les étendards. On suppose que les aigles et les vautours étendent ainsi leurs ailes pour se rafraîchir quand ils ont trop chaud et pour se réchauffer quand ils ont trop froid, car ils prennent cette position par les grandes chaleurs comme par les grands froids. Dans cette attitude leur aspect est à la fois plein d'élégance et d'originalité. Un certain nombre de ces vautours descendaient des plus hautes régions de l'air : on les voyait d'abord se détacher comme des points noirs sur le bleu du ciel, puis ils grossissaient de plus en plus, et finissaient par venir en décrivant leurs spirales projeter une ombre sur la pelouse éclairée des rayons du soleil. D'autres semblaient venir des points les plus éloignés de l'horizon, et ne paraissaient pas, lorsqu'on commençait à les apercevoir, plus gros que des passereaux.

— Ces vautours, fit observer François, paraissent venir de loin, et ont dû parcourir d'énormes distances. Il n'y en avait pas un seul en vue quand nous avons tué ce bighorne, qui donc a pu les guider vers ce point?

— Ils sont guidés par l'odorat, répondit Basile, car ce sens est très développé chez ces oiseaux.

— Non, mon frère, interrompit Lucien, c'est là une des erreurs de vos naturalistes de cabinet, et ces erreurs, mises en avant par eux, sont malheureusement aujourd'hui proverbiales. Rien n'est plus faux cependant, et il est bien constaté au contraire que chez les vautours, ainsi que chez les autres oiseaux, l'odorat est beaucoup moins développé que chez les quadrupèdes ; les loups et les chiens, par exemple, leur sont infiniment supérieurs sous ce rapport.

— Alors, comment expliquer le moyen qu'ils ont employé pour découvrir ce cadavre?

— C'est par la vue, ce sens étant poussé chez eux à un très haut degré de perfection.

— Cela me paraît difficile à admettre, repartit Basile. Voilà, par exemple, des vautours qui viennent de l'est ; la butte se trouvait placée entre eux et le cadavre du bighorne, ils n'ont pu voir, je suppose, à travers cet obstacle très peu transparent.

— Je ne dis pas que ceux-ci le vissent, mais ils ont aperçu d'autres vautours qui eux-mêmes en avaient vu d'autres, lesquels aussi en avaient rencontré d'autres qui avaient découvert le cadavre.

— Ah ! très bien, je comprends. Tu veux dire sans doute que ce cadavre a d'abord été aperçu par un ou deux vautours, que ceux-ci ont été aperçus par d'autres au moment où ils se dirigeaient de ce côté ; les derniers ont suivi les premiers, et leur exemple a été imité par d'autres plus éloignés qui les ont vus prendre cette direction, et ainsi de suite.

— C'est cela même. Ainsi s'expliquent naturellement les histoires des vautours sentant les cadavres à plusieurs milles de distance, lesquelles histoires sont tout bonnement des contes à dormir debout, propagés par des hommes qui peut-être n'ont jamais vu de vautours en l'air, mais qui, pour donner quelques attraits à leurs livres, ont adopté les récits mensongers de tous les Munchausen qu'ils ont pu rencontrer.

— Ta théorie me semble en effet la plus probable.

— C'est la seule vraie ; elle repose sur de nombreuses expériences faites sur les vautours eux-mêmes, et qui toutes, sans exception, ont prouvé que l'odorat de ces oiseaux n'était rien moins que subtil ; bien loin de là, ce sens est chez eux très peu développé, et c'est même à cette circonstance qu'il faut attribuer la voracité avec laquelle ils dévorent des viandes dont l'infection répugnerait à toutes autres espèces d'animaux.

— Cette bande de vautours, dit François à son tour, est venue ici de tous les points de l'horizon ; en voici encore même qui arrivent de tous côtés, je ne serais pas étonné que quelques-uns d'entre eux eussent fait cinquante milles.

— Tu peux même dire cent milles sans craindre de te tromper, répondit Lucien ; de pareilles distances ne sont pour eux que des bagatelles ; et si je savais le moment précis où le bighorne a été aperçu par le premier de ces animaux voraces, je pourrais facilement te dire de quelle distance vient chacun d'eux, c'est-à-dire chacun de ceux que nous voyons arriver maintenant.

— Comment cela, mon frère? demandèrent à la fois François et Basile au comble de l'étonnement. Nous t'en prions, dis-nous cela.

— Voilà comment je calculerais. D'abord, me dirais-je, tous ces vautours sont partis en *même temps*.

— Comment en même temps? interrompit Basile. C'est difficile à admettre, puisque nous supposons qu'il y en a qui ne se trouvaient pas à moins de cent milles d'ici.

— La distance ne fait rien à la chose, répondit Lucien, et ils ont tous commencé à se diriger vers ce point, non pas tous *exactement* en même temps, mais à une si légère différence près, que cela ne vaut pas la peine de s'y arrêter.

Vous allez le comprendre :

Quand ces oiseaux sont à la découverte de leur proie, ils volent en décrivant en l'air des cercles étendus ; chacun de ces cercles embrasse une grande surface de terrain ; leurs circonférences se rapprochent et s'entrecoupent de telle sorte qu'en fait tout le pays se trouve compris dans les réseaux de ces différents cercles. Lorsqu'un de ces vautours, des hauteurs où il plane, a découvert avec ses yeux perçants un cadavre gisant quelque part, il quitte aussitôt le cercle qu'il traçait pour descendre directement sur la proie qu'il convoite. Celui ou plutôt ceux qui décrivent les cercles les plus rapprochés de lui aperçoivent cette manœuvre, et, sachant bien ce que signifie ce changement de direction, ils s'empressent d'abandonner leur cercle pour se précipiter à la suite de leur voisin. Ceux-ci sont aperçus et suivis par d'autres, et cela se continue jusqu'à l'extrémité de la chaîne.

— Mais comment les vautours peuvent-ils savoir que l'un d'entre eux va s'abattre sur une proie? demanda François en interrompant l'explication de Lucien.

— Supposons, dit celui-ci pour toute réponse, que tu aperçoives Basile à une grande distance sur la prairie, ne devinerais-tu pas facilement à ses gestes qu'il a fait lever quelques pièces de gibier et qu'il est à leur poursuite?

— Oui, très facilement.

— Eh bien! il en est de même des vautours ; ils ont la vue plus perçante que toi, et comprennent parfaitement la portée des mouvements de leurs semblables ; aussi ne s'y laissent-ils pas tromper, et sitôt qu'ils voient que l'un d'eux a un bon dîner à vue, ils s'empressent de s'y inviter.

Je pense, continua Lucien, vous avoir démontré qu'ils partent tous en même temps, à quelques secondes de différence près ; et comme ils volent presque en ligne droite vers le but auquel ils tendent, si nous connaissions leur vitesse, nous n'aurions qu'à prendre le moment de leur arrivée pour obtenir la distance parcourue par chacun d'eux, en supposant toujours, bien entendu, que nous ayons constaté le moment de l'arrivée du premier de tous.

Ainsi, par exemple, continua Lucien en indiquant les vautours du geste, supposons que le premier de ces oiseaux soit arrivé ici il y a deux heures, admettons d'un autre côté que la vitesse de leur vol soit de trente milles par heure, nous pourrons en conclure avec certitude qu'un certain nombre de ceux qui arrivent maintenant ont fait ce matin un voyage de soixante milles. Que dites-vous de ma théorie?

— Je la trouve fort ingénieuse, répondit Basile.

— Mais qu'attendent-ils actuellement? demanda François, et pourquoi ne s'abattent-ils pas sur le bighorne pour le dévorer?

La question de François était fort naturelle, car la plupart des vautours, au lieu d'attaquer le cadavre, demeuraient perchés sur les arbres et sur les rochers dans les attitudes les plus nonchalantes, comme s'ils n'avaient eu ni faim ni envie de manger.

Basile hasarda une explication.

— Sans doute, dit-il, ils attendent que la chair se gâte; on assure qu'ils la préfèrent en état de putréfaction.

— Voilà encore, répondit Lucien, une opinion dénuée de tout fondement; non-seulement les vautours ne préfèrent pas la chair dans cet état, mais il est au contraire certain qu'ils aiment mieux la chair fraîche, et qu'ils la dévorent avec avidité quand ils ont la bonne fortune d'en rencontrer.

— Alors qu'attendent-ils à l'heure qu'il est? demanda encore François.

— Ils sont arrêtés par la dureté résistante de la peau. Ces oiseaux sont loin d'avoir dans le bec et dans les serres autant de puissance que l'aigle, sans cela vous ne tarderiez guère à voir le bighorne à l'état de squelette; et s'ils attendent la putréfaction de ce cadavre, c'est qu'ils savent qu'elle amollira le cuir et leur permettra de déchirer leur proie : voilà ce qu'ils attendent.

Cette explication de Lucien était évidemment la bonne, car chaque nouveau venu des oiseaux allait d'abord s'attaquer au cadavre, et ce n'était qu'après avoir reconnu l'inutilité de ses efforts qu'il se retirait pour aller se percher tranquillement sur les arbres et sur les rochers.

Nos chasseurs s'aperçurent même que quelques-uns d'entre eux, plus persévérants que les autres, étaient parvenus à pratiquer une incision à la place où la balle de Basile avait pénétré dans le corps de l'animal. L'ouverture fut rapidement élargie; ce que voyant les autres, ils volèrent aussitôt à la curée. En moins de cinq minutes, l'arbre était tout noir de ces oiseaux immondes, qui se pressaient sur ses branches les uns contre les autres; plusieurs s'étaient perchés sur les pattes et sur les cornes de l'animal même, et il ne restait pas une place vide à ce poste envié.

Mais c'en était trop pour la force de résistance des racines du pin; sous le poids des oiseaux réunis à celui du cadavre elles commencèrent à céder, puis on entendit un long craquement suivi d'un cri aigu comme celui du rat; c'était l'arbre qui s'arrachait, et les vautours qui s'envolaient en poussant un cri de frayeur. Par suite de l'inclinaison de l'arbre, le corps du bighorne fut précipité à terre et tomba sur les rochers au fond du ravin.

Au même moment, une grande rumeur se manifesta parmi les oiseaux; ils s'envolèrent tous avec un bruit d'ailes si fort, qu'on aurait pu l'entendre à plusieurs milles de distance; mais leur frayeur ne fut pas de longue durée, et bientôt on les vit redescendre et s'abattre auprès du cadavre.

Cet accident leur fut d'ailleurs plus profitable que nuisible. Le cadavre, qui commençait déjà à entrer en putréfaction, se disloqua en tombant de cette hauteur sur les pointes des rochers, la peau fut aussi déchirée en plusieurs endroits; les oiseaux voraces s'en aperçurent aussitôt, et volèrent sur leur proie pour commencer leur horrible repas.

Au bout de peu d'instants, ils se pressaient en foule sur le cadavre, sifflant comme des oies et se battant entre eux à coups d'ailes, de serres et de becs; c'était une scène de gloutonnerie dégoûtante, et d'ignobles disputes que la plume serait impuissante à retracer. Le corps du bighorne fut bientôt déchiré par lambeaux, et les entrailles mises à nu; ce fut à dater de ce moment un hideux spectacle. Quelquefois on voyait deux de ces oiseaux saisir un long boyau, l'avaler, se rencontrer au milieu bec à bec, et le tirer à soi, chacun s'efforçant de faire rendre à l'autre ce qu'il avait avalé. Ces curieux épisodes, tout dégoûtants qu'ils étaient, intéressaient nos chasseurs, qui tombèrent d'accord de rester quelques moments à les observer. Ce fut dans cette intention et plus encore peut-être pour soulager leurs chevaux qu'ils mirent pied à terre et résolurent de s'arrêter quelques instants dans ce lieu.

Un nouveau sujet d'observation vint bientôt captiver leur attention; ce fut François qui le découvrit le premier. Il avait levé les yeux pour suivre le mouvement de quelques vautours, qui se trouvaient encore en l'air, quand il s'écria tout-à-coup :

— Un busard blanc, un busard blanc !

Lucien et Basile, voyant François indiquer le ciel, levèrent les yeux à leur tour, et aperçurent en effet un oiseau blanc; mais ni l'un ni l'autre n'auraient pu dire à quelle espèce il appartenait. Il volait à une très grande hauteur, plus haut en apparence qu'aucun des busards, et paraissait même à cette distance plus gros qu'aucun autre oiseau. Son vol était si majestueux et si rapide qu'on l'aurait pris pour le roi des airs. Au moment où on commença à l'apercevoir, il paraissait de la grosseur d'une mouette, et les jeunes chasseurs étaient disposés à le prendre pour un oiseau de cette espèce, car ils ne connaissaient aucun oiseau blanc capable de voler à une pareille hauteur. Mais comme au-dessous de lui, et par conséquent plus rapprochés des observateurs, volaient plusieurs busards qui paraissaient à peine gros comme des hirondelles, il fallait que l'oiseau blanc eût en réalité des proportions beaucoup plus considérables; Lucien soutenait qu'il était trois fois gros comme un busard ordinaire, et cette estimation n'était pas loin de la vérité. Cet étrange oiseau ne pouvait être une mouette; mais à quelle espèce appartenait-il? Etait-ce un cygne? Evidemment non, car sa manière de voler ne permettait pas cette hypothèse; il n'y avait aucun rapport entre ce vol puissant et les battements courts et répétés particuliers au vol du cygne et de tous les autres oiseaux d'eau. Peut-être était-ce un pélican ou un ibis blanc (*tantalus alba*) ou un héron blanc à aigrette (*ardea egretta*). Non, non, ce n'était aucun de ces oiseaux, car leur vol lent et pénible aurait été reconnu aussitôt par les jeunes chasseurs, habitués à les rencontrer souvent dans les baillous de la Louisiane. L'oiseau qui était en vue volait d'une tout autre façon, et se servait de ses ailes de la même manière que le busard et le vautour noir; c'est ce qui embarrassait nos chasseurs, car ils ne connaissaient aucun oiseau blanc qui eût le vol de cette espèce. Sa taille et ses allures auraient pu le faire prendre pour un aigle; mais sa couleur s'opposait à cette supposition; ils n'avaient jamais entendu parler d'aigle blanc. Je crois avoir dit qu'au moment où François commença à l'apercevoir, l'étrange oiseau ne paraissait guère plus gros qu'une mouette; mais il se rapprochait à tire-d'aile, et les jeunes chasseurs le voyaient grossir à vue d'œil; il était à présumer, d'après cela, qu'il se dirigeait vers la place qu'ils occupaient eux-mêmes ainsi que les vautours.

Comme ils avaient les yeux fixés sur l'objet de leur curiosité, une exclamation leur échappa à tous trois en même temps. Un autre oiseau blanc était en vue, il était encore très haut, et paraissait dans l'air comme un flocon de neige sur un fond d'azur; mais il descendait à la suite du premier, et semblait être de la même espèce que lui. Le dernier venu, descendant plus verticalement que l'autre, l'eut bientôt rejoint, et tous deux continuèrent à s'abaisser en décrivant une spirale. En peu d'instants ils se trouvèrent à moins de deux cents pieds au-dessus de la terre; ils se mirent alors à voler lentement en cercle, les yeux fixés sur le sol.

Ils se trouvaient alors précisément au-dessus de la place occupée par les vautours, et comme le soleil les éclairait de ses rayons les plus lumineux, les jeunes gens eurent l'occasion d'admirer à leur aise deux des plus magnifiques oiseaux qu'ils eussent jamais vus. Ils n'étaient pas entièrement blancs, quoiqu'ils parussent tels quand on les regardait d'en bas; mais comme en décrivant leur cercle ils se tenaient quelquefois inclinés sur le côté, on pouvait de temps à autre apercevoir leur dos. On remarquait alors que la partie supérieure de leur corps était d'une belle couleur de café au lait, le dessus de leurs ailes d'un brun lustré et leur queue tachetée de noir ; quant à la partie inférieure, elle était aussi blanche que la neige la plus pure. La tête et le cou de ces oiseaux étaient sans contredit la partie la plus remarquable de leur individu : l'une et l'autre étaient entièrement dépourvues de plumes ; cette nudité se prolongeait jusqu'aux épaules, autour desquelles on voyait une large fraise semblable à une collerette empesée ; la peau de la tête et du cou présentait les nuances les plus brillantes du rouge et de l'orangé. Ces nuances n'étaient pas mêlées ensemble, mais s'appliquaient chacune à des membranes séparées, et formaient des figures régulières dessinées par la disposition des cartilages ; leur bec était d'un beau rouge orangé, et près des narines on distinguait des protubérances analogues à la crête du coq ; pour tout dire en un mot, ces oiseaux étaient magnifiques, et leur beauté, aussi frappante que celle du paon, ne permettait pas de les oublier, ne les eût-on vus qu'une seule fois.

— C'est la première fois que je vois des oiseaux de cette espèce, dit Lucien ; cependant il m'est facile de les nommer sans hésitation.

— Et comment les appelles-tu ? demandèrent Basile et François avec intérêt.

— Ce sont des vautours royaux.

Comme Lucien prononçait ces derniers mots, les deux oiseaux, sans s'inquiéter de la présence des chasseurs, s'abattirent sur le cadavre du bighorne. Les jeunes gens les suivaient des yeux, curieux d'observer l'effet qu'allait produire leur apparition sur les busards et les vautours noirs. A leur grand étonnement, il ne restait plus un seul de ces oiseaux auprès de la carcasse. Pendant que les trois frères regardaient les vautours royaux, les autres les avaient aussi aperçus, et, sachant par expérience à quels oiseaux ils avaient affaire, busards et vautours noirs s'étaient éloignés précipitamment, et étaient allés se percher sur les rochers à une distance respectueuse.

Les vautours royaux, sans paraître prendre garde à leur présence. sautèrent sur cette proie, et se mirent à la déchirer avec leurs becs, En quelques minutes ces créatures, qui s'étaient montrées si belles et si superbes (car les vautours sont aussi fiers de leur plumage que les paons, et très soigneux de leur toilette), ces créatures, dis-je, présentaient l'aspect le plus hideux et le plus dégoûtant. Les brillantes couleurs de leur tête et de leur cou avaient disparu sous une couche de sang noir, et l'albâtre de leur poitrine était tout souillé de sanies. Dans ce moment ils ne se préoccupaient que d'une chose : satisfaire leur ignoble appétit.

— Si nous tirions sur un de ces deux oiseaux ? dit François.

— Non, répondit Lucien. Pourquoi ôter la vie à des créatures qui ne peuvent nous être d'aucune utilité? Si vous désirez les voir de plus près, patientez un peu, et votre désir sera satisfait sans qu'il soit nécessaire de gaspiller ni poudre ni plomb.

Ce que Lucien avait dit ne tarda pas à se vérifier. Au bout d'une demi-heure environ les oiseaux, qui paraissaient avoir absorbé autant de nourriture que leur estomac pouvait en contenir, abandonnèrent leur festin, et se mirent à marcher sur la terre d'un pas lourd et embarrassé. Les jeunes gens, qui avaient attendu patiemment jusque-là, coururent alors vers eux, et comme les vautours étaient devenus incapables de s'élever en l'air, ils s'en emparèrent bientôt après une chasse dans laquelle Marengo joua le principal rôle. Ils ne les gardèrent pas longtemps, car, à peine François, qui s'était montré le plus ardent à leur poursuite, eut-il mis la main sur l'un d'eux, qu'il le lâcha aussitôt avec une exclamation de dégoût, et s'éloigna du vautour plus vite que celui-ci ne pouvait s'éloigner de lui. L'odeur fétide et infecte de ces animaux était plus que n'en pouvaient supporter les nerfs olfactifs de nos jeunes héros; aussi ce fut sans le moindre regret qu'ils renoncèrent à se mettre de nouveau en contact avec les vautours royaux.

En retournant vers leurs chevaux, ils remarquèrent que les busards et les vautours noirs se rassemblaient de nouveau autour des restes du bighorne. C'était tout naturel : les vautours blancs étaient repus, et ils savaient n'avoir plus rien à en redouter.

Ces oiseaux de carnage avaient été rejoints par plusieurs loups de prairie ; ces derniers montraient les dents, grognaient et cherchaient à chasser les oiseaux, dont ils recevaient en retour de violents coups d'ailes, qui les rendaient plus furieux encore. C'était un hideux combat dont nos jeunes aventuriers ne jugèrent pas à propos d'attendre la fin ; ils se remirent en selle, et reprirent leur chemin en se dirigeant vers la prairie.

En s'éloignant de la butte, ils continuèrent à s'entretenir des vautours.

— L'étude de leur histoire naturelle, dit le savant de la petite troupe, a été considérablement embrouillée par les naturalistes de cabinet, et particulièrement par les Français, qui, plus que tous les autres, aiment à faire parade de science, en multipliant à tort et à travers les genres et les espèces. En l'absence de connaissances réelles sur les coutumes de ces animaux, cela leur fournit l'occasion d'ajouter quelque chose à ce qui a déjà été dit, et force le lecteur à penser que ces savants anatomistes ont creusé le sujet à fond. Or, c'est tout ce que ces messieurs désirent.

Il n'y a pas plus de deux douzaines d'espèces de vautours dans le monde, et cependant les naturalistes français en font presque autant de genres, multipliant les noms sonores à un tel point, que l'esprit de l'élève s'embrouille complètement dans une matière dont l'étude serait toute simple.

Tous les vautours se ressemblent tellement sous le rapport de la physionomie et des mœurs, qu'on pourrait les regarder comme étant tous du même genre. Bien plus, on pourrait, sans produire une grande confusion dans la science ornithologique, les classer avec les aigles, ces deux sortes d'oiseaux ayant de nombreux points de similitude.

Les vautours tuent souvent leur proie, comme les aigles, et il est certain qu'ils ne la préfèrent pas en putréfaction. Les aigles ne tuent pas toujours leur proie, et beaucoup d'entre eux mangent des chairs corrompues. Quelques vautours, tels que le *lammergeyer*, ont presque absolument les habitudes de l'aigle. Le lammergeyer tue toujours l'animal qu'il mange, à moins qu'il ne soit pressé par la faim, et, particularité remarquable chez cet oiseau, il préfère certaines parties des os des animaux à leur chair.

On trouvera peut-être étonnant que le jeune chasseur Lucien connût ce fait, qui, je crois, n'est pas encore dans le domaine des naturalistes. Moi-même je l'ai appris d'un des *nourrisseurs* de la magnifique collection de *Regent's Park*, qui avait remarqué cette disposition à manger des os chez un jeune lammergeyer d'Afrique. Il avait aussi remarqué que l'oiseau était mieux portant et de meilleure humeur le jour où on lui avait accordé son morceau favori. Ces hommes en savent plus en fait d'histoire naturelle que ceux qui passent leur vie à dresser des catalogues et à mesurer des dents, sans sortir de leurs musées et de leur cabinet.

— Peut-être, continua Lucien, un des points les plus essentiels qui distinguent le vautour et l'aigle se trouve-t-il dans les serres. Celles du vautour sont moins développées, et manquent de la puissance musculaire dont celles des aigles sont douées. De là vient que les vautours sont moins aptes à tuer leur victime ou à déchirer le cadavre d'un mort. Ils ne peuvent pas non plus enlever dans leurs serres une grosse proie, et les histoires de vautours enlevant des daims et de gros moutons sont de pures fables. Le condor lui-même, qui est le plus gros des vautours connus, ne peut élever en l'air un poids de plus de dix livres, et je m'imagine qu'un daim de dix livres ne pourrait pas passer pour gros.

La plupart des histoires merveilleuses racontées sur le condor ont été propagées par les Espagnols, qui ont découvert et conquis l'Amérique, et qui, s'ils étaient de grands conquérants, étaient aussi les plus grands hâbleurs que l'on ait jamais vus.

Mais laissons ces fables pour nous occuper de la réalité.

Le condor est un vrai sarcoramphe. En effet, un des traits les plus caractéristiques de cet oiseau, c'est la crête charnue et cartilagineuse qui surmonte sa tête et une partie de son bec. Cette crête, toutefois, ne se trouve que chez les mâles; les femelles en sont entièrement dépourvues.

Le condor, quand il est en pleines plumes, est un oiseau noir et blanc. Le dessous de son corps, sa queue, ses épaules, la naissance et la bordure de ses ailes, sont d'une couleur sombre, presque noire; mais ses ailes, lorsqu'elles sont fermées, montrent une large surface d'un blanc grisâtre depuis le dos jusqu'à la queue. La fraise de duvet qui lui entoure la poitrine et le cou est d'un blanc de lait; la peau nue et ridée de son cou et de sa tête est rouge noirâtre ou couleur lie de vin, et ses pattes sont bleu cendré. C'est seulement lorsqu'il est adulte, à trois ans environ, que le condor revêt ces couleurs; jusqu'à cette époque, il n'a pas de collier blanc autour du cou. Plusieurs mois même après être éclos, les jeunes ont, au lieu de plumes, un duvet doux et épais comme de jeunes oisons ou cygnes; et même à deux ans leur couleur n'est ni noire ni blanche, mais noir sale et brunâtre.

Le condor, arrivé à son plein développement, mesure ordinairement huit pieds de l'extrémité d'une de ses ailes à l'extrémité de l'autre; mais on ne saurait nier qu'il en existe des spécimens, vus par des voyageurs dignes de foi, qui mesurent quatorze pieds et quelques pouces.

De même que les autres vautours, le condor se nourrit habituellement de chair corrompue; mais quand il est pressé par la faim, il tue des moutons, des agneaux, des vigognes, de jeunes lamas, des daims et d'autres animaux.

Il dompte les espèces les plus fortes en s'attaquant aux yeux à l'aide de son bec puissant, qui est son arme principale. Il est assez probable qu'il attaque souvent, et, selon les Indiens, tue quelquefois de petits enfants. S'il peut tuer des moutons et de petits veaux, il n'y a rien d'extraordinaire à ce qu'il fasse de même d'un enfant de cinq ou six ans, et il est en effet certain que cela a dû arriver quelquefois.

Presque tous les aigles en peuvent faire autant; ils le feraient s'ils y étaient poussés par la faim et qu'on laissât des enfants dans le voisinage de leurs repaires. Le condor est, au surplus, un des oiseaux les plus voraces de son espèce. On en a vu un qui, en état de captivité, mangeait dix-huit livres de viande en un seul jour. Mais il est complètement fabuleux qu'il puisse s'élever en l'air en emportant de gros animaux, tels que des daims et des moutons, comme le prétendent Acosta, Desmarchais et autres écrivains français et espagnols.

Le condor n'est pas, comme les vautours dans la plupart des pays, sous la protection de la loi. Ses habitudes destructives à l'égard des agneaux, des jeunes lamas et des alpacas sont cause qu'on est plus disposé à le persécuter qu'à le protéger. C'est pourquoi on le tue et on le prend toutes les fois que l'occasion s'en présente. Sa chair et ses plumes sont de peu d'utilité; mais comme c'est un objet de curiosité, on le prend pour servir d'ornement dans les maisons des Chiliens et des Péruviens. On en voit souvent de vivants au marché de Valparaiso et des autres villes du Sud.

Les naturels qui chassent le condor emploient divers moyens pour s'en emparer. Quelquefois ils se couchent et restent à l'affût près d'un cadavre et tirent sur l'oiseau dès qu'il descend; mais il est très difficile d'en tuer de cette manière, car ils sont protégés par l'épaisseur et la force de leur plumage, et ils ont la vie très dure : une balle ne les tue qu'à la condition de les atteindre dans une partie vitale, aussi ce procédé est peu mis en usage. La seconde manière consiste à attendre que le condor se soit gorgé de nourriture; il est alors, comme presque tous les autres vautours, incapable de se soutenir en l'air. Les chasseurs, en ce cas, le poursuivent au galop et le prennent au lasso sans descendre de cheval, ou l'arrêtent dans sa fuite en lui lançant des *bolas* autour des pattes. Les *bolas* sont de simples courroies de cuir, au bout desquelles sont fixées des balles de plomb; quand elles sont bien lancées, elles s'enroulent autour des chevilles du condor et l'empêchent de courir. Il y a encore un troisième moyen plus sûr que les précédents : les chasseurs construisent une large enceinte, dans laquelle ils placent une grande quantité de chairs corrompues; les palissades de cette enceinte sont assez élevées pour que l'oiseau, bien gorgé de nourriture, ne puisse pas les franchir, incapable qu'il est de s'élever en l'air. On les prend alors aisément, ou on les assomme à coups de bâton.

Les Indiens tuent le condor à coups de pierres; ils se servent pour cela de frondes, qu'ils savent manier avec une grande adresse.

Le condor naît et se développe sur les sommets élevés des Andes, au milieu de roches nues et privées de végétation, que nul ne pense à escalader; la plupart, d'ailleurs, sont inaccessibles au pied humain. On n'y trouve aucun animal de quelque espèce que ce soit, pas même d'oiseau, à l'exception du condor, seul maître de cette région. En conséquence, ces oiseaux, seuls peut-être parmi toutes les autres créatures, ont un lieu de retraite où nul ennemi ne peut venir les relancer, où ils mettent leurs petits au monde et les élèvent en parfaite sécurité. Bien plus, ils peuvent, la nuit, se livrer au repos sans crainte d'être troublés dans leur sommeil, si ce n'est par le bruit de l'avalanche ou du grondement du tonnerre, qui éclate souvent au milieu de ces régions *alpines*. Mais le condor ne s'effraye pas de ces bruits; il ne s'en inquiète pas et dort tranquillement, même lorsque les éclairs viennent se jouer autour de son aire.

Mais en voilà bien assez sur les vautours d'Amérique.

XXXII. — UN SQUELETTE POUR TOUT POTAGE.

Nos jeunes voyageurs, deux jours après avoir quitté la butte, avaient consommé leur dernier morceau de viande d'ours séchée, et ils avaient été forcés de se coucher sur la prairie harassés de fatigue et de faim sans avoir une seule once de nourriture à se mettre sous la dent.

Ce qui rendait la perspective encore plus désespérante, c'est qu'ils avaient à traverser une région entièrement dépourvue de gibier, où on ne rencontre que des buffalos, quelques rares antilopes, mais en revanche des loups à profusion. C'était à proprement parler un désert, bien que la plaine desséchée fût couverte de la fameuse herbe à buffalos, *sesleria dactyloides*, qui forme la nourriture de prédilection de ces animaux. Quant aux antilopes, elles se plaisent dans ces vastes solitudes, car ces plaines ouvertes, laissant un libre essor à leur légèreté, leur permettent d'échapper facilement à la poursuite de leurs ennemis ; mais elles se montrent peut-être plus farouches dans ces déserts que partout ailleurs, et quoique nos chasseurs en vissent plusieurs le long de leur route, ce fut en vain qu'ils essayèrent d'en approcher à portée de fusil.

Il est vrai qu'ils auraient pu tuer des loups, mais ils n'étaient pas encore assez tourmentés par la faim pour se résigner à se nourrir de la chair de ces animaux immondes. Il était évident que des bandes nombreuses de loups les précédaient sur les traces du grand troupeau de buffles. A chaque instant ils en trouvaient la preuve dans les squelettes de ces derniers animaux, dont les os parfaitement nettoyés gisaient çà et là sur la route. Ces squelettes étaient évidemment ceux de quelques traînards qu'un accident quelconque avait empêchés de suivre le troupeau. Ces accidents se répètent souvent : les combats que se livrent entre eux les taureaux, la maladie ou la vieillesse, sont des causes qui pendant ces migrations rapides laissent souvent quelques animaux en arrière de la masse. Il faut que ces animaux, tout isolés qu'ils sont, soient affaiblis pour devenir la proie des loups, car un buffalo bien portant peut mettre en déroute une troupe entière de ces chacals lâches et poltrons. Mais des accidents nombreux ne peuvent manquer de se produire dans une multitude si pressée de buffalos ; il arrive toujours que quelques-uns, vieux, faibles ou fatigués, demeurent en arrière de leurs compagnons, d'autres s'embourbent sur le bord de quelque rivière fangeuse, ou se noient en la traversant. La perspective de toutes ces chances et l'espoir plus alléchant encore de voir les buffalos attaqués par les chasseurs indiens entraînent souvent les bandes de loups à parcourir à la suite des grands troupeaux de buffles des centaines de milles. Quelques-uns de ces loups, tant de l'espèce blanche que de celle de prairie, paraissent même n'avoir aucune résidence fixe, et courent sans cesse à la suite des armées de buffalos, qu'ils suivent dans toutes leurs migrations.

J'ai dit que la seconde nuit, après avoir quitté la butte, nos voyageurs se virent forcés de se coucher sans souper ; le troisième jour ils commencèrent à ressentir les fatigues de la faim sur les plaines sauvages et désertes qui s'étendaient à perte de vue. Autour d'eux on n'apercevait ni quadrupèdes ni oiseaux de quelque espèce que ce fût. Cependant vers midi, comme ils traversaient un fourré de sauges sauvages (*artemisia tridentata*), leurs chevaux firent envoler presque sous leurs pieds une couple de ces singuliers oiseaux désignés sous le nom de coqs de sauge ou de coqs de bruyère de prairie (*tetrao urophasianus*). C'est la plus grosse espèce de tous les coqs de bruyère. François, dont le fusil était toujours prêt, fit feu sur eux, mais malheureusement ils étaient déjà trop loin pour être atteints, et un instant après le couple emplumé disparaissait derrière une ondulation du terrain. Cette vue ne fit qu'irriter l'estomac de nos chasseurs malheureux et qu'aiguiser encore leur appétit. Il ne leur restait plus de chance de trouver du gibier avant d'avoir rejoint les buffalos ; c'était leur seul et dernier espoir. Aussi hâtèrent-ils de l'éperon la marche de leurs chevaux et leur firent-ils reprendre une allure aussi vive que les jambes fatiguées des pauvres bêtes pouvaient le leur permettre.

Lorsque la nuit vint, la faim s'était augmentée à un tel point, qu'à plusieurs reprises nos jeunes voyageurs jetèrent des regards de convoitise sur Jeannette et sur Marengo. Ils commençaient à comprendre la nécessité de sacrifier l'un des deux ; c'était une triste alternative, car le chien et la mule étaient pour eux bien moins des serviteurs que des amis ; tous les deux avaient droit à leur reconnaissance, car l'un et l'autre avaient rendu de grands services pendant le voyage. Sans Marengo on n'eût peut-être jamais retrouvé les traces de François, et Jeannette, outre qu'elle avait accompli sa tâche d'une manière satisfaisante, les avait encore sauvés de la mort dans la rencontre avec le couguard ; mais devant l'impérieuse nécessité de la faim, tous ces services étaient mis en oubli, et nos jeunes aventuriers commençaient à discuter sérieusement lequel des deux fidèles serviteurs ils sacrifieraient le premier. Ils n'étaient gras ni l'un ni l'autre, Jeannette ne l'ayant jamais été, du moins depuis que nos jeunes gens la connaissaient, et Marengo étant devenu maigre par suite des fatigues de cette longue expédition. Jeannette ne devait être que fort coriace, et Marengo ne paraissait rien moins que tendre.

Sous ce rapport il n'y avait donc pas plus de raison d'égorger l'un de préférence à l'autre.

Des considérations d'une autre nature agissaient encore sur l'esprit des chasseurs. Basile ne voulait pas se séparer de son chien, dont il avait appris à apprécier depuis longtemps toutes les bonnes qualités, et qui d'ailleurs dans ces dernières circonstances avait mérité l'affection de tout le monde par sa conduite pleine de dévouement. La manière dont il s'était comporté pour retrouver François, son utilité comme sentinelle autour des feux de bivouac, et mille autres services importants militaient en sa faveur et plaidaient pour ce fidèle et courageux animal; aussi ses jeunes maîtres étaient-ils décidés à souffrir la faim jusqu'à la dernière extrémité plutôt que de le sacrifier.

Jeannette, au contraire, n'était qu'une mule et encore une mule très entêtée, très vindicative et toujours prête à la ruade. Il était vrai qu'elle leur avait rendu de grands services, et que malgré son humeur acariâtre elle n'avait jamais dirigé un coup de pied contre l'un d'eux. Néanmoins, ce qu'ils éprouvaient pour Jeannette était de la gratitude bien plus que de l'amitié, tandis que ces deux sentiments réunis plaidaient dans leur cœur en faveur de Marengo.

C'était sous l'influence de ces considérations que nos chasseurs affamés délibéraient; le résultat du conseil n'était pas difficile à prévoir. La sentence fut enfin prononcée : à l'unanimité des voix Jeannette fut condamnée à mort.

Pauvre vieille Jeannette! elle ne se doutait guère de ce dont il était question; elle ne pensait pas que ses jours étaient comptés, et que le moment approchait où elle ne devait plus porter le bât. Dans son heureuse ignorance elle ne soupçonnait pas qu'elle caracolait sur la prairie pour la dernière fois, et que dans quelques heures son sang serait répandu, et que ses vieilles côtes, arrachées avec tant de peine aux dents des loups, des panthères et des javalis, grilleraient bientôt en crépitant au-dessus d'un feu de bivouac. Oui, il était décidé que Jeannette devait mourir; il ne restait plus à déterminer que le lieu et l'heure du sacrifice. Tout naturellement il devait s'accomplir à la première halte; mais où camperait-on?

Après avoir pris cette cruelle détermination, la petite caravane voyagea pendant plusieurs milles sans rencontrer une seule place où il fût possible de songer à établir un campement de nuit. On ne voyait nulle part des traces d'eau, et sans eau, nous l'avons dit bien des fois, impossible d'établir un camp.

Dans l'après-midi, les jeunes chasseurs s'étaient engagés à la suite des buffalos dans une partie de la prairie qui présentait un caractère fort étrange. C'était une suite d'ondulations de terrain formées de gypse pur qui s'étendaient à perte de vue tout autour d'eux, semblables à des mamelons d'albâtre. Là ne se voyaient ni plante, ni ar-

bres, ni aucun signe de végétation; c'était une campagne désolée
dont rien ne brisait la monotone aridité; de quelque côté qu'on
tournât les regards, on ne rencontrait qu'une suite non interrompue
de petites vallées et de petites collines disposées comme les dents
d'une lime, et éblouissant les yeux par leur blancheur de neige. La
chaleur du soleil, réfléchie par ces surfaces éclatantes, pénétrait tout
le corps et desséchait le gosier; l'air était si brûlant, qu'il semblait
qu'on respirait de la flamme à laquelle se mêlaient des nuages de
poussière de gypse. Cette circonstance redoublait encore les souffrances de nos voyageurs, et il leur eût été difficile de dire ce qui les
tourmentait le plus, de la chaleur, de la faim ou de la soif.

Jusqu'où se prolongeait cette étrange nature du sol?

Ils se perdaient en conjectures à cet égard. Lucien se rappelait
avoir lu que de semblables formations s'étendent parfois pendant la
longueur de plusieurs milles. Si tel était le cas, ils n'avaient guère
d'espoir de sortir vivants de ces solitudes désolées. Dans leur empressement à poursuivre le troupeau de buffles, ils n'avaient pris que
très peu de repos le jour précédent; ils étaient épuisés de faim et de
fatigue, et leurs chevaux presque autant qu'eux. Leurs appréhensions augmentaient à chaque pas, leurs souffrances croissaient en
même temps, ou plutôt ils n'en ressentirent bientôt qu'une, mais
poignante et intolérable: La soif, l'horrible soif dominait toutes les
autres, et les faisait oublier.

Toujours guidés par les traces des buffalos, ils avançaient tristement au milieu d'un nuage de poussière brûlante; la piste du troupeau n'était pas difficile à suivre, car le tourbillon de poussière mis
en mouvement indiquait le passage des buffalos, et çà et là de grands
trous ronds désignaient les places où ces animaux s'étaient vautrés.

L'espoir que les bisons, guidés par leur instinct naturel, avaient
dû marcher dans la direction de l'eau, soutenait seul le courage de
nos jeunes voyageurs, et les poussait en avant.

L'ombre du soir commençait à tomber sur la terre, et les collines
d'albâtre prenaient une teinte d'un gris cendré, quand la petite caravane sortit des ravins de gypse poudreux et se retrouva une fois de
plus sur le sol verdoyant de la prairie. Les ondulations de terrain se
prolongeaient encore à perte de vue, mais l'aridité avait cessé; nos
chasseurs suivaient toujours la piste du troupeau, les bêtes avaient
repris un peu d'ardeur, comme si le changement opéré dans la nature
du terrain leur eût rendu la force et l'espoir. C'est qu'en effet l'aspect
du sol semblait indiquer que l'eau n'était plus très éloignée, et en
montant sur la crête d'une ondulation de la prairie que traversait la
route des buffalos, ils aperçurent un filet d'eau douce dans la petite
vallée qui s'étendait à leurs pieds. A cette vue, Jeannette et les trois
chevaux dressèrent les oreilles, et retrouvèrent assez de force pour

se diriger au trot vers le ruisseau, dans l'eau duquel ils entrèrent bientôt jusqu'aux genoux.

Le ciel permit que ce fût un ruisseau d'eau douce. Si la source eût été salée, comme il s'en rencontre très fréquemment dans le voisinage des formations gypseuses, hommes et bêtes auraient péri sur la place même, incapables qu'ils étaient de fournir une nouvelle course.

Mais l'eau était douce et fraîche, et nos voyageurs, après avoir bu, se baignèrent avec délices pour se débarrasser de la poussière de gypse, dont ils étaient fort incommodés. Quand ils furent sortis de l'eau, ils songèrent aux arrangements du bivouac.

L'action bienfaisante de l'eau avait, dans une certaine mesure, relevé leurs forces épuisées ; leur faim elle-même s'en trouvait un peu calmée, et ils se demandèrent s'il ne serait pas possible d'accorder un sursis à Jeannette et d'attendre les événements jusqu'au lendemain matin. Pendant qu'ils délibéraient sur le sort de la pauvre mule, ils remarquèrent la disparition de Marengo ; ils cherchèrent le chien des yeux, et l'aperçurent près du ruisseau fort occupé avec un gros objet. Ils coururent à lui, et en arrivant sur la place ils le virent aux prises avec le squelette d'un gros buffalo. C'était une maigre pitance pour la pauvre bête affamée ; il n'y avait guère que les os à lécher, car les loups avaient enlevé la chair et n'en avaient pas laissé de quoi remplir sa petite dent creuse. Les lambeaux de peau qui couvraient le sol tout autour avaient été mâchés et rongés entièrement par ces voraces animaux, les os étaient aussi nets de viande que si on les eût râclés avec un couteau, et certes un anatomiste chargé de préparer ce squelette pour un muséum ne l'aurait pas nettoyé plus complètement.

Ce n'était pas une vue bien attrayante que celle de ce squelette décharné, et ils étaient sur le point de l'abandonner et de retourner à leur camp, lorsque Lucien vint à penser tout-à-coup qu'il serait peut-être possible de faire de la soupe avec ces os. Il communiqua cette idée à ses frères, qui ne manquèrent pas de l'adopter, et ils résolurent aussitôt de les faire bouillir. C'était une heureuse idée, les os étaient tout frais et devaient faire un excellent bouillon. Tout fut préparé pour les faire cuire, François ramassa des tiges de sauge sèches pour allumer le feu, tandis que Basile, armé de la hachette de Lucien, se mit à séparer les côtes et les jointures du squelette. Lucien de son côté ne demeurait pas inactif : il avait remarqué plusieurs plantes le long du ruisseau, et il était descendu sur ses rives dans l'espoir d'y découvrir soit des oignons sauvages, soit des navets de prairie, soit tout autre légume susceptible d'entrer dans la composition d'un potage.

Pendant que chacun était ainsi diversement occupé, une exclamation de Basile attira tout d'un coup l'attention de ses frères. C'était

un cri de joie suivi d'un rire sauvage comme celui d'un maniaque.
François et Lucien en furent effrayés et levèrent les yeux du côté de
leur frère, tout tremblants d'apprendre quelque malheur; car ils ne
comprenaient pas ce qui pouvait, dans des circonstances aussi pénibles, exciter chez Basile une gaieté aussi bruyante.

Mais celui-ci continuait à rire, en faisant tourner la hachette autour de sa tête d'un air de triomphe.

— Venez donc, mes amis, venez donc! leur criait-il, j'ai de quoi
remplir nos estomacs, quelque agrandis qu'ils puissent être par nos
jeûnes prolongés! Il faut avouer tout de même que nous sommes de
fameux imbéciles, nous sommes aussi bêtes que l'âne qui préférait
manger du foin quand il y avait auprès de lui du pain et du beurre.
Regardez-moi ceci et puis cela; voilà, je crois, de quoi souper, j'espère !

En parlant ainsi, Basile indiquait à ses frères, qui venaient de le
joindre, les énormes fémurs du buffalo. Lucien et François comprirent
alors la cause de sa joie : ces os étaient remplis de moelle.

— Il y en a là, continua Basile, des livres et des livres, c'est peut-
être ce qu'il y a de meilleur dans le buffalo ; nous mangerions une
douzaine là-dessus. Et dire que nous avons été sur le point de nous
coucher sans souper, et mieux encore de mourir de faim au milieu
de l'abondance! Voilà trois jours que nous voyageons au milieu de
pareils trésors. Ma foi, nous aurions mérité de mourir de faim pour
avoir été si bêtes! Mais venez, mes frères, aidez-moi à porter ces os
sur le feu, et c'est moi qui me charge de vous préparer prestement le
souper.

Il y a dans le buffalo huit os à moelle, qui contiennent ensemble
plusieurs livres de cette substance. Basile s'était rappelé à propos
que cette moelle est fort goûtée des chasseurs, qui la regardent
comme la partie la plus succulente de l'animal, et ont grand soin de
ne pas la laisser perdre; la meilleure manière de la préparer consiste
à la faire rôtir dans les os. Les Indiens et les trappeurs la mangent
souvent crue; mais les estomacs de nos jeunes chasseurs n'étaient
pas encore de cette force, et ils aimèrent mieux placer sur le feu une
couple d'os à moelle, qu'ils recouvrirent de cendre rouge.

Au bout de quelque temps on jugea que la moelle devait être cuite,
les os furent brisés avec la hache de Lucien, et laissèrent échapper
leur savoureux contenu; nos trois affamés le savourèrent avec un
plaisir qu'il nous faut renoncer à peindre. Ce festin fut arrosé d'une
tasse de bonne eau bien fraîche, et l'on oublia autour du bivouac les
tortures passées de la faim et de la soif.

Il n'est pas besoin d'ajouter, je pense, que Jeannette fut acquittée
à l'unanimité.

Une fois de plus nos jeunes aventuriers renaissaient à l'espoir : il
y avait dans les os restants de quoi les nourrir pendant deux jours au

moins, car la moelle est une substance très nourrissante sous un petit volume; de plus, comme ils avaient beaucoup de chance en continuant à suivre la piste des buffalos de rencontrer encore d'autres squelettes, ils bannirent de leur esprit toute inquiétude relativement à leur nourriture. Un autre fait révélé par le squelette du buffalo vint encore ajouter à leur joie en ranimant leurs espérances : ils avaient remarqué tout d'abord que les os étaient encore frais. Cette circonstance prouvait qu'il n'y avait pas longtemps que les loups les avaient abandonnés; donc l'animal avait été tué peu d'heures auparavant : toutes choses qui tendaient à prouver que le grand troupeau avait passé par là tout récemment, et ne devait pas être bien loin.

C'était là pour nos chasseurs autant de stimulants, et ce fut pendant toute la soirée, qu'ils passèrent tranquillement devant leur feu de sauge, l'objet principal de leur conversation.

La main de la Providence les avait trop souvent préservés d'une mort presque certaine pour qu'ils négligeassent d'en témoigner leur reconnaissance à l'Être suprême. Pieusement agenouillés au milieu de ce désert sans bornes, les trois jeunes Landi offrirent à Dieu leurs actions de grâces; après quoi ils s'enroulèrent dans leurs couvertures, et malgré la pluie, qui tombait avec force, ils goûtèrent bientôt une fois de plus les douceurs d'un bon sommeil.

XXXIII. — COMBAT DES TAUREAUX.

L'aurore trouva nos chasseurs debout. Ils se sentaient rafraîchis et pleins de gaieté; leurs animaux aussi paraissaient tout-à-fait restaurés.

Le pays qu'ils traversaient alors était ce qu'on appelle une prairie ondulée (*rolling prairie*), une terre sans arbres, mais non pas unie, tant s'en faut. Les vastes contrées désignées par les chasseurs sous le nom général de prairies ne présentent pas toujours une surface plane, et renferment au contraire de nombreux accidents de terrain, des collines élevées et des vallées profondes. Pris dans son acception la plus générale, le mot prairie indique une large étendue de terrain découvert et à peu près du même niveau, sans désigner pour cela un terrain tout-à-fait plat. La prairie peut contenir des collines, des vallées et de longues arêtes. Il n'est pas nécessaire non plus qu'elle soit entièrement dépourvue d'arbres; il existe même certaines prairies boisées où les arbres poussent en mottes ou bouquets; ce sont ces espaces plantés qu'on nomme des îles, à cause de la ressemblance qu'ils présentent avec les îles boisées de la mer. Le mot prairie est

employé pour distinguer des forêts, des montagnes et de l'Océan ces
vastes étendues d'herbes qui se trouvent sur la surface de la terre ;
les prairies elles-mêmes ont plusieurs noms, selon la nature des substances qui recouvrent leur surface. Nous avons vu les prairies
boisées et les prairies fleuries ; ces dernières sont souvent désignées
sous le nom de prairies aux mauvaises herbes par les chasseurs grossiers qui les parcourent. On appelle prairies d'herbe (*grass prairie*)
les grands terrains couverts d'herbes à buffalos, de *gramma* et de
mezquite. Les étendues recouvertes de sel, qui ont environ cinquante
milles de long sur à peu près autant de large, sont nommées prairies
de sel (*salt prairie*); d'autres, de dimensions à peu près égales, mais
dont la surface est blanchie de soude, portent le nom de prairies de
soude (*soda prairie*). Les vastes plaines désertes où l'on ne trouve
d'autre végétation que des buissons d'armoise ou sauge sauvage,
sont désignées sous le nom de prairie de sauge (*sage prairie*). On
trouve dans les parties centrales de l'Amérique du Nord des plaines
de cette nature qui comptent des centaines de milles d'étendue. Il y
a encore les *sand prairies*, où l'on ne rencontre que des sables ; les
rocks prairies, prairies de pierres où les schistes et les cailloux recouvrent la plaine aride. Il en existe encore une autre variété, c'est
celle que l'on désigne sous le nom de *hog wallow prairies*, prairies à
cochons, ainsi nommées sans doute parce que leur surface tour-
mentée semble avoir été fouillée et retournée par les groins de ces
animaux. La plupart de ces noms ont été donnés par les trappeurs,
ces véritables pionniers des régions des herbes. Et qui, en effet,
pourrait prétendre plus qu'eux au droit de baptiser ces lieux ? Les
hommes de science peuvent bien les explorer ; les ingénieurs géogra-
phes peuvent aussi les traverser sans courir aucun risque avec une
troupe de soldats sur leurs talons; ils peuvent s'attribuer la découverte des défilés et des plaines, des montagnes et des rivières, des
animaux et des plantes. Ils peuvent se donner le plaisir de baptiser
sur leurs cartes les différents points de leurs propres noms, puis de
ceux de leurs *patrons* et de leurs amis, et enfin de ceux de leurs
chiens et de leurs chevaux favoris. Ils peuvent, alliant les choses les
plus mesquines aux merveilles les plus grandes, imposer à des montagnes géantes et à des fleuves immenses le nom de Smith, Jones
Fremont et Stransbury; mais les hommes qui ont le sentiment de la
justice, et les rudes trappeurs eux-mêmes, rejettent ces dénomina-
tions usurpées, et se rient de cette fatuité scientifique. Quant à moi,
je respecte les noms que les trappeurs ont donnés aux différentes parties de ces contrées lointaines, car la plupart de ces noms sont,
comme ceux de la nomenclature indienne, empruntés à la nature
même du terrain, et, d'ailleurs, beaucoup de ces points ont été bap-
tisés avec le sang de leurs aventureux parrains.
   Mais je reviens à nos aventuriers, qui voyageaient sur la prairie

ondulée. Le terrain présentait sous leurs pas des sillons gigantesques, c'était..... j'aime mieux vous faire une comparaison.

Savez-vous ce que c'est que la houle?

Quand la tempête commence à se calmer et que les vents ont cessé de mugir, la mer se soulève sans écumer, lourdement, en silence, puis retombe, pour se soulever et retomber encore. Les furieuses vagues s'élèvent encore à une telle hauteur et creusent des abîmes si profonds, qu'il arrive quelquefois aux navires fatigués d'un roulis trop violent de perdre leur mâture ou de se coucher sur le flanc; c'est ce que les marins appellent la houle. Supposez maintenant que dans cet état, et par un coup de baguette magique, la mer soit soudainement arrêtée dans son mouvement, et que l'eau soit transformée en terre couverte d'un gazon vert, vous aurez une idée assez exacte de la prairie des vagues.

Quelques personnes pensent qu'à l'époque où ces prairies ont été formées, un tremblement de terre avait imprimé au sol, encore mal solidifié, un mouvement d'ondulation analogue à celui de la mer, et que le mouvement ayant cessé tout-à-coup, la surface demeura en l'état où elle nous apparaît aujourd'hui; c'est là, comme vous voyez, un sujet fort intéressant pour les géologues; aussi leur laisserai-je le soin de l'approfondir. Les ondulations de la prairie traversée par nos jeunes aventuriers s'étendaient de l'est à l'ouest; la route se dirigeait au nord, et présentait par suite une succession continue de montées et de descentes.

Les regards toujours tendus en avant, ils examinaient avec anxiété les vallons de la prairie, et chaque fois qu'ils arrivaient sur un sommet, ils espéraient découvrir à leurs pieds un grand troupeau de buffalos. Mais ils n'étaient guère préparés au spectacle qui s'offrit bientôt à leurs yeux; ce spectacle, on l'aurait cru du moins, était de nature à leur causer une grande joie: il ne devait cependant leur inspirer d'abord qu'une sorte de terreur. Ils venaient de parvenir au sommet d'une éminence, et ils découvraient du regard toute la vallée qui s'étendait à leurs pieds. Cette vallée était petite et profonde, de forme à peu près circulaire, et couverte d'un magnifique gazon vert. D'un côté se trouvait une source dont les eaux, après avoir alimenté un ruisseau qui faisait presque le tour de la vallée, s'échappaient ensuite à travers un des sillons de la prairie. Le cours de ce petit ruisseau était indiqué par une double rangée d'arbres bas, cotonniers et saules, qui bordaient ses deux rives; ce qui donnait au centre de la vallée l'aspect d'un pré entouré d'arbres.

C'était au milieu de ce pré qu'une scène étrange attendait nos voyageurs; ils s'arrêtèrent pour la contempler, le cœur battant d'une émotion singulière. Ce qui fixait leur attention et leurs regards n'était rien moins qu'une lutte terrible engagée entre plusieurs animaux. Les combattants étaient en tout au nombre de douze; mais ils rachetaient par le courage et par la force ce qui leur manquait du côté du nombre. Ces animaux, d'une grande taille et d'un aspect redoutable, luttaient avec tant de fureur que tout autour d'eux le gazon était arraché, et que leurs pieds lançaient au loin la terre et les cailloux. C'était au beau milieu du pré que se livrait cette bataille acharnée. Le terrain était découvert, et l'on eût dit que les champions avaient choisi cette arène pour mettre le tournoi à la portée d'un plus grand nombre de spectateurs. La disposition de la vallée lui donnait en effet beaucoup de ressemblance avec ces grands théâtres espagnols où l'on donne des combats de taureaux : les collines figurant les loges, et la surface unie et horizontale du pré représentant à merveille l'arène du combat. Mais ici la bataille n'était point engagée pour l'amusement d'un foule oisive et curieuse, et les combattants étaient loin de se douter qu'ils eussent des spectateurs.

La lutte était sérieuse : le mugissement furieux des adversaires, leurs bonds terribles, le bruit retentissant de leurs cornes et de leurs crânes qui se heurtaient, tout annonçait une rage portée au comble.

C'étaient des buffalos qui se battaient : on les reconnaissait à première vue. Leurs structures massives, leurs crinières de lion, et, plus que tout cela, leurs mugissements semblables à ceux des taureaux en fureur, ne pouvaient laisser à nos jeunes chasseurs aucun doute à cet égard, et leur indiquaient une troupe de buffalos mâles aux prises dans un de leurs terribles tournois.

J'ai dit qu'à l'aspect de ces animaux le premier sentiment éprouvé par nos héros avait été un sentiment de terreur. Pourquoi, me dira-t-on, et que trouvaient-ils d'effrayant dans l'aspect d'un troupeau de buffalos, quand précisément ils venaient de si loin et à travers tant de fatigues à la recherche de ces animaux? Etaient-ils effrayés par leur fureur ou par leurs mugissements sonores? Point du tout, ce n'était pas là la cause de leur crainte, je devrais plutôt dire de leur inquiétude. Cette inquiétude avait une bien autre cause vraiment, et les fils du colonel n'étaient point gens à s'épouvanter de rencontrer des buffalos et de les voir engagés dans un combat terrible; mais... mais c'étaient des buffalos blancs !

Eh bien ! m'allez-vous dire encore, ce n'était pas pour eux une raison d'avoir peur; la capture du buffalo blanc n'était-elle pas le but principal de leur expédition, et la vue de cet animal ne devait-elle pas les faire trembler de joie bien plus que de frayeur? Sans doute, la vue d'un seul taureau blanc aurait produit cet effet; mais en voir un si grand nombre rassemblé dans un étroit espace; douze animaux si rares réunis ensemble, c'était un phénomène si extraordinaire et si inouï, qu'il leur causait un étonnement poussé jusqu'à l'angoisse.

Il se passa quelque temps avant qu'aucun des trois frères pût trouver la force d'exprimer sa surprise; ils restaient immobiles sur leurs chevaux, les yeux fixés sur la vallée, ils pouvaient à peine en croire le témoignage de leurs sens. Ils ombrageaient leurs yeux avec la paume de leurs mains, et regardaient avec plus d'attention encore. Enfin la chose était incontestable, il fallait se rendre à l'évidence : c'étaient bien des buffalos, et, qui plus est, des buffalos blancs.

Tous n'avaient pas la robe entièrement blanche, mais chez tous le blanc dominait ; quelques-uns avaient les jambes et la tête plus foncées, avec de larges taches blanches sur les flancs, qui leur donnaient un aspect bigarré ; mais la nuance générale et dominante était le blanc, et, chose presque incroyable, pas un seul dans la troupe n'était brun ou noir, bien que ces deux couleurs soient les seules qui caractérisent généralement les buffalos. C'était là surtout ce qui donnait à cette scène le cachet mystérieux qui avait si vivement impressionné les jeunes chasseurs.

Ceux-ci cependant se remirent bientôt de leur surprise ; le hasard les avait fait tomber sur un troupeau de buffalos blancs : c'était un bonheur, sans doute. D'ailleurs, ils finirent par croire qu'il n'y avait rien d'extraordinaire à les trouver réunis en si grand nombre, et pensèrent que les individus de cette nuance si rare avaient peut-être l'habitude de se grouper de cette façon, et de se tenir à l'écart des noirs. Que pouvait-il au surplus leur arriver de plus heureux ? Tout ce qu'ils avaient à désirer maintenant c'était de parvenir à en tuer un ; le but de leur expédition étant alors atteint, ils n'auraient plus qu'à rebrousser chemin et à retourner chez leur père par la voie la plus courte.

Ce fut sous l'influence de ces idées qu'ils se mirent à examiner quel moyen ils pourraient employer pour tuer ou pour prendre tout au moins un des individus de la bande.

Ils ne perdirent pas beaucoup de temps à arrêter leur plan.

Le combat des buffalos se continuait avec une fureur toujours croissante ; ils n'avaient pas encore découvert les chasseurs, et paraissaient trop occupés pour pouvoir de longtemps encore s'apercevoir de leur présence. Ceux-ci résolurent, en conséquence, que deux d'entre eux resteraient à cheval afin d'être prêts à donner la chasse, tandis que le troisième mettrait pied à terre et tâcherait de s'approcher du troupeau à bonne portée de carabine, sauf à lui à remonter à cheval et à se joindre à ses frères si besoin était. Basile étant le chasseur le plus consommé des trois, c'était à lui que revenait de droit cette dernière fonction. Il descendit donc de cheval, et, son arme fidèle à la main, il se mit à descendre tout doucement dans la vallée.

Lucien et François demeurèrent à cheval à la place où ils se trouvaient, tout prêts à partir au premier signal.

Grâce aux précautions de Basile et à la préoccupation des buffalos, il atteignit le sol sans avoir été vu, le traversa en silence et se trouva à moins de cinquante pas du troupeau. Les buffalos continuaient à se ruer dans tous les sens, leurs pieds soulevaient des nuages de poussière, des mugissements épouvantables sortaient de leur poitrine, leurs corps se heurtaient et leurs crânes résonnaient avec tant de violence, qu'on eût dit qu'ils étaient brisés sous l'effroyable choc. Notre chasseur attendit jusqu'à ce que l'un des buffalos, le plus grand et le plus blanc de tous, vînt se placer tout près de lui. C'était le moment : il visa avec soin au défaut de l'épaule, et lâcha la détente. Le coup partit, et le monstrueux animal s'affaissa sur lui-même et s'abattit sur le gazon.

Au même instant, les autres, effrayés par la détonation, cessèrent immédiatement leur combat, traversèrent les saules, gravirent la colline et se lancèrent sur la prairie ouverte. Sans prendre le temps de visiter l'animal qu'il avait abattu, Basile courut à son cheval, qui vint au galop vers lui à son appel; François et Lucien étaient déjà lancés à la poursuite des fuyards, en un clin d'œil Basile fut à cheval et partit à toute bride pour rejoindre ses frères : bientôt après tous trois galopaient côte à côte; puis on entendit une décharge de mousqueterie qui ne s'arrêta que lorsque fusils et carabines furent vides. Mais, bien que tous les coups eussent porté, aucun des buffalos n'avait ralenti sa course, il semblait qu'aucun d'eux n'eût été atteint. Et avant que les chasseurs eussent eu le temps de recharger les armes, ils eurent la mortification de voir le troupeau tout entier s'éparpiller sur la prairie en courant plus fort que jamais.

Voyant qu'il n'y avait pour eux aucune chance de les rattraper, ils revinrent sur leurs pas pour s'assurer au moins de celui que Basile avait jeté par terre. L'animal n'était pas sorti de la vallée où ils l'avaient vu tomber, et ils se croyaient bien sûrs d'en avoir au moins un; après tout il ne leur en fallait pas davantage. Ils arrivèrent sur l'éminence, et jetèrent les yeux dans la vallée. Quelle ne fut pas leur surprise ! le buffalo était encore sur ses pieds entouré d'une troupe de loups hurlants et bondissants. Ces animaux féroces l'assaillaient de tous les côtés à la fois, le buffalo blessé leur tenait tête à tous et les repoussait à grands coups de corne. Quelques-uns des loups étaient étendus par terre, et morts selon toute apparence; les autres continuaient l'attaque avec une fureur sans cesse renaissante. Les yeux du buffalo lançaient des flammes, et ses cornes, qu'il manœuvrait avec une prestesse inouïe, s'opposaient toujours aux assaillants.

Il était évident cependant que les loups gagnaient l'avantage, et qu'ils devaient finir immanquablement par terrasser leur victime si l'on ne venait à temps s'interposer dans la lutte. Nos jeunes chasseurs eurent d'abord l'idée de leur laisser la tâche d'abattre le buffalo; mais ils vinrent à réfléchir que la peau courait grand risque d'être endommagée et même mise en lambeaux par leurs dents acérées. Cette pensée leur fit aussitôt changer de plan ; et s'élançant tous trois au galop et en même temps vers le fond de la vallée, ils s'écartèrent de manière à entourer le buffalo. Les loups s'éparpillèrent aussitôt dans toutes les directions, et l'énorme taureau, apercevant alors ses nouveaux ennemis, s'élança bravement à leur rencontre en cherchant à enfoncer ses cornes dans le ventre des chevaux. La fureur l'avait rendu dangereux, et ce ne fut pas sans peine qu'ils parvinrent à éviter ses coups; mais enfin une nouvelle balle de Basile heureusement dirigée pénétra dans le cœur de l'animal. Le bison oscilla un moment sur ses jambes roidies, trébucha à droite et à gauche, puis tomba comme une masse. Le sang lui sortait par les naseaux, il était mort.

Après s'être bien assurés du fait, nos chasseurs sautèrent à bas de leurs chevaux, tirèrent leurs couteaux de chasse et s'élancèrent vers la noble proie. Mais, ô surprise, ô douleur! en arrivant près de l'animal ils découvrirent que ce qu'ils avaient pris pour un buffalo blanc n'était en réalité qu'un buffalo noir peint en blanc. Rien de plus, rien de moins. Il n'y avait plus moyen de s'y tromper, car ils voyaient distinctement la couche de boue qui recouvrait son énorme corps. S'ils avaient d'ailleurs conservé quelque illusion, elle n'aurait pas été de longue durée, car en passant la main sur son poil ils virent que leurs doigts se couvraient d'une substance blanche, semblable à de la craie pulvérisée.

La cause de ce singulier phénomène leur fut bientôt expliquée. Ils se rappelèrent les collines de gypse qu'ils avaient traversées la veille, et se souvinrent également qu'il avait plu pendant la nuit. Les buffalos avaient aussi traversé ces collines, et selon leur habitude s'étaient roulés et vautrés au milieu de la poussière humide. La boue blanche comme de l'albâtre s'était attachée à leur peau et leur avait ainsi donné cette nuance qui avait si bien trompé et mystifié nos chasseurs.

— Eh bien! s'écria Basile en donnant un coup de couteau dans le corps du bison, ce buffalo, tout noir qu'il est, n'est pas après tout à dédaigner. Nous aurons toujours au moins de la viande fraîche pour notre dîner, et c'est une consolation qui n'est pas sans valeur.

Ce disant, Basile fit signe à ses frères de l'aider, et tous trois se mirent en devoir d'enlever la peau de l'animal.

XXXIV. — LA VALLÉE MYSTÉRIEUSE.

Ce jour-là et pour la première fois nos chasseurs dînèrent avec de la viande fraîche de buffalo. Ils eurent de quoi s'occuper après avoir satisfait leur appétit, et le reste de la journée fut employé à faire sécher sur le feu une partie de leur viande. Ils avaient résolu de camper à la place où ils se trouvaient, d'y passer la nuit et de ne partir que le lendemain matin. Une partie de la nuit fut prise par la préparation des aliments nécessaires pour plusieurs jours. Il n'était pas moins de minuit quand ils songèrent à se reposer. Il fut convenu, ainsi qu'on l'avait déjà fait dans plusieurs occasions précédentes, que chacun d'eux monterait la garde à tour de rôle pour protéger la viande contre l'attaque des loups pendant que les deux autres dormiraient. Leur camp était établi sur le terrain découvert, près de la place où le buffalo avait été dépouillé. A peu de distance les chevaux et la mule pâturaient et en prenaient tout à leur aise; aux alentours les loups se montraient en grand nombre, loups de prairie et loups gris de la grande espèce; rien n'y manquait, car les fumées de la viande grillée les avaient attirés de fort loin. Aussi les vit-on rôder toute la nuit dans la vallée autour du camp en poussant des hurlements continuels.

François monta la première garde, et fut remplacé par Lucien; le tour de Basile vint le dernier. Il devait veiller jusqu'au point du jour, moment choisi par la caravane pour faire ses préparatifs et reprendre sa route, car nos chasseurs étaient résolus à faire diligence et à ne pas perdre de temps, sachant très bien que chaque heure augmentait l'avance du grand troupeau de buffalos et rendait la poursuite à la fois plus longue et plus difficile.

La veillée de Basile se prolongeait, et comme il s'était couché fort tard, il se sentait tout endormi; aussi n'était-il pas de très bonne humeur contre les loups, dont la présence le forçait à monter la garde.

Enfin, après une veille de trois heures, il aperçut à l'est l'aube qui commençait à blanchir.

— Pendant que le déjeuner cuira, se dit Basile, le jour deviendra assez clair pour nous permettre de suivre notre route; aussi je vais réveiller François et Lucien, et, pour les mettre en belle humeur, leur sonner la diane avec mon fusil. Que je puisse seulement voir le nez d'un de ces hurleurs, et je lui promets de le guérir pour longtemps de l'envie d'empêcher les gens de dormir.

Tout en murmurant de la sorte, Basile s'était levé sur ses genoux et cherchait de l'œil une victime. Mais, chose singulière, on eût dit que les loups avaient deviné ses intentions, car ils s'étaient tous écartés des environs du feu; on n'en voyait plus que quelques-uns qui se glissaient en rampant auprès des saules. Basile avisa quelque chose qui dans le crépuscule lui fit l'effet d'être un gros loups gris; il prit son fusil et fit feu, mais assez négligemment, car peu lui importait après tout de tuer ou non un animal complètement inutile.

Un cri terrible suivit la détonation; cinquante autres cris lui ré-

pondirent. Ils partaient de tous les points de la vallée. Basile se dressa
sur ses pieds; ses frères, éveillés par le bruit, imitèrent aussitôt son
exemple. Ce n'étaient pas les cris des loups qu'ils venaient d'entendre, c'était un cri bien autrement terrible, c'étaient des voix d'hommes, le cri de guerre des Indiens.

Tous trois demeurèrent immobiles et muets : la terreur les para-
lysait; mais, eussent-ils pu parler, ils n'auraient pas eu le temps
d'articuler un seul mot. Les cris qui les avaient effrayés étaient à
peine poussés, que les jeunes Landi virent se dresser devant eux des
formes noires et se trouvèrent entourés par plus de cinquante sauvages.

Basile, qui était le plus éloigné du feu, fut frappé et tomba privé
de sentiment; Lucien et François, trop troublés pour penser à faire
usage de leurs fusils, furent saisis et garrottés. Ce fut un bonheur
pour eux de n'avoir fait aucune résistance, car sans cela les Indiens
les auraient tués sur place. Les sauvages agitèrent même un instant
la question de savoir si on ne leur ôterait pas immédiatement la vie,
car c'était sur l'un d'eux que Basile avait tiré, croyant avoir affaire à
un loup.

L'Indien avait été blessé, et tout naturellement il était exaspéré et
poussait ses compagnons à la vengeance. Cependant, en reconnais-
sant la faiblesse de la petite troupe et en voyant que les enfants ne
faisaient aucune résistance, les Indiens renoncèrent à l'idée de les
tuer sur place et se contentèrent de leur attacher les mains au dos.
Après avoir pris cette première précaution, ils les hissèrent sur leurs
chevaux, ramassèrent fusils et couvertures, et sortirent de la vallée
en emmenant leurs prisonniers. A peu de distance de là les Indiens
atteignirent l'endroit où leurs propres chevaux étaient attachés; là
on s'arrêta quelque temps, puis chacun monta à cheval, et toute la
troupe, y compris les trois frères, partit au grand trot à travers la
prairie.

Une heure après on arrivait à un grand campement dressé sur le
bord d'une rivière large et peu profonde. Il y avait là éparpillés dans
la plaine une centaine de huttes environ; le terrain était couvert de
cornes et de peaux de buffalos. En face de chaque hutte des tranches
de viande suspendues à des perches séchaient au soleil, le feu était
allumé, les marmites bouillaient, et tout au travers de ce singulier
village s'agitaient pêle-mêle des femmes, des enfants, des chiens et
des chevaux.

A l'entrée du camp et près des bords du ruisseau on descendit ou
plutôt on jeta rudement à terre nos pauvres prisonniers. Les guerriers s'éloignèrent d'eux; mais ils furent au même instant entourés
par une troupe de *squaws* et d'enfants qui hurlaient et criaient à qui
mieux mieux. Cette tourbe se contenta d'abord de les regarder avec
curiosité; mais aussitôt que les femmes eurent appris qu'un des leurs

14

avait été blessé, elles se mirent à pousser d'horribles cris, et s'approchèrent des prisonniers en les menaçant du geste et du regard, puis vinrent une suite de lâches et indignes traitements : on leur tira les oreilles et les cheveux, on enfonça des pointes de flèche dans leurs bras et dans leurs épaules. Ce ne fut pas tout, et, ces dames voulant se donner sans doute un spectacle plus divertissant, plusieurs d'entre elles s'emparèrent des captifs et les tirèrent jusqu'au milieu de la rivière, où elles les forcèrent à plonger en leur tenant la tête sous l'eau, opération qu'elles accompagnaient de leurs rires et de leurs hurlements de démon. Les pauvres enfants crurent un instant que l'intention des *squaws* était de les noyer, et ils se résignèrent tristement à la mort faute de pouvoir opposer aucune résistance. Telle n'était pas cependant l'intention de ces horribles femmes, elles ne voulaient que s'amuser des souffrances de nos héros ; aussi quand le jeu leur parut assez prolongé elles ramenèrent les enfants sur la rive, et les jetèrent tout ruisselants sur l'herbe.

Mais que faisait Basile pendant tout ce temps ?

Ne possédait-il pas sur lui un talisman capable de mettre fin à ses tortures et de transformer les Indiens en amis aussi dévoués qu'ils se montraient ennemis cruels ?

Ah ! le pauvre Basile était bien à plaindre, c'était celui des trois qui avait le plus souffert, et il faut que je vous dise dans quel état il se trouvait.

Au moment où les sauvages s'emparaient de leurs personnes, Basile avait été atteint d'un coup de tomahawk qui l'avait jeté par terre sans connaissance. Quoiqu'il eût recouvré ses sens juste assez pour se tenir à cheval jusqu'au camp des Indiens, ce ne fut qu'au contact de l'eau froide de la rivière qu'il revint complètement à lui. En reprenant ses esprits il se rappela le sachet qu'il portait sous sa blouse de chasse ; ses frères l'avaient déjà interrogé plusieurs fois à ce sujet, en l'adjurant de faire usage du secret dont il avait jusqu'à présent négligé de leur faire part ; mais Basile, étourdi par la violence du coup, n'avait point compris les paroles de ses frères, et était demeuré inerte, sans conscience de ce qui se passait. Revenu complètement à lui, il fit tous ses efforts pour atteindre le cordon et tirer le sachet brodé de sa poitrine ; mais ses mains, liées au dos, ne lui pouvaient être d'aucun usage. Il essaya de l'atteindre avec sa bouche, mais ce fut encore en vain ; alors il se tourna vers ses frères et les engagea à se rouler jusqu'à lui et à tirer le cordon avec leurs dents. Malheureusement ses frères n'étaient plus auprès de lui, les squaws les avaient traînés à quelque distance de là, et les avaient attachés, ainsi que Basile, à des pieux qui les empêchaient de bouger de la place où on les avait jetés.

Basile voyait tout cela avec un profond désespoir ; les traitements cruels qu'on leur avait déjà fait éprouver et l'exaspération des In-

dieux lui faisaient craindre davantage encore, et il commençait à
douter que le talisman dont il était muni eût assez de puissance pour
les sauver. Cependant il fallait en essayer à tout prix, et ne pouvant
parvenir à l'atteindre lui-même, il se mit à faire des signes aux
squaws qui l'entouraient, en remuant la tête et en montrant sa poitrine des yeux. Celles-ci, sans comprendre le sens de cette panto-
mime, la trouvèrent très comique et en rirent aux éclats. Pendant
toute cette scène, les guerriers indiens se tenaient à l'écart engagés
dans une conversation fort animée. Évidemment ils délibéraient sur
le sort de leurs prisonniers. Quelques-uns manifestaient beaucoup
de colère, parlant haut, gesticulant avec force, et montrant de temps
en temps une sorte de place en face du camp où le terrain se trouvait
uni. Les captifs remarquèrent parmi ceux qui semblaient les plus
animés le guerrier blessé par Basile ; son bras, qu'il tenait en écharpe,
le faisait facilement reconnaître : c'était un grand sauvage d'un
aspect féroce et repoussant ; et, bien que les trois frères ne compris-
sent pas un seul mot de son langage, ils devinaient facilement qu'il
parlait d'eux, et qu'il excitait ses compagnons à la vengeance. Ils
eurent bientôt le désespoir de voir que cet Indien et ceux de son parti
l'avaient emporté, et que tous les autres avaient fini par se ranger de
son avis.

Qu'avait-on décidé ? Allaient-ils être massacrés ? Telles étaient les
affreuses appréhensions qui torturaient leur esprit et leur faisaient
suivre avec anxiété tous les mouvements des Indiens.

Tout d'un coup les sauvages s'armèrent chacun d'un arc, tandis
que deux d'entre eux prenaient un poteau et le portaient sur le terrain découvert, où ils le fixèrent solidement en terre. O ciel ! l'horrible vérité paraissait maintenant dans tout son jour : les sauvages se
disposaient à attacher leurs prisonniers au poteau, et à faire de leur
corps une cible pour leurs flèches. Les jeunes Landi avaient souvent
entendu parler de traitements semblables infligés par les Indiens à
leurs prisonniers, et tous trois, saisis d'horreur, poussèrent un cri
lamentable à l'aspect de ces terribles apprêts.

Ils avaient eu à peine le temps d'échanger entre eux quelques paroles d'adieu qu'ils se virent entourés par la bande des squaws et
des enfants, qui sautaient et dansaient, évidemment charmés de la
perspective de l'horrible spectacle qui se préparait.

Heureusement Basile fut choisi pour première victime : sa taille et
son âge lui valurent sans doute cette préférence. Il fut rudement
saisi par deux grands Indiens, qui le traînèrent jusqu'au poteau. Là
ses bourreaux se mirent en devoir de lui enlever ses vêtements, afin
que son corps pût offrir à leurs flèches un but à la fois plus facile et
plus visible.

Mais au moment où, après lui avoir lié les mains au poteau, ils ar-
rachaient sa blouse de chasse pour mettre sa poitrine à nu, le sache

brodé parut à leurs yeux et attira toute leur attention. Un des sauvages le saisit, l'ouvrit, et en retira le contenu : c'était une *tête de pipe en argile rouge* connue sous le nom de stéatite. En apercevant cet objet, l'Indien poussa une exclamation étrange et le montra à son compagnon ; celui-ci prit la pipe à son tour, fit une exclamation pareille à celle du premier, et rejoignit le gros de la troupe en tenant toujours la pipe à la main. Ce fut un vrai coup de théâtre, et tous les Indiens, les uns après les autres, examinèrent cet objet avec la plus minutieuse attention, et non sans faire plusieurs observations. L'un d'eux surtout parut accorder à cet examen une attention toute particulière, puis on le vit au bout de quelques instants s'élancer vers Basile, suivi de tous ses compagnons.

C'était le moment tant désiré par Basile, et lorsqu'il vit des Indiens debout devant lui, et lui indiquant par un geste qu'ils attendaient une explication, le jeune homme, à qui on avait délié les mains, leur fit avec calme et dignité plusieurs signes que son père lui avait enseignés. Ces signes furent aussitôt compris par l'Indien, qui s'élança vers Basile, détacha rapidement les cordes qui lui liaient les jambes, et l'embrassa avec les démonstrations de la plus vive amitié. Les autres Indiens s'avancèrent à leur tour et lui pressèrent cordialement la main ; quelques-uns coururent à Lucien et à François, qu'ils s'empressèrent de rendre à la liberté. Les trois frères furent alors conduits en pompe sous l'une des tentes, et revêtus d'habillements secs ; on leur servit à manger, et ces hommes, qui quelques instants auparavant se préparaient à leur faire subir la mort la plus cruelle, semblaient maintenant rivaliser de zèle pour les honorer et les bien traiter. Toutefois, l'Indien sur lequel la vue de la tête de pipe avait paru faire une si vive impression eut, du consentement unanime, la préférence sur tous les autres, et ce fut sous sa tente que nos aventuriers furent conduits.

Vous allez me demander sans doute, jeunes lecteurs, comment la vue d'un simple fourneau de pipe pouvait, dans des circonstances aussi graves, produire un changement si subit et si extraordinaire : je vais vous le dire en peu de mots. Vous avez sans doute entendu parler du célèbre chef Shawano Tecumseh, le plus grand guerrier et le plus habile homme d'Etat qui ait jamais peut-être existé chez les Indiens. Vous n'êtes pas non plus, je suppose, sans avoir entendu dire que, pendant la dernière guerre entre l'Angleterre et les Etats-Unis, Tecumseh avait cherché à profiter de la lutte entre les deux nations pour chasser tous les blancs du sol de l'Amérique, et qu'il avait provoqué dans ce but un soulèvement général.

Tecumseh avait un frère, Elswatawa, plus connu sous le nom de *Prophète*. Ce frère partageait ses espérances, et était rempli d'enthousiasme pour son grand projet ; il entreprit une croisade vers les tribus indiennes de l'Amérique occidentale. C'était un homme d'un

grand talent et doué d'une éloquence persuasive. Partout où il alla,
il reçut l'accueil le plus amical : la cause qu'il défendait était chère
à tous les Indiens. Aussi toutes les tribus l'écoutèrent avec bienveil-
lance et fumèrent avec lui le calumet d'alliance. Or ce calumet dont
le Prophète s'était servi était précisément celui qu'on venait de retrouver sur Basile; les hiéroglyphes dont il était orné l'avaient fait
immédiatement reconnaître par les Indiens, qui appartenaint à la
tribu des Osages, une de celles que le Prophète avait jadis visitées.
Mais, m'allez-vous demander encore, comment le père de Basile
avait-il eu ce calumet en sa possession, et comment le simple fait
de cette possession pouvait-il constituer pour nos aventuriers une
protection aussi merveilleuse?

C'est ce que je vais vous expliquer.

Tecumseh avait été tué pendant la guerre avec les Américains,
mais le Prophète vécut encore longtemps après. Lors de son arrivée
en Amérique, et pendant l'une de ses premières expéditions aux environs de Saint-Louis, le colonel, père de nos jeunes chasseurs, fit
la connaissance de cet homme extraordinaire, et par un concours de
circonstances qu'il est inutile de relater, le Français et l'Indien se
lièrent d'une étroite amitié; ils échangèrent des présents entre eux,
et le colonel reçut de son ami à peau rouge le calumet en question.
Le Prophète, en le lui donnant, lui recommanda de le conserver soigneusement, l'assurant que si jamais il avait affaire aux Indiens, ce
talisman lui serait de la plus grande utilité. Il lui enseigna en même
temps quelques signes de reconnaissance qui devaient en toutes circonstances le faire bien accueillir dans les tribus. C'étaient ces signes
que le colonel avait à son tour enseignés à Basile, et nous avons vu
l'effet prodigieux qu'ils avaient produit sur les sauvages.

L'Indien qui les avait le mieux compris, et sur lequel ils avaient
fait le plus d'impression, se trouvait être un Shawano, de la tribu à
laquelle avaient appartenu le Prophète et son frère; tribu malheureuse, car il n'en reste plus que des débris, la plupart de ces guerriers
ayant été tués et le reste se trouvant aujourd'hui dispersé en bandes
nomades qui errent dans les vastes solitudes des grandes prairies de
l'Ouest. Telle est l'histoire du calumet rouge, qui venait de conserver
si miraculeusement la vie à nos aventureux chasseurs.

En peu de temps nos trois jeunes amis furent en état de communiquer par signes avec les Indiens; car nul peuple n'est aussi habile
que ces tribus sauvages à parler cette langue muette. Nos héros firent
connaître au Shawano qui ils étaient, et le dessein qui les avait conduits dans la prairie.

En apprenant le but de leur expédition, les Indiens se sentirent
remplis d'étonnement et d'admiration pour le courage de ces jeunes
chasseurs; ils leur apprirent en retour qu'ils étaient eux-mêmes à la
poursuite des buffalos, dont le grand troupeau n'était pas très éloigné,

et qu'on croyait avoir aperçu dans la masse un ou deux buffalos blancs. Ils ajoutèrent que si les jeunes gens voulaient demeurer quelques jours avec eux et les accompagner dans leur chasse, on n'épargnerait ni peine ni soin pour tuer ou pour prendre vif un de ces précieux animaux, et qu'on s'estimerait heureux de leur en faire hommage.

On juge si cette invitation fut acceptée avec joie.

Je pourrais raconter encore un grand nombre d'aventures, car il en arriva maintes autres à nos jeunes chasseurs. Mais je crains, chers lecteurs, que vous ne soyez déjà fatigués de courir dans les forêts et sur les prairies ; aussi me bornerai-je à vous dire qu'après quelques jours de chasse avec les Indiens, on eut le bonheur de tuer enfin un buffalo blanc. Sa peau fut enlevée selon toutes les règles de l'art, saturée d'une préparation conservatrice apportée à cet effet par Lucien, et soigneusement empaquetée et chargée sur le dos de la mule Jeannette.

Le but de l'expédition était rempli ; nos jeunes chasseurs n'avaient plus rien à faire dans les prairies, ils dirent adieu à leurs amis les Indiens, et reprirent tout joyeux le chemin de leur demeure.

Le Shawano et quelques autres voulurent les accompagner jusqu'aux confins de la Louisiane, et ne consentirent à les quitter que lorsqu'ils les virent tout-à-fait en sûreté.

Peu de temps après ils atteignirent la vieille maison de Pointe-Coupée, et je n'ai pas besoin de vous dire avec quelle joie et quelle affection ils furent reçus par le vieux colonel et par l'ex-chasseur Hugot.

Le vieux naturaliste, dont le désir se trouvait accompli, était au comble de ses vœux, et se montrait plus que jamais fier de ces *petits hommes*, de ces jeunes Nemrod, comme il se plaisait à appeler ses fils, et je vous laisse à penser quelles bonnes soirées d'hiver on passa autour de l'âtre pétillant, à raconter et à entendre les merveilleuses aventures arrivées pendant la recherche du GRAND BUFFALO BLANC.

FIN.

TABLE.

FIN DE LA TABLE.

LIMOGES ET ISLE,
Typographies EUGÈNE ARDANT ET C. THIBAUT.

www.ingramcontent.com/pod-product-compliance
Lightning Source LLC
Chambersburg PA
CBHW060030100426
42740CB00010B/1666